职业教育·道路运输类专业教材

Gonglu Yanghu Shigong Jishu
公路养护施工技术

张风亭　杨庆振　**主　编**
李改娥　张桂霞　**副主编**
张美娜　栾亨乐　**主　审**

人民交通出版社股份有限公司
China Communications Press Co.,Ltd.

内 容 提 要

本书是交通职业院校公路养护与管理专业核心课程教材之一，主要内容包括：公路养护基础知识、路基养护、沥青路面养护、水泥混凝土路面养护、交通沿线设施养护、预防性养护、应急工程的组织与管理、公路养护安全作业管理等。

本书配套多媒体课件，教师可通过加入职教路桥教学研讨群(QQ561416324)索取。

图书在版编目(CIP)数据

公路养护施工技术 / 张风亭，杨庆振主编. — 北京：
人民交通出版社股份有限公司，2019.1
"十三五"职业教育规划教材
ISBN 978-7-114-14489-9

Ⅰ. ①公… Ⅱ. ①张… ②杨… Ⅲ. ①公路养护—职业教育—教材 Ⅳ. ①U418

中国版本图书馆 CIP 数据核字(2018)第 174772 号

职业教育·道路运输类专业教材

书　　　名：	公路养护施工技术
著 作 者：	张风亭　杨庆振
责任编辑：	刘　倩
责任校对：	尹　静
责任印制：	张　凯
出版发行：	人民交通出版社股份有限公司
地　　址：	(100011)北京市朝阳区安定门外外馆斜街 3 号
网　　址：	http://www.ccpcl.com.cn
销售电话：	(010)59757973
总 经 销：	人民交通出版社股份有限公司发行部
经　　销：	各地新华书店
印　　刷：	北京虎彩文化传播有限公司
开　　本：	787×1092　1/16
印　　张：	15.75
字　　数：	374 千
版　　次：	2019 年 1 月　第 1 版
印　　次：	2023 年 12 月　第 3 次印刷
书　　号：	ISBN 978-7-114-14489-9
定　　价：	45.00 元

(有印刷、装订质量问题的图书，由本公司负责调换)

前　言

我国公路交通行业发展迅猛,到2017年底,全国公路总里程达到477.35万公里,高速公路总里程达到13.65万公里,二级及以上等级公路里程达到62.22万公里,国、省道总体技术状况达到优良等水平,农村公路总里程达到400.93万公里。但是,由于目前公路建设的速度与公路运输及车辆数量的发展相差甚远,大密度、大流量、大载重等因素加剧了公路的损坏,养护任务急剧增加。同时,我国面临公路养护的高峰期,为保证公路运输的安全和效率,需要对现有公路养护技术进行总结和创新,对公路采用合理的技术手段进行及时有效的养护。

为了充分体现近年来公路养护技术发展新水平,反映国内外公路建设中有关养护技术与管理的理论和实践新成果,编者查阅了大量的国内外有关资料,结合工程实际和国内外最新的研究成果,编写了本书,以满足广大公路养护施工从业人员的需求。

本书涵盖了公路养护基础知识、路基养护、沥青路面养护、水泥混凝土路面养护、交通沿线设施养护、预防性养护、应急工程的组织与管理、公路养护安全作业管理等内容,重点介绍了常用养护施工技术的应用及要求。内容浅显易懂,图文并茂,适用于公路养护与管理专业中职教学使用,也可供职业院校公路工程养护专业高级工和技师参考使用,亦可作为养护管理人员、公路养护施工从业人员自学、培训用书。

本书编写人员分工如下:第一章由山东公路技师学院张桂霞编写,第二章由山东建筑大学周浩编写,第三章由山东公路技师学院杨庆振、烟台市公路勘察设计院刘克军编写,第四章由山西交通技师学院李改娥编写,第五章、第八章由广西公路技工学校王茜编写,第六章、第七章由山东公路技师学院张风亭编写。全书由张风亭、杨庆振担任主编,李改娥、张桂霞担任副主编,辽宁省交通高等专科学校张美娜和山东公路技师学院栾亨乐主审。本书配套课件由山东公路技师学院崔梦璇和刘娜制作。

本书的出版、发行得到了人民交通出版社股份有限公司的大力支持,在此致以衷心的感谢!书中部分图片、照片来源于互联网和公开出版物,未能一一注明作者和出处,在此对作者们表示歉意和感谢!

由于编写时间紧且水平有限,错误之处在所难免,欢迎使用者批评指正,以便进一步修改完善。

编　者
2018年4月

目 录

第一章 公路养护基础知识 ... 1
- 第一节 我国公路建设发展概况 ... 1
- 第二节 公路养护的目的、任务、分类 ... 3
- 第三节 公路养护的指导方针和技术政策 ... 9
- 第四节 我国公路养护管理体制 ... 11
- 练习题 ... 13

第二章 路基养护 ... 15
- 第一节 概述 ... 15
- 第二节 基身养护 ... 22
- 第三节 路肩及边坡养护 ... 29
- 第四节 路基排水设施养护 ... 32
- 第五节 路基防护加固工程养护 ... 38
- 第六节 特殊土质路基病害处理 ... 41
- 练习题 ... 49

第三章 沥青路面养护 ... 53
- 第一节 沥青路面养护基本知识 ... 53
- 第二节 沥青路面的日常养护 ... 63
- 第三节 沥青路面常见病害维修技术 ... 69
- 第四节 沥青路面改善技术 ... 80
- 第五节 沥青路面再生技术 ... 92
- 练习题 ... 102

第四章 水泥混凝土路面养护 ... 106
- 第一节 水泥混凝土路面养护基本知识 ... 108
- 第二节 水泥混凝土路面日常养护 ... 115
- 第三节 水泥混凝土路面常见病害维修技术 ... 123
- 第四节 水泥混凝土路面改善技术 ... 139
- 第五节 水泥混凝土路面再生利用技术 ... 155
- 练习题 ... 157

第五章 交通沿线设施养护 ··· 161
第一节 交通沿线设施常见损坏类型 ··· 161
第二节 公路交通设施的养护 ··· 163
练习题 ··· 189

第六章 预防性养护 ··· 191
第一节 预防性养护的理念、概念及作用 ··· 191
第二节 预防性养护措施 ··· 193
练习题 ··· 205

第七章 应急工程的组织与管理 ··· 207
第一节 公路应急事件 ··· 207
第二节 公路应急工程 ··· 211
练习题 ··· 214

第八章 公路养护安全作业管理 ··· 215
第一节 路面养护安全作业的目的、意义 ··· 215
第二节 路面养护安全作业的要求 ··· 216
练习题 ··· 242

参考文献 ··· 245

第一章 公路养护基础知识

📖 **知识点**
- 公路养护的目的和任务。
- 公路养护工程的分类。

 技能点
- 掌握各等级公路的养护工程分类。

第一节 我国公路建设发展概况

一、我国公路建设现状

公路是国家的基础设施之一,公路建设的发展对于促进国家的经济发展,乃至维护社会的繁荣稳定具有重要的意义。如今,我国公路通车里程已超越美国跃居世界第一,为我国全面建成小康社会提供了坚实的交通运输保障。

根据中华人民共和国交通运输部的统计资料显示,至 2017 年末,全国公路总里程达 477.35 万公里,公路密度为 49.72 公里/百平方公里;全国四级及以上等级公路里程 433.86 万公里,占公路总里程的 90.9%;全国公路养护里程 467.46 万公里,占公路总里程的 97.9%。

2013 年 6 月 20 日,交通运输部公布《国家公路网规划(2013—2030 年)》,计划到 2030 年,建成公路网总规模约 580 万公里,国家公路网约 40 万公里,其中普通国道约 26.5 万公里,国家高速公路约 13.6 万公里(含展望线)。形成"布局合理、功能完善、覆盖广泛、安全可靠"的国家干线公路网络,实现首都辐射省会、省际多路连通、城市高速通达、县县国道覆盖。

二、我国公路养护现状及发展方向

1. 我国公路养护发展现状

近年来,我国公路建设迅速发展,同时,公路养护管理事业也取得显著成绩。各级交通运输主管部门和公路管理机构以"更好地为公众服务"为价值观,在加快公路建设的同时,全面加强公路养护管理工作。

公路网总体水平明显提高。以高速公路为骨架的干线公路网络基本形成,国、省干线公路等级逐步提升,农村公路行车条件不断改善。同时加大养护资金投入,积极实施公路养护工程和路网结构改造工程,全国国、省干线公路的技术状况和安全水平稳步提升。

路网管理与应急保障能力进一步加强。进一步修订完善了《公路交通突发事件应急预案》,初步建立了跨省应急会商机制,完善了应急信息报送等制度,探索建立高速公路跨区联动协调等应急运行机制。

公路法制和路政管理工作得到加强。先后出台了《公路保护条例》《收费公路权益转让办法》《公路桥梁养护管理工作制度》等法规、规章以及地方性的公路管理方面的法规和技术规范,公路法律法规和技术规范体系进一步完善。

总体上来看,我国公路养护管理工作正朝着积极健康的方向发展,养护管理的基础性地位得到了增强,公路服务水平得到了改善,公路交通防灾抗灾和应急处置能力得到了提高,公路行业的可持续发展能力得到了提升,充分发挥了公路基础设施在国民经济中的基础性、服务性、先导性作用,为我国经济社会发展和人民安全便捷出行做出了重要贡献。

与快速发展的公路建设和日益高涨的公众出行需求相比,我国公路养护管理工作仍然存在一些亟须解决的问题,主要体现在以下几个方面。

(1) 管理体制不完善

目前,我国公路养护管理存在"管养一体"和"管养分离"两种模式,其中,"管养一体"模式存在已久,比较普遍;而"管养分离"模式是一种新型管理模式,目前还没有被广泛采用,只是在部分省市作为改革试用模式。

"管养一体"即养护的管理部门与养护作业的实施部门同属于一个公路管理机构,养护经费来源采用拨款的形式,这种计划经济管理模式早已不能适应公路公司化经营的发展趋势和养护体制改革的要求,束缚了养护技术水平的提高和管理体制的创新。

"管养分离"即将养护管理职能与养护工程实施按市场化原则加以分离,并建立联系。公路管理部门或业主单位保留纯管理职能,将养护工程通过公开招标投标等方式交由专门的养护单位实施,这种模式符合市场经济的运行机制,将竞争机制引入公路养护管理,对提高养护质量、减少养护资源浪费、提高养护效率有很大的促进作用。

(2) 养护机械化水平不高,养护施工技术含量低

目前,我国公路养护机械化水平不高,仍然采用以人工为主的传统养护方式,尤其对高等级公路的养护,其养护机械多为进口产品,但由于各方面的配套不尽科学合理,造成这些进口设备的使用效率较低。很多公路管理公司自设养护机构,养护规模较小,一般不购置现代化养护设备,较少使用国外已有的新技术、新工艺、新材料,养护施工科技含量较低。

(3) 养护专业技术人才缺乏

公路养护行业中具有较高养护知识和技能的专业技术人员较少,工作人员理论与技术方面的知识水平较低,导致公路养护管理人员总体素质不高,影响公路养护的技术水平。

(4) "重建轻养"思想严重

公路建设一般周期短、见效快,能在短时间内改变现有路况,同时产生经济效益。而养护管理是一项需要长期坚持的工作,目的是最大限度地延长公路的使用寿命,不具备明显的生产效益,所以对于资金周转困难的单位来说,不愿意投入很大的财力、物力对所管养道路进行有效的管理和养护,导致对公路养护管理工作缺乏足够的重视。

2.我国公路养护管理的发展方向

公路养护是一项需要长期坚持、长期发展的事业。我国公路养护技术与发达国家相比还有较大差距,这就需要根据我国公路养护管理现状,以预防性养护为主导,以市场导向为中心,以养护质量为根本。我国公路养护工作的发展方向表现在以下几个方面：

(1)公路养护管理体制的现代化建设

实现公路养护管理的现代化,是实现公路养护事业发展的关键。要实现公路养护事业的发展,必须建立科学化与信息化并能高效运行的公路养护管理体系;积极开发符合我国国情的路面管理信息系统,实现路面状况监测、分析与评价的自动化;尽快引入竞争机制,实行公路养护工程招投标制度,逐步实现"管养分离",把养护单位推向市场,逐步推进公路养护专业化、市场化;建立并完善与现代养护技术相适应的公路养护作业技术规范与定额体系,实现公路养护生产管理的规范化。

(2)养护机械实行社会化服务

鼓励成立养护设备租赁公司,集中大中型设备优势,向不同所有制形式的公路养护公司提供有偿服务,进一步提高设备的利用率和公路养护的机械化程度。

(3)公路养护技术的研究和专业人才的培养

深入开展公路养护技术与管理方面的科学研究,引进国外先进的公路养护技术与管理方面的经验,尽快形成符合我国国情的公路养护理论体系,以便正确指导我国公路养护工程施工。要培养公路养护专业人才,一是以高等院校为依托长期培养所需要的高级专业人才,二是要对养护工作人员进行培训。

(4)积极转变思想观念,建养管并重,打造和谐公路

养护是建设的延续,及时有效的养护可以提高公路的服务水平,延长公路使用寿命,降低养护成本。牢固树立"建设是发展,养护管理也是发展,而且是可持续发展"的观念,进一步抢抓机遇,努力实现公路"更安全,更畅通,更高效,更和谐"。

随着新建项目的减少,公路养护市场逐步发展和扩大,需要更多的人才进入公路养护领域。但由于许多企业对公路养护这个新兴行业还存在认识上的误区,认为凭借新建公路项目的施工经验就可以满足公路养护施工的需求,使得公路养护工程质量与实际需要存在较大差距。其实公路养护在许多方面具有其独有技术和管理方法,因此,要保证公路养护工程质量,不仅要有正确的认识,还需要不断探索适应公路养护特点的管理模式、技术标准和成套技术,推动我国公路养护走向畅通主导、服务需求、安全至上的可持续发展轨道。

第二节　公路养护的目的、任务、分类

一、公路养护的目的

公路建成投入使用后,由于反复承受车轮的磨损、冲击,遭受暴雨、洪水、冰雪、日晒、冻融等自然因素的侵蚀,以及设计、施工中留下的一些缺陷,其使用功能和服务质量必然日趋退化,不能再适应行车要求,甚至中断交通。为延长公路的使用寿命,提高公路的服务质量,适应交通量增大、重型车增多等新情况,必须坚持日常保养,及时修复损坏部分,保持公路完好、畅通,

并周期性地进行预防性养护,改善公路技术状况,提高公路的使用质量和抗灾能力。公路养护的目的就是运用先进的养护技术和科学的管理方法,合理地分配和使用养护资金,使公路上的各种工程及设施(如路基、路面、桥梁、隧道、挡土墙护坡、边沟以及护栏、照明、标志、监控设施等)在设计使用年限内经常保持完好状态,并有计划地改善公路的技术指标,以提高公路的服务质量,最大限度地发挥公路的运输经济效益。

二、公路养护的任务

公路建成通车后,随着运营时间的推移、交通量的增长和车辆轴重的增加,公路的使用性能及其配套设施会出现不同程度的损坏,及时发现并有效修复这些损坏是公路养护的主要任务。公路养护的任务主要包括以下几个方面:

(1)经常保持公路的完整状态,及时修复损坏部分,保证行车安全、畅通、舒适,以提高公路的运输经济效益和社会效益。

(2)逐步采用现代化、科学化的管理措施与养护技术,提高养护管理水平,延长公路的使用年限,以节约养护资金。

(3)预防为主,防治结合,治理公路存在的病害和隐患,逐步提高公路的抗灾能力。

(4)对原有技术标准过低的路段和构造物以及沿线设施进行分期改造和增建,以提高公路的通行能力和服务水平。

(5)采用正确合理的劳动与技术组织措施以及养护新工艺、新技术、新材料、新设备,尽量不阻车或缩短阻车时间,以节约成本,减少养护开支,提高公路使用率。

三、公路养护工程分类

(一)公路养护工程的分类

根据《公路养护技术规范》(JTG H10—2009)及《公路技术状况评定标准》(JTG H20—2007)的规定,公路养护工程按其工程性质、技术复杂程度和规模大小,分为小修保养、中修工程、大修工程、改建工程等四类。具体划分标准由各省、自治区、直辖市人民政府交通主管部门制定。

1. 小修保养

小修保养是对管养范围内的公路及其沿线设施经常进行维护保养和修补其轻微损坏部分,按照有关的公路养护技术规范、操作规程的规定组织实施作业。在对公路及沿线设施进行小修保养时,也要加强对路面、沿线设施及绿化等的养护管理工作,做到全面养护。养护质量应严格按照有关检查评定标准进行检查评定。对已实施 GBM 工程、文明样板路的路段,其养护质量应分别达到《国省干线 GBM 工程实施标准》和《国省干线公路文明建设样板路实施标准》的要求。

2. 中修工程

中修工程是对公路及其沿线设施的一般性损坏部分进行定期的修理加固,以恢复公路原有技术状况的工程。中修工程项目由地(市)级公路管理机构向省级公路管理机构提出建议计划和概算,省级公路管理机构审核、汇总提出建议计划,报省级交通主管部门审批下达。县级公路管理机构根据地(市)级公路管理机构批复的设计文件组织实施,严格按照有关标准和规范加强质量管理。项目完工后,地(市)级公路管理机构应及时组织验收,并将竣工验收资料报省级公路管理机构备案。省级公路管理机构应组织有关人员对其进行抽查。

3. 大修工程

大修工程是对公路及其沿线设施的较大损坏部分进行周期性的综合修理,以全面恢复到原有状态的工程。地(市)级公路管理机构应委托具有相应资质的设计单位进行勘察设计,并按照有关规范和标准编制设计文件,报省级公路管理机构审批。大修工程由地(市)级公路管理机构组织实施,并通过招标、投标方式选择养护施工单位。实施过程中应严格按照有关的施工规范、标准和操作规程进行施工,并逐步推行工程监理制度,建立完整、可信的技术档案。大修工程完工后,地(市)级公路管理机构应依据合同文本组织有关人员对其进行初验,并向省级公路管理机构提交竣工验收申请。省级公路管理机构应及时组织有关单位和人员对工程进行竣工验收。

4. 改建工程

改建工程是对公路及其沿线设施因不适应现有交通量增长和车辆轴载需要而进行全线或逐段改善技术等级指标,显著提高其通行能力的较大工程项目。省级公路管理机构应根据本辖区路网的总体规划、现有公路的技术状况、通行能力和国民经济发展等需要,研究提出本辖区的路网改建计划,报省级交通主管部门审批。国省干线改建工程项目,由省级公路管理机构组织实施;县道改建工程项目,由地(市)级公路管理机构组织实施。改建工程项目的设计、施工和监理,应实行招投标制度。改建工程项目竣工后,负责组织实施的公路管理机构应根据《公路工程竣工验收办法》的规定,组织初验。初验合格后,要按照竣工验收的有关要求准备竣工验收的各类资料,并向竣工验收的主持单位提交竣工验收申请报告。竣工验收主持单位应按照国家有关规定组织验收。

不同类型的公路养护工程的具体工作内容见表1-1。

公路养护工程的具体工作内容　　　　　表1-1

工程项目	小修保养	中修工程	大修工程	改建工程
路基	保养: 1. 整理路肩、边坡,修剪路肩、分隔带草木,清除杂物,保持路容整洁; 2. 疏通边沟,保持排水系统畅通; 3. 清除挡土墙、边坡、护栏滋生的有碍设施功能发挥的杂草,修理伸缩缝、疏通泄水孔及松动石块。 小修: 1. 小段开挖边沟、截水沟或分期铺砌边沟; 2. 清除零星塌方,填补路基缺口,处理轻微沉陷翻浆; 3. 桥头接线或桥头、涵顶跳车的处理; 4. 修理挡土墙、护坡、护坡道、泄水槽、护栏和防冰雪设施等局部损坏; 5. 局部加固路肩	1. 局部加宽,加高路基,或改善个别急弯、陡坡、视距; 2. 全面修理、接长或个别增建挡土墙、护坡、护坡道、泄水槽、护栏及铺砌边沟; 3. 清除较大塌方,处理大面积翻浆、沉陷; 4. 整段开挖边沟、截水沟或铺砌边沟; 5. 过水路面的处理; 6. 平交道口的改善; 7. 整段加固路肩	1. 在原路技术等级内整段改善线形; 2. 拆除、重建或增建较大挡土墙、护坡等防护工程; 3. 大塌方的清除及善后处理	整段加宽路基,改善公路线形,提高技术等级

续上表

工程项目	小修保养	中修工程	大修工程	改建工程
路面	保养： 1.清除路面泥土、杂物,保持路面整洁； 2.排除路面积水、积雪、积冰、积砂,铺防滑料、灭尘剂或压实积雪维持交通； 3.砂土路刮平、修理车辙； 4.碎砾石路面匀扫面砂,添加面砂,洒水润湿,刮平波浪,修补磨耗层； 5.处理沥青路面的泛油、拥包、裂缝、松散等病害； 6.水泥混凝土路面日常清缝、灌缝及堵塞裂缝； 7.路缘石的修理和刷白。 小修： 1.局部处理砂石路的翻浆变形、添加稳定料； 2.碎砾石路面修补坑槽、沉降,整段修理磨耗层或扫浆铺砂； 3.桥头、涵顶跳车的处理； 4.沥青路面修补坑槽、沉陷,处理波浪,局部网裂、啃边等病害； 5.水泥混凝土路面板块的局部修理	1.砂土路面处理翻浆,调整横坡； 2.碎砾石路面局部路段加厚、加宽,调整路拱加铺磨耗层,处理严重病害； 3.沥青路面整段封层罩面； 4.处理沥青路面的严重病害； 5.处理水泥混凝土路面严重病害； 6.水泥混凝土路面接缝材料的整段更换； 7.整段安装、更换路缘石； 8.桥头搭板或过渡路面的整修	1.整段用稳定材料改善土路； 2.整段加宽、加厚或翻修重铺碎砾石路面； 3.翻修或补强重铺高级、次高级路面； 4.补强、重铺或加宽高级、次高级路面	1.分段提高公路技术等级,铺筑高级、次高级路面； 2.新铺碎砾石路面； 3.水泥混凝土路面病害处理后,补强或改造为沥青混凝土路面
桥梁涵洞隧道	保养： 1.清除污泥、积雪、积冰、杂物,保持桥面的清洁； 2.疏通涵管,疏导桥下河槽淤泥等； 3.伸缩缝养护,泄水孔疏通,钢支座加润滑油,栏杆油漆； 4.桥涵的日常养护； 5.保持隧道内及洞口清洁。 小修： 1.局部修理、更换桥栏杆和修理泄水孔、伸缩缝、支座和桥面的局部轻微损坏； 2.修补墩、台及河床铺底和防护圬工的微小损坏； 3.涵洞进出口铺砌的加固修理； 4.通道的局部维修和疏通修理排水沟； 5.清除隧道洞口碎落岩石和局部修理圬工接缝,处理渗漏水	1.修理、更换木桥的较大损坏构件及防腐； 2.修理更换中小桥支座、伸缩缝及个别构件； 3.大中型钢桥的全面油漆除锈和各部件的检修； 4.永久性桥墩、台侧墙及桥面的修理和小型桥面的加宽； 5.重建、增建、接长涵洞； 6.桥梁河床铺底或调治构造物的修复和加固； 7.隧道工程局部防护和加固； 8.通道的修理与加固； 9.排水设施的更新； 10.各类排水泵站的修理	1.在原技术等级内加宽、加高、加固大中型桥梁； 2.改建、增建小型桥梁和技术性简单的中桥； 3.增改建较大的河床铺底和永久性调治构造物； 4.吊桥、斜拉桥的修理与个别索的调整更换； 5.大桥桥面铺装的更换； 6.大桥支座、伸缩缝的修理更换； 7.通道改建； 8.隧道的通风和照明排水设施的大修或更新； 9.隧道的较大防护、加固工程	1.提高公路技术等级,回转、加宽、加高大中型桥梁； 2.改建、增建小型立体交叉桥和10km以内整段改善的大中桥； 3.增建公路通道； 4.新建渡口的公路接线、码头引线； 5.新建短隧道工程

续上表

工程项目	小修保养	中修工程	大修工程	改建工程
交通工程及沿线设施	保养：标志牌、里程碑、百米桩、界牌、轮廓标等埋置、维护或定期清洗。 小修： 1. 护栏、隔离栅、轮廓标、标志牌、里程碑、百米桩、防雪栏栅等修理、油漆或部分添置更换； 2. 路面标线的局部补画	1. 全线新设或更换永久性标志牌、里程碑、百米桩、轮廓标、界牌等； 2. 护栏、隔离栅、防雪栏栅的全面修理更换； 3. 整段路面标线的画线； 4. 通信、监控设施的维修	1. 护栏、隔离栅、防雪栏栅的增设； 2. 通信、监控设施的更新	1. 整段增设防护栏、隔离栅等； 2. 整段增设通信、监控设施
绿化	保养： 1. 行道树、花草的抚育、抹芽、修剪、治虫、施肥； 2. 苗圃内幼苗的抚育、灭虫、施肥、除草。 小修： 1. 行道树、花草缺株的补植； 2. 行道树冬季刷白	更新、新植行道树、花草、开辟苗圃等绿化工程单列绿化费用		

(二)高速公路养护工程的分类

根据高速公路的特点,高速公路养护工程分为维修保养、专项工程和大修工程三类。

(1)维修保养是为保持高速公路及其附属设施的正常使用功能而安排的经常性保养和修补其轻微损坏部分的作业。

(2)专项工程是对高速公路及其附属设施的一般性磨损和局部损坏进行定期修理、加固、更新和完善的作业。

(3)大修工程是当高速公路及其附属设施已达到其服务周期时所必须进行的预防性、应急性、周期性的综合修理,使之全面恢复到原设计的状态,或由于水毁、地震、交通事故、风暴、冰雪等造成的高速公路及其附属设施的重大损坏,为保证其正常使用而及时进行的修复作业。

高速公路养护工程的具体工作内容见表1-2。

高速公路养护工程的具体工作内容　　表1-2

工程项目	维修保养	专项工程	大修工程
路基	1. 整修路肩、边坡,修剪路肩杂草,清除挡墙、护坡、护栏、集水井和泄水槽内的杂物； 2. 疏通边沟和修砌路缘石； 3. 小段开挖、铺砌边沟； 4. 清除路基塌方,填补缺口； 5. 局部整修挡墙、护坡、泄水槽工； 6. 加固路肩	1. 全面修理挡墙、护坡、泄水槽,铺砌边沟和路缘石； 2. 清除大塌方、大面积翻浆； 3. 整段增设边沟、截水沟； 4. 局部软土地基处理	1. 拆除、重建或增建较大的挡土墙、护坡等防护工程； 2. 重大水毁路基的恢复； 3. 整段软土地基处理

续上表

工程项目	维修保养	专项工程	大修工程
路面	1. 清除路面上的一切杂物； 2. 排除积水、积雪、积冰，铺防滑、防冻材料； 3. 水泥混凝土路面接缝的正常养护； 4. 处理沥青路面和水泥混凝土路面的局部、轻微病害； 5. 处理桥头跳车； 6. 日常巡视和定期调查	1. 处理路面严重病害； 2. 沥青路面整段罩面	1. 周期性或预防性的整段路面改善工程； 2. 黑色路面整段加铺面层； 3. 水泥混凝土路面板整段更换或改善； 4. 重大自然灾害造成的路面损坏的修复
桥隧及交叉工程	1. 清除污泥、积雪、杂物，保持结构物的整洁； 2. 清除立交桥下和隧道涵洞中的污泥杂物； 3. 伸缩缝清理修整、泄水槽疏通、部分栏杆油漆； 4. 局部更换栏杆、扶手等小构件； 5. 局部修理泄水槽、伸缩缝、支座和桥面； 6. 维修防护工程； 7. 涵洞整修； 8. 疏通排水系统； 9. 日常巡视和定期调查	1. 更换伸缩缝及支座； 2. 桥墩、桥台及隧道衬砌局部修理； 3. 桥梁河床铺底及调治构造物的修复； 4. 排水设施整段修理或更新； 5. 承载能力检测； 6. 金属构件全面除锈、油漆	1. 增建小型立体交叉或通道； 2. 整段改善大、中桥梁； 3. 隧道衬砌全面改善
绿化	路树花草的抚育管理和补植	开辟苗圃，更新树种、花木、草皮，增设公路绿色小品和公路雕塑	
沿线设施	1. 对标志、标线和集水井、通信井等设施的正常维修养护和定期检查； 2. 对护栏、隔离栅和标志局部油漆和更换； 3. 路面标线局部补画	1. 全面修理护栏、隔离栅和各种标志； 2. 整段重画路面标线； 3. 整段钢质沿线设施定期油漆； 4. 通信和监控设施修理	1. 整段更换沿线设施； 2. 各种钢质沿线设施的定期油漆

(三)农村公路养护工程的分类

为加强农村公路养护管理，提高农村公路养护质量和投资效益，交通运输部在2008年4月颁布了《农村公路养护管理暂行办法》，该办法规定，农村公路养护工程分类按《公路养护工程管理办法》的规定办理，即农村公路的养护工程分为小修保养、中修工程、大修工程和改建工程。但我国农村公路在技术等级和使用功能上差异比较大，在经济发达的乡村，农村公路技术等级较高，而且交通量比较大、轴载较重，可以按同等级的干线公路来进行公路的养护维修；而在经济欠发达地区，农村公路大部分是四级公路或等外公路，交通量较小、重车比例不大，其所要解决的首要问题是进行路面硬化、提高技术等级。因此，为了更好地与农村公路现状相结合，农村公路的养护维修应分为两大类型。

(1)技术等级为四级或者四级以上的农村公路养护工程分类按《农村公路养护管理暂行办法》的规定，分为小修保养、中修、大修和改建工程。

(2)等外的农村公路养护维修工作内容可以分为小修保养、恢复更新和改建工程。小修保养主要是指以人工消耗为主的预防性和常规性维修保养工作；恢复更新主要是指以材料和机械消耗为主并且是恢复性的养护工作；改建工程是对公路及其工程设施因不适应交通量、轴重和群众出行需求而逐段提高其技术等级、通行能力和服务水平的较大工程项目。

等外农村公路养护工程的具体工作内容见表1-3。

等外农村公路养护工程的工作内容　　　　　　　　　　表1-3

项目	小修保养	恢复更新	改建工程
路基	1. 清除路肩、边坡、挡土墙上的杂物，保持路容整洁； 2. 疏通边沟、排水沟，保持排水系统畅通； 3. 清除零星塌方，填补路基缺口； 4. 修理挡土墙、护坡等局部破坏	1. 路基严重病害、塌方、水毁等严重自然灾害的处治； 2. 边沟、截水沟等排水系统的维护或增设； 3. 挡土墙、护坡等防护工程的维修或增设	1. 路基整段加宽； 2. 边沟、排水沟等排水系统的整段增设； 3. 挡土墙、护坡等防护工程的整段增设
路面	1. 清除路面杂物，保持路面整洁； 2. 砂土路面刮平，修理车辙； 3. 碎砾石扫匀、加面砂、洒水刮平波浪； 4. 处理局部砂石路的翻浆、变形，添加稳定料； 5. 碎砾石路面修补坑槽，修理磨耗层、扫浆铺砂	1. 局部路面的修整或硬化； 2. 砂土路面大面积刮平，修理车辙； 3. 处理砂石路局部翻浆变形，添加稳定料； 4. 碎砾石路大面积扫匀、加面砂、洒水、刮平波浪； 5. 碎砾石路面修补坑槽，修理磨耗层或扫浆铺砂	整段提高路面技术等级
桥梁涵洞	1. 清除污泥、杂物，保持桥面系涵洞洞口清洁； 2. 疏通涵管，疏导桥下河床； 3. 修理桥面系的局部轻微损坏； 4. 修理涵洞和洞口铺砌； 5. 修理排水沟	1. 桥梁护栏、泄水孔及桥面铺装的维修； 2. 桥梁基础、墙身的修复或加固； 3. 涵洞修复、加固、改善； 4. 涵管更换	新增桥梁构造物
渡口码头浮桥	1. 上船段块石路面修补、勾缝，水泥混凝土路面面层修补、防护工程和栏杆等局部维护； 2. 板桩前沿抛石； 3. 防浪堤堤头正常抛石； 4. 防浪堤局部调整、勾缝； 5. 停泊区正常维修保养； 6. 待渡区段的一般保养； 7. 靠船设施除锈、油漆防护	1. 上船段块石路面修补、勾缝，水泥混凝土路面面层修补、防护工程和栏杆等局部维护； 2. 板桩前沿抛石； 3. 防浪堤堤头正常抛石； 4. 防浪堤局部调整、勾缝； 5. 停泊区正常维修保养； 6. 待渡区段的一般保养； 7. 靠船设施除锈、涂漆； 8. 码头区照明设备少量更换灯具、保险、开关等； 9. 浮桥的日常养护	增加一个泊位（包括公路接线、引道）的工程
绿化	乔、灌木、花草管护	乔、灌木、花草缺株补植	
沿线设施	护栏、标志牌、百米桩、界牌等的清洁、扶正、埋置与维护修理	新置护栏、标志、百米桩、界牌等	

第三节　公路养护的指导方针和技术政策

一、指导方针

（1）公路养护工作应坚持"畅通主导、服务需求、安全至上、创新引领"的方针，构建更安全、更畅通、更绿色、更高效的公路交通网络，更好地满足经济社会发展和人群出行需求。

（2）公路养护应贯彻"预防为主，防治结合"的方针，加强预防性养护，保持公路及其沿线设施良好的技术状况。

（3）公路养护工作应切实贯彻"科技兴交，科学养路"的方针，大力推广和应用先进的养护技术、机械装备和科学的管理方法。

二、技术政策

（1）因地制宜、就地取材，尽量选用当地天然材料和工业废渣，充分利用原有工程材料和原有工程设施，以降低养护成本，节约资源，保护环境。

（2）应用和推广先进的养护技术和科学的管理方法，改善养护生产手段，提高公路养护技术水平。

（3）重视资源节约和环境保护，加强综合治理，保护路旁景观和文物古迹，防止环境污染，注意少占农田。

（4）全面贯彻执行桥隧养护管理工作制度，加强桥隧的检查、维修、加固和改善。

（5）公路养护工程应遵照相关的法律法规、政府规章和技术标准、技术规范的规定，严格执行操作规程，施工时应注重社会效益，保障公路畅通。

（6）大力推广和发展公路养护机械化。

三、公路养护的技术措施

（1）认真开展路况调查和技术状况评定，针对病害产生的原因和后果，采取有效、先进、经济的技术措施。

（2）加强公路养护工程的前期准备工作、各种材料试验及施工质量检验和监理工作，确保公路养护工程质量。

（3）推广路面、桥梁管理系统，逐步建立公路数据库，实行病害监控，实现决策科学化。

（4）加大养护资金投入，提高普通干线公路路况水平。坚持政府主导，不断拓宽筹资渠道，保证养护资金投入。加快升级改造拥堵和交通瓶颈路段，消除国、省干线公路中的断头路等外路。

（5）实施科学养护，提升公路养护工程质量。全面推广路况快速检测、分析、决策的成套技术，完善预防性养护政策和技术标准，实现养护作业机械化、规范化、快速化、信息化。

（6）加强公路法制建设，不断提高依法行政水平。

（7）高度重视桥隧管养，确保桥隧安全运营。进一步明确桥梁养护的责任主体，提高桥隧管养信息化水平，及时掌握桥隧病害发生、发展情况，加大投入，及时消除安全隐患。

（8）落实公路管养责任，巩固公路建设成果。建立稳定的公路养护管理公共财政投入渠道，形成对管理养护工作的硬性约束和良性循环。

（9）改革养护生产组织形式，提高养护机械化水平，管好、用好现有的养护机具设备，积极引进、改造、研制新型养护机械，逐步实现养护机械装备的标准化、系列化，以保障养护工程质量，提高养护生产效率，降低劳动强度，改善劳动环境。

（10）加强对交通工程设施（交通标志、标线、通信和监控设施等）、收费设施、服务管理设施等的维护和更新工作,保障公路应有的服务水平。

第四节　我国公路养护管理体制

一、我国公路养护管理行政划分

为加强公路养护工程管理,提高公路养护工程质量和投资效益,公路养护工程管理工作实行"统一领导,分级管理"的原则。

国务院交通主管部门主管全国公路养护工程的管理工作。

省级交通主管部门主管本行政区域内公路养护工程的管理和监督工作。

公路养护工程的具体管理工作,根据省级人民政府交通主管部门的授权,以及目前各级公路管理机构的职责分工,由县级以上人民政府交通主管部门设置的公路管理机构负责。

乡道养护工程的管理工作,由乡(镇)人民政府负责,县级交通主管部门负责行业管理和技术指导。

我国目前的公路养护管理集建、养、管为一体,公路管理部门既行使部分政府管理职能,又承担公路养护具体的施工作业,同时还负责对养护工作进行监督和检查。这种体制在很大程度上还是一种计划经济体制,它远远不能适应市场经济的要求。改革开放以后,我国在不断深化政治经济体制改革的同时,不断加大对公路的建设管理投入,使全国范围内的公路通车里程逐年增长,公路技术等级不断提高,旧有的公路养护管理体制不再适合公路建设快速发展的现状,各方对公路养护管理改革的呼声也越来越高。2003年,交通部颁布并实施了《公路养护工程市场准入暂行规定》和《公路养护工程施工投标招标管理暂行规定》,将各级公路管理部门的养护管理工作纳入了法制管理的范畴。国务院办公厅在2005年颁发并实施了《农村公路管理养护体制改革方案》,强调要加快农村公路养护市场化进程,促进农村公路持续健康发展。

公路养护管理实行市场化运行模式,引入竞争机制,有利于提高养护质量和工作效率,充分发挥职工的积极性;有利于强化行业管理职能,节省资金;有利于拓宽融资渠道,体现公路的商品属性,促进公路的健康发展;能够改变传统的养护作业方式,逐步走向机械化、科学化养护作业;能使管、养工作同时得到加强,有利于建立有效的监督制约机制,提高养护企业素质和养护水平等。

某些发达国家(如英国、西班牙、瑞典等)已经在公路养护工程中融入了市场竞争模式,并取得了显著成效。由于各个国家的经济发展水平不同,因此我们不能简单地照搬国外的做法,但"它山之石,可以攻玉",国外在公路养护管理方面取得的成功经验,可以为我国公路养护管理体制改革提供有益的借鉴。

二、公路养护管理模式

公路养护管理模式是指各地区公路管理部门对该地区公路养护工程实施管理的模式。目前,公路养护管理模式主要有三种:直接管理模式、目标管理模式、市场化管理模式。在公路发展初期,养护站的基层领导和技术人员缺乏相应的养护管理经验,不能直接负责养护生产工作,只有建立由养护部的中、高级工程师直接指导的直接管理模式。随着经济的发展、公路建设水平的提高,旧的管理模式严重阻碍了公路建设的发展,出现了目标管理模式。伴随着市场经济发展,目标管理模式也不能适应发展需要,必然被新的管理模式所取代,就出现了市场化管理模式。各省的经济发展水平不同,养护管理模式也不统一,但大的方向都是趋向养护市场化管理模式。

1. 直接管理模式

直接管理模式是在公路公司组建维修养护部,根据公路穿过的行政区域分设养护站,并为每个养护站配备基本相同的养护机械,进行专业维修养护工作。只要是养护规范规定的维修养护工作内容,不管是否仍处在保修期内,都由维修养护部及其下属的养护站负责。整个养护系统采用自上而下的直接管理模式,维修养护部从行政、财务、采购等各方面对养护站进行管理,养护站基本没有多少自主权,一切都由维修养护部进行控制。

这种养护模式在养护工作开展的初期有其必要性,因为公路刚刚开通,养护站的基层领导和技术人员也缺乏相应的养护管理经验。在这种情况下,如果让基层单位自行管理,难免出现失误。另外,这种管理模式,使养护部的高、中级工程师能够直接对基层管理人员的工作进行指导,使他们能够在较短的时间内熟悉养护工作并掌握相应的管理经验,对养护队伍的建设起到了相当重要的作用。

当然,这种直接管理模式也有缺点。首先,在实际工作中,维修养护部没有足够的精力去解决养护站在日常行政工作中碰到的各种问题制约了养护站日常维修养护工作的开展。其次,由于养护部的全方位管理,养护站的管理人员主动权十分有限,所能做的就是接受指示去开展工作。至于如何提高管理水平和工作效率,基本上没有考虑。长此下去,将会造成养护管理工作僵化,影响管理水平的提高。另外,这种管理模式对公路病害维修反应慢。通常路政巡逻队发现道路病害后,通知养护部,再由养护部发指令通知养护站进行维修,在这一过程中有一定的延误,影响了道路病害维修的及时性。

2. 目标管理模式

直接管理模式发展到一定时期,养护站的管理人员和技术人员经过一段时间的工作,对公路维修养护工作已经比较熟悉,形成了一批技术熟练、配合密切的养护队伍,对公路的养护工作已经由过去被动地等待养护部的指示,变为主动向养护部提出养护工程项目,并且能根据客观情况提出施工方案。

目标管理就是根据养护工作的内容、性质和目的,制定养护工作所必须达到的目标,而实现这个目标的方式,由各养护站自行决定。另外,为了加强对突发事件的及时处理能力,把原来由养护部直接管理的养护站划归管理处管理。养护部只负责公路的大、中修工程项目管理,对养护站的工作进行指导和对新材料、新工艺的开发应用等,以及着眼于全局性、长远性的工作研究。日常养护工作的开展和养护费用由管理处管理。养护站站长在技术业务上对养护部负责。

在这种管理模式下,养护站的积极性和创造性得到了充分的发挥,各养护站根据具体情况建立了适合自己路段的养护方法。另外,由于养护站、路政所、收费站都在管理处的直接领导下,三个基层单位之间的联系十分紧密,形成了相互协助、相互促进的局面。对于突发事件的处理速度也有了很大提高,路政巡逻人员和收费站管理人员发现重大交通事故后,可以马上通知养护站清理场地,而不用通过上报养护部进行处理。管理处还可以利用养护站的力量,对收费站的设施进行修补和装饰,改善路容路貌。

3. 市场化管理模式

市场化管理模式是公路养护管理发展的趋势。养护管理市场化,就是把公路养护管理工作全面推向市场,引入竞争机制,各管理处(所)不设自己专门的养护队伍。养护工作实行日常维修养护对外承包,专项工程和大修工程向社会公开招标,择优选择施工队伍。公路养护管理市场化,就是将公路养护和管理职能分开,使养护和管理机构都从事各自的单一职能,从而使两方面管理更专业化、系统化、精密化,从而提高养护和管理水平。具体说,就是建立公路养护公司的模式,且养护公司完全拥有人、财、物的自主权。把养护管理推向市场,是现代化社会高速发展的需要,而且在人员设备、效益和风险等方面具有明显的优势,具体如下:

(1)在人员和设备上,市场化管理模式不设自己的养护队伍,按工程量对外发包,养护中不负担闲置人员和设备的费用,仅负担工程造价费用;只负担设备使用费,不负担设备购置费和闲置时的任何费用,节省大笔购置养护设备的费用,增加设备使用频率,降低设备台班费用。

(2)在效益方面,市场化管理模式根据养护工程需要,优选社会专业化施工队伍,引进竞争机制,提高管理水平和养护质量,同时还会降低养护成本,也相应提高了全社会的经济效益。

(3)在风险方面,市场化管理模式实行总价承包,由养护公司分担养护过程中的大部分风险。

练习题

一、填空题

1. 公路养护工作必须贯彻"预防为主、_____"的方针。
2. 中修工程是对公路及沿线设施的_____进行定期的修理加固,以恢复公路原有技术状况的工作。
3. 大修工程是对公路及沿线设施的_____进行周期性的综合修理,以全面恢复到原技术标准的工程项目。
4. 改建工程是对公路及沿线设施因不适应现有交通量增长和载重需要而提高_____指标,显著提高其通行能力的较大工程项目。
5. 对于当年发生的较大水毁等自然灾害的抢修和修复工程,可另列为_____办理。
6. 高速公路养护工程分为维修保养、_____、_____三类。
7. 我国公路养护管理模式有直接管理模式、_____、市场化管理模式。
8. 公路养护工程管理工作实行"统一领导、_____"的原则。
9. 等外的农村公路养护维修工作内容可以分为小修保养、_____和改建工程。
10. 我国公路养护发展的基本原则包括_____、_____、养护优先、依法治路、科技支撑、体制创新。

二、单选题

1. 对管养范围内的公路及其沿线设施经常进行维护保养和修补其轻微损坏部分的作业称为( )。

　　A. 小修保养　　　B. 中修工程　　　C. 大修工程　　　D. 改建工程

2. 对公路及其沿线设施因不适应现有交通量增长和车辆轴载需要而进行全线或逐段改善技术等级指标,显著提高其通行能力的较大工程项目称为( )。

  A. 小修保养   B. 中修工程   C. 大修工程   D. 改建工程

三、判断题

1. (　　)小修保养是对公路及其沿线设施经常进行维护保养和修补其轻微损坏部分的作业。

2. (　　)中修工程是对公路及其沿线设施进行定期的修理加固的作业。

3. (　　)大修工程是对公路及其沿线设施进行周期修理,以恢复到原技术标准的工程项目。

4. (　　)改建工程是对公路及其沿线设施不适应现有通行能力而提高技术等级的项目。

5. (　　)在整个公路工作中,各级公路管理机构都应把公路的养护和技术改造作为首要任务。

6. (　　)公路养护工作应贯彻执行加强以路基养护为中心的全面养护的技术政策。

7. (　　)公路养护工作可以发展公路养护机械化。

8. (　　)维修保养是为保持高速公路的正常使用功能,而安排的经常性保养的作业。

9. (　　)专项工程是对高速公路一般性磨损损坏,进行修理、加固、更新和完善的作业。

四、简答题

1. 公路养护的目的是什么?

2. 公路养护的基本任务是什么?

3. 公路养护工程的技术措施有哪些?

4. 公路养护工程如何分类?

5. 公路养护的技术政策有哪些?

第二章 路基养护

知识点

- 路基常见病害及产生原因。
- 路基养护工作的内容及要求。
- 特殊路基养护方法。

技能点

- 掌握路肩、边坡、排水设施、防护与加固设施的养护与维修。
- 掌握路基沉陷、翻浆等的处理。

第一节 概　　述

路基是按照路线位置和一定技术要求修筑而成的带状构造物,是路面的基础。路基的主要作用是承受路面结构自重及由路面传递下来的行车荷载,并承受自然因素的反复作用。路基的强度和稳定性,直接影响着路面的强度和稳定性,甚至影响着整个路面的使用寿命。实践证明,没有坚固、稳定的路基就没有坚固、稳定的路面。

公路建设项目中,路基不仅在工程数量和投资方面占有较大比重,而且受区域性条件影响大,施工干扰因素多,牵扯面比较广。路基施工时,环境条件变化大、施工难度大、施工方法多样,影响路基工程施工质量的因素较多,因此,要保证路基工程的施工质量有很大难度。特别是对地质不良的特殊地段路基,如黄土地区路基、冻土地区路基、盐渍土地区路基等,在施工时常会遇到复杂的技术问题,可以说路基施工是简单中蕴含着复杂。

一、路基常见病害及产生原因

在土体自重、行车荷载和水、温度等因素的综合作用下,路基常会发生变形,最终导致路基破坏。其破坏形式多种多样,原因也比较复杂。常见的破坏形式主要有路堤的变形破坏,如路堤沉陷、边坡滑坍、路堤沿山坡滑动;路堑的变形破坏,如边坡剥落和碎落、边坡滑坍和崩塌、路基翻浆、防护与加固设施的损坏、排水不畅等。

(一)路堤的破坏

1.路堤沉陷

(1)路堤沉陷的定义

路堤沉陷是指路堤表面在垂直方向产生较大的沉落,如图 2-1 所示为路堤沉陷示意图,

图 2-2 所示为路堤沉陷实例图。

a)堤身下陷　　　　　　　　　　　b)地基沉陷

图 2-1　路堤沉陷示意图

a)　　　　　　　　　　　　　　　b)

图 2-2　路堤沉陷实例图

(2)路堤沉陷的原因

路堤沉陷主要是由两个方面的原因造成的,一是堤身下陷,二是堤身下面的地基发生沉陷。

①堤身下陷。路基因填料选择不当、填筑方法不合理、压实不足,在荷载和水、温度的综合作用下,路基将产生堤身向下沉陷的变形破坏,如图 2-1a)所示。所谓填料选择不当,即采用了含草皮、生活垃圾、树根、腐殖质的土以及泥炭、淤泥、冻土、强膨胀土、有机质土和易溶盐超过允许含量的土作为路堤填料。所谓填筑方法不合理,包括不同土质混杂,未分层填筑和压实,土中含有未打碎的大土块或冻土块等。填石路堤因石料规格不一,性质不均,或就地爆破堆积,乱石中空隙很大,在一定期限内(如经过一个雨季)亦可能产生明显的下沉。导致压实不足的原因包括压实遍数不够、压路机质量小、碾压不均匀、局部有漏压现象等。

②地基沉陷。原有地基上可能存在大量的泥沼、淤泥、流沙或垃圾堆积等,填筑前未经换土或压实,造成地基承载力不足,侧面剪裂凸起,发生地基下沉,从而造成路堤沉陷。另外,如果路堤下部为软土地基,而在路堤填筑前未对软土地基进行处理,在路堤自重作用下,软土地基压缩沉降或因承载力不足向两侧挤出,引起路堤沉陷,如图 2-1b)所示。再者,路堤下的软土地基虽然处理过,但因工期紧,沉降时间不足,完工后出现大的沉降量,也会造成路堤沉陷。

2.边坡滑塌

(1)定义

边坡滑塌是常见的路基病害。根据边坡土质类别、破坏原因和规模不同,分为溜方与滑坡两种情况。溜方是指边坡上薄的表层土,被水浸泡后沿边坡向下滑移的破坏现象。它可能是由于水流冲刷边坡引起的。滑坡是路堤边坡土体在重力作用下沿某个滑动面发生剪切破坏,如图2-3、图2-4所示。

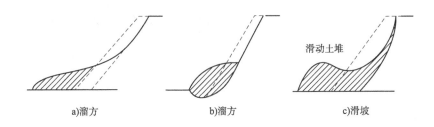

图2-3 路堤边坡的破坏示意图

a)溜方

b)滑坡

图2-4 边坡溜方及滑坡实例图

(2)产生的原因

边坡溜方和滑坡产生的主要原因有以下几方面:

①边坡过陡。

②路堤填筑方法不当。

③土体含水率过大,土体黏聚力和内摩阻力降低。

④坡脚被水冲刷等。

3. 路堤沿山坡滑动

在较陡的山坡上填筑路堤,如果原地面未经清除杂草、凿毛或人工挖台阶,坡脚又未进行必要的支撑,特别是受水浸湿后,填方与原地面之间的摩擦力减小,在自重和荷载作用下,路堤整体或局部有可能沿原地面向下滑动,如图2-5所示。此种破坏虽不普遍,但亦不容忽视,如果发生这种路基病害,路基稳定性就得不到保证,危及车辆和行人的安全等。

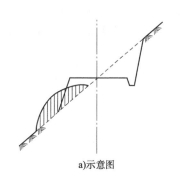

a)示意图　　　　　　　　　　b)实例图

图 2-5　路基沿山坡滑动

(二)路堑的破坏

1.边坡剥落和碎落

剥落是指路堑边坡表土层或风化岩层表面,在大气的干湿或冷热循环作用下,表面发生胀缩,使零碎薄层成片状从坡面上剥落下来的风化现象,而且老的脱落后,新的又不断产生。路堑边坡剥落的碎石堆积在坡脚下,堵塞边沟,影响路基稳定,并且妨碍交通。

碎落是一种坡面岩石成碎块状的剥落现象,如图 2-6 所示。其规模与危害程度比剥落严重。产生的主要原因是路堑边坡较陡(>45°),岩石破碎和风化严重,在胀缩、振动及水的浸湿与冲刷作用下,块状碎屑沿坡面向下滚落。发生碎落时,落石块大、落速快,产生的冲击力可使路基结构物遭到破坏,危及车辆和行人的安全等。

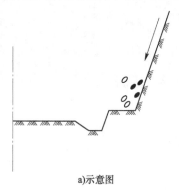

a)示意图　　　　　　　　　　b)实例图

图 2-6　路基边坡碎落

2.边坡滑坍和崩坍

滑坍是指路基边坡土体或岩石,沿着一定滑动面整体向下滑动,其规模与危害程度较碎落更为严重,有时滑动体可达数百方以上,造成严重堵车。产生滑坍的主要原因是边坡较高,坡度较陡(>50°),缺少应有的支挡与加固措施,在水的侵蚀和冲刷作用下,形成滑动面,致使边坡失去平衡产生滑坍,如图 2-7 所示。

崩塌是整体岩块在重力作用下倾倒、崩落。主要原因是岩体风化破碎,边坡较高,是比较常见且危害较大的路基病害之一。它与滑坍的主要区别在于崩塌无固定滑动面,亦无下挫现象,即坡脚线以下无移动现象。崩塌体各部分的相对位置,在移动过程中完全被打乱,其中较大石块翻滚较远,边坡下部形成倒石堆或岩堆,如图 2-8 所示。

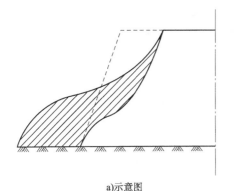

a)示意图　　　　　　　　　　　　b)实例图

图 2-7　路基边坡滑坍

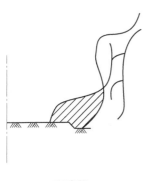

a)示意图　　　　　　　　　　　　b)实例图

图 2-8　路基边坡崩塌

(三)路基翻浆

1.翻浆的形成过程

翻浆多发生在我国北方地区,由于路面排水不畅、雨水下渗,造成路基潮湿,地下水位升高。进入冬季,当路基土表面开始冻结,土体空隙内的自由水在0℃时首先冻结,形成冰晶体。当温度继续下降,与冰晶体接触的弱结合水被吸引到冰晶体上冻结。路基上部土体温度降低到 $-3 \sim -5$℃时,土体内的毛细水和薄膜水就开始冻结。随着冻结线的逐渐向下推移和停留,在更深处还可能形成新的聚冰层。路基土体发生不均匀冻胀,路面被抬高,甚至出现冻胀裂缝。春季气温回升到0℃以上时,路基土开始解冻,由于路面导热性大,路中的融解速度较两侧快,水分不易向下及两侧排除,就形成一个凹槽。凹槽中大量水分无法排出,如图2-9所示,甚至变成稀泥。道路在行车荷载的作用下,路面被进一步压坏,泥浆从路面裂缝里挤出来,产生翻浆。路基翻浆实例如图2-10所示。

2.影响路基翻浆的因素

影响路基翻浆的因素主要有土质、水、温度、路面结构、行车荷载。其中,土质、水和温度是形成翻浆的三个自然因素。

(1)土质

粉性土最容易形成翻浆,这种土的毛细水上升高度大、速度快,在0℃以下水分聚流严重,而且土中水分增多时强度降低更快,极易失稳。黏性土毛细水上升高度虽然大,但速度较慢,只有在水源充足,而且土基冻结速度缓慢的情况下,才可能形成比较严重的翻浆。砂土一般情况下不会发生翻浆,它在冻结过程中水分聚流现象轻微,并且这种土即使含有大量水分,也能保持一定强度。

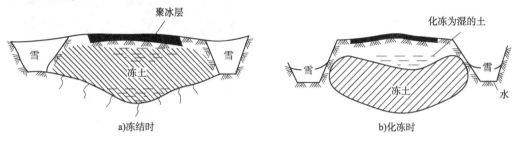

图 2-9 路基翻浆

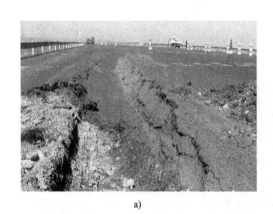

图 2-10 路基翻浆实例图

（2）水

翻浆形成的过程就是水在路基土中移动、变化的过程。路面排水困难,路基填土高度不足,利用边沟作农田灌溉渠道或边沟积水,为水分积聚提供了充足的水源。

（3）温度

一定的冻结深度是形成翻浆的重要条件。在相同冻结深度下,冬季负温作用的特点和化冻速度的快、慢对形成翻浆的影响较大。初冻温度较高,温度在 $-3\sim0℃$ 之间停留时间较长,冻结线长期停留在路面以下较浅位置,大量的水分聚流到距离路面较近的地方,产生翻浆。反之,初冻温度较低,冻结线很快下降到距离路面较深位置,土基上部聚流少则不易出现翻浆。

（4）路面结构

路面结构类型对翻浆的发生也有一定的影响。如果在比较潮湿的路基上铺筑透气性较差的沥青路面,路基土中的水不能通畅地从表面蒸发出来,水分积滞在土基顶面与基层之间,最终导致翻浆现象。

（5）行车荷载

公路翻浆是由于行车荷载的反复作用才最终形成并暴露出来的。在其他条件相同的情况下,在翻浆季节,交通量和轴重越大,翻浆现象就越严重。

(6)养护

公路养护不及时,如不及时排出积水、弥补裂缝,也会促成或加剧翻浆现象的发生。

3.翻浆的分类和分级

路基翻浆根据导致其发生的水分来源和翻浆时路面的破坏程度,可分为五种类型和三个等级,分别见表2-1和表2-2。

翻浆分类　　　　　　　　　　　　表2-1

序号	翻浆类型	导致翻浆的水类来源
1	地下水类	受地下水的影响,土基经常处于潮湿状态,导致翻浆。地下水包括上层滞水、潜水、层间水裂隙水、泉水、管道漏水等。潜水多见于平原区,层间水裂隙水、泉水多见于山区
2	地表水类	受地表水的影响,土基潮湿,导致翻浆。地表水主要指季节性积水,也包括路基、路面排水不良而造成的路旁积水和路面积水
3	土体水类	因施工遇雨或用过湿的土填筑路堤,造成土基原始含水率过大,在负温度作用下上部含水率显著增加导致翻浆
4	气态水类	在冬季强烈的温差作用下,土中水主要以气态形式向上运动,聚积于土基顶部和路面结构层内,导致翻浆
5	混合水类	受地下水、地表水、土体所或气态水等两种以上水类综合作用产生的翻浆。此类翻浆需根据水源主次定名

翻浆分级　　　　　　　　　　　　表2-2

翻浆等级	路面变形破坏程度
轻	路面龟裂、潮湿、车辆行驶时有轻微弹簧
中	大片裂纹、路面松散、局部鼓包、车辙较浅
重	严重变形、翻浆冒泥、车辙很深

二、路基养护工作的内容及要求

路基是路面的主体,承受着各种自然因素及行车荷载的作用。路基的强度和稳定性是保证路面强度和稳定性的重要条件。因此,必须对路基进行周期性、预防性以及科学合理的养护,使其经常处于良好的技术状态。

1.路基养护工作的内容

路基养护应通过对路况日常巡视和检查,发现病害,查明原因,采取有效措施进行修复或加固,消除病害根源,其工作内容见表1-1。

2.路基养护工作的基本要求

为保证路基完整性和稳定性,路基养护工作必须符合下列要求:

(1)整体:各部分保持完整,尺寸符合标准要求,不损坏、不变形。

(2)路肩:横坡适度,边缘顺适;表面平整坚实、整洁、无杂物,无车辙、坑洼、隆起、沉陷、缺口等病害。

(3)边坡:边坡稳定、坚固、平顺无冲沟、无松散,坡度符合规定。

(4)排水系统:边沟、排水沟、截水沟、跌水、急流槽等排水设施无淤塞、无蒿草,纵坡符合要求,进出口完好无损,路基、路面及边沟内不积水。

(5)防护工程:挡土墙、护坡及防雪、防沙等设施保持完好无损,泄水孔无堵塞。

(6)路基病害:加强不良地质边坡崩塌、滑坡、泥石流等灾(病)害的巡查、防治和抢修工作。

(7)加固改善:路基加宽、加高;改善急弯、陡坡;新增挡土墙、护坡。

第二节 基身养护

一、地基沉陷的养护

路堤沉陷会使公路的使用寿命缩短,影响公路的正常运行。为了保证路堤的稳定,从造成路堤沉陷的原因入手,采取一系列技术措施,尽量避免路堤沉陷,防止安全事故的发生。地基沉陷是造成路堤沉陷的原因之一,施工时应注意以下事项:

(1)在路堤填筑前应对地基进行彻底清理,挖除杂草、树根,清除地基表面的有机土、种植土和垃圾土等,对耕地和土质松软的地基进行压实处理,以达到各等级公路的压实度要求。

(2)若路堤下部的地基是软土地基,则应按照软土地基的处理方法进行处理。

二、堤身下陷的养护

堤身下陷是造成路堤沉陷的原因之一。为了保证路堤的稳定,应从以下几个方面防止堤身下陷:

(1)做好施工组织设计,合理安排各施工段的先后顺序,尤其是对于高填方路堤应优先安排施工,给高填方路堤留有充足的时间施工和沉降。

(2)填筑路堤前,疏通路堤两侧纵横向排水系统,避免路堤受水浸泡。

(3)选取良好的路堤填料。优先选择水稳定性好、干密度大、承载能力强的砾石类土填筑路堤。土质应均匀一致,不得混杂,剔除超大颗粒填料,尽量集中取土,避免沿线取土。

(4)路堤填筑方式优先采用水平分层填筑,即按照横断面全宽分层,逐层向上填筑。原地面纵坡大于12%的地段,宜采用纵向分层填筑,填筑至路堤上部时,仍应采用水平分层法填筑。

(5)合理确定路堤填筑厚度,分层松铺厚度一般控制在300mm。当采用大吨位压路机碾压时,增加分层厚度,必须要有足够的试验数据证明压实效果,同时须征得监理工程师的同意,方可施工。

(6)控制路堤填料含水率。

(7)选择合理的压实机具,重型轮胎压路机和振动压路机效果较好。

(8)做好压实度的检测工作。

三、滑坡的养护

路基边坡土体或岩体,由于长期受到地面水、地下水活动的影响,使其结构破坏,逐渐失去支撑力,在自重的作用下,整体沿着某一软弱面(或软弱带)向下滑动,称之为滑坡,如图2-11所示。造成滑坡的原因在前面已经介绍过,下面将主要介绍滑坡的防治措施。滑坡的防治措施主要有排水和抗滑两种。

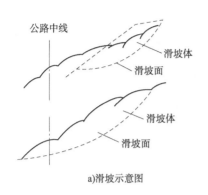
a)滑坡示意图

b)滑坡实例图

图 2-11　滑坡

(一)排水

1. 排除地面水

为了拦截引排滑坡体以外的地面水,应设置截水沟和排水沟。还可在坡面上设置树枝状排水沟来排除滑坡体范围内的地面水,如图 2-12 所示。

对滑坡体上的地面水要做好防渗工作,并尽快汇集引出。路基边坡由于截水沟漏水等原因会形成很多大的裂缝,为了防止水下渗,必须及时予以夯填。夯填方法是先沿裂缝挖深、挖宽,一直挖到看不见裂缝为止,如果裂缝很深,至少要挖深1m。裂缝两侧的松土要挖除,再用黏土分层夯实,顶部填成鱼背形,如图 2-13 所示。

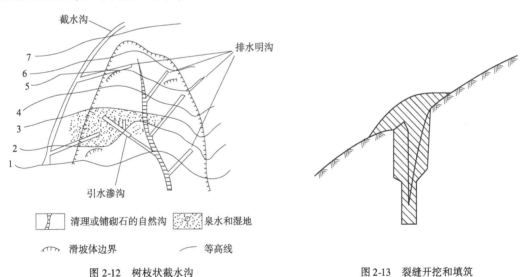

图 2-12　树枝状截水沟　　　　　　　　　图 2-13　裂缝开挖和填筑

2. 排除地下水

地下水的排除主要是通过设置各种形式的渗沟来实现的。

（1）边坡渗沟

当滑坡前缘的路基边坡上有地下水均匀分布或坡面有大片潮湿,可修建边坡渗沟,以引排上层滞水或泉水、疏干和支撑边坡;同时,边坡渗沟还能起到截阻坡面径流和减轻坡面冲刷的作用。分支渗沟的主沟主要起支撑作用,而支沟则起疏干作用。分支渗沟可以互相连接成网

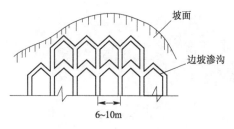

图 2-14 边坡渗沟示意图

状布置,如图 2-14 所示。

(2)支撑渗沟

支撑渗沟可以支撑不稳定的滑坡体,并能排除和疏干滑坡体内浅层滞水和地下水,适用于深度(高度)为 2~10m 的情况。

支撑渗沟有主干和分支两种。主干平行于滑动方向,布置在地下水露头处或由土中水形成坍塌的地方。支沟应根据坡面汇水情况合理布置,可与滑坡移动方向成 30°~45°交角,并可伸展到滑坡范围以外,用以拦截地下水,如图 2-15 所示。

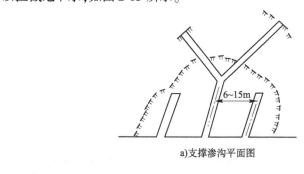

a)支撑渗沟平面图

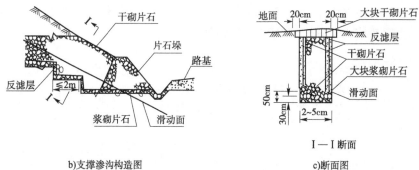

b)支撑渗沟构造图　　　　　　　c)断面图

图 2-15　支撑渗沟

(3)截水渗沟

当有丰富的深层地下水进入滑坡体时,可在垂直于地下水流的方向上设置截水渗沟,以拦截地下水,并将其排出滑坡体外,如图 2-16 所示。

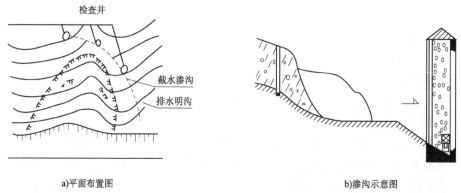

a)平面布置图　　　　　　　　b)渗沟示意图

图 2-16　截水渗沟

(二)抗滑工程

1. 抗滑垛

抗滑垛是利用片石垛的自重力来增加抗滑力的一种简易抗滑措施。片石垛可用片石干砌或石笼堆成。只有在滑坡体不大、坡度平缓、滑动面位于路基附近或坡脚下部较浅处时采用，如图 2-17 所示。

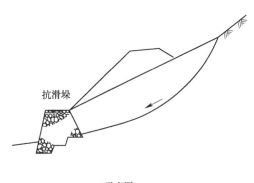

a)示意图　　　　　　　　　　b)实例图

图 2-17　抗滑垛

2. 抗滑挡土墙

在滑坡下部修建抗滑挡土墙，是整治滑坡常用的有效措施之一，如图 2-18 所示。

挡土墙按照不同的分类标准，可分为多种类型。在实际应用中，应根据滑坡稳定状态、施工条件、土地利用和经济性等因素综合选择。在地形地质条件允许的情况下，可采用仰斜式挡土墙；施工期间滑坡稳定性较好且土地价值低，宜采用直立式；施工期间滑坡稳定性较好但土地价值高，宜采用俯斜式。常用挡土墙形式如图 2-19 所示。

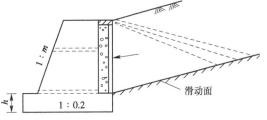

图 2-18　抗滑挡土墙

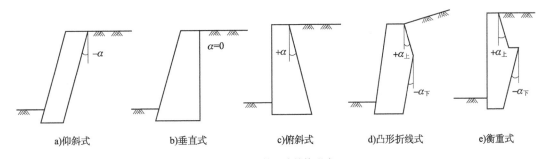

a)仰斜式　　b)垂直式　　c)俯斜式　　d)凸形折线式　　e)衡重式

图 2-19　挡土墙结构形式

在抗滑挡土墙施工时要注意，挡土墙墙高不宜超过 8m，墙后填料应选择透水性较强的材料(如砂砾、碎石、矿渣等)，填料应分层填筑，并严格控制压实度，加大压实度抽检频率。

3. 抗滑桩

抗滑桩是一种利用桩的支撑作用稳定滑坡的有效抗滑措施。一般适用于非塑性体层和中厚度滑坡前缘,以及使用重力式支撑建筑物圬工量过大,施工困难的场合。对于滑带埋深大于25m的滑坡,采用抗滑桩阻滑时,应充分论证其可行性。抗滑桩间距宜为5~10m。抗滑桩嵌固段嵌入滑床中的长度为桩长的1/3~2/5。

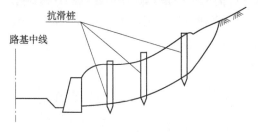

图2-20 抗滑桩

抗滑桩按制作材料分为混凝土桩、钢筋混凝土桩;按施工方法分为打入法、钻孔法、挖孔法等。如图2-20所示的是浅路堑边坡滑坡,用混凝土桩使滑体稳定的示例。

四、路基翻浆的养护

翻浆是一种典型的路基病害,特别是每年五、六月份是翻浆的暴露期。路基翻浆的发生,不仅会加重路基的养护工作量,破坏路面,中断交通,妨碍行车,严重的还会对行车安全产生一定的威胁,严重影响运输效率和经济效益。为了保证公路路况稳定,使其经常处于良好的工作状态,必须重视路基翻浆的防治。

(一)翻浆的防治措施

1. 挖深边沟和提高路基的方法

良好的路基排水可以防止地面水或地下水渗入路基,使路基土体保持干燥。

对于因路基偏低、排水不畅引起的翻浆,若地形条件允许,可采用挖深边沟、降低水位的方法进行治理,或用透水性良好的土提高路基。提高路基高度,有利于水分蒸发,免受水漫与雪埋,有利于路基排水,能保持路基干燥,是一种效果显著、简便易行、比较经济的措施,适用于取土方便的路段。需要注意的是,提高路基不能采用砂土,因其毛细水上升高度大,即使提高了路基,也不会彻底根除翻浆问题。

2. 换填土法

当路基土透水性差,提高路基又有困难时,可以将路基上部400~600mm的土挖除,换填透水性好的材料,如砂性土、碎(砾)石等。在翻浆比较严重的路段,可以将翻浆部分土体全部挖除,换填水稳性、冰冻稳定性好的粗粒料并压实。黏性土、腐殖土、泥炭土、盐渍土等容易产生翻浆,因此严禁采用这些土作为路基填料。

换填厚度应根据当地情况、道路等级、行车要求、换填材料等因素综合确定。换填厚度也可以根据强度要求,按路面结构层厚度的计算方法来确定。

3. 设置隔离层

当地下水位或地面积水水位较高,路基处于潮湿或过湿状态,但又不宜提高路基时,可以设置隔离层。隔离层铺设在路基顶面以下0.5~0.8m处,目的在于切断毛细管水上升通道,防止负温差时的水分积聚,以保持路基上部土体处于干燥状态。

(1)透水性隔离层

透水性隔离层采用碎(砾)石、粗砂或炉渣等透水性好的材料做成,其厚度通常为100~200mm,其位置应在地下水位以上,一般在土基500~800mm深度处(在盐渍土地区的翻浆路段,其深度应同时考虑防止盐胀和次生盐演化等要求),并向路基两侧做成3%~4%的横坡。为了防止淤塞,应在隔离层上面和下面铺设10~20mm的泥炭、草皮或炉渣、石屑等透水性材料的防淤层,如图2-21所示。

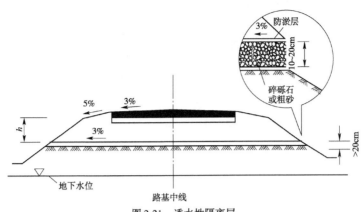

图 2-21 透水性隔离层

(2) 不透水隔离层

在不透水的路基中,可设置不透水隔离层,设置深度与透水隔离层相同。当路基较窄,隔离层可横跨全部路基,称为贯通式,如图 2-22a) 所示;当路基较宽时,隔离层可铺至延出路面边缘外 500~800mm,称为不贯通式,如图 2-22b) 所示。

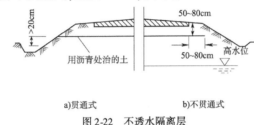

a) 贯通式　　　　b) 不贯通式

图 2-22 不透水隔离层

不透水隔离层所用的材料有:

① 沥青含量为 8%~10% 的沥青土或 6%~8% 的沥青砂,厚度 25~30mm。

② 直接喷洒沥青,厚度为 2~5mm。

③ 用 2~3 层油毡或不易老化的塑料薄膜(在盐渍土地区不能使用)。

④ 复合土二膜,一布一膜均可。

4. 设置盲沟

(1) 路肩盲沟

其位置应与路中心线垂直。当路基纵坡大于 1% 时,则与路中心线构成 60°~75° 的交角(顺下坡方向)。两侧相互交错排列,间距为 5~10m,深为 200~400mm,宽 400mm 左右。用渗水性良好的碎(砾)石填充,沟底宜做成 4%~5% 的坡度。出水口应高出边沟水面 300mm,横向盲沟出口按一般盲沟处理。

(2) 截水盲沟

如果地下水潜流顺路基方向从路基外侧向路基流动,可在路基内设横向截水盲沟或在路基外设纵向沟,使其不浸入路基。盲沟的设置应与地下水含水层的流向正交,并深入该层底部,以截断整个含水层,如图 2-23 所示。

(3) 纵向盲沟

如地下水位较高,可在路基边沟底下设置纵向盲沟降低地下水位,深度可根据毛细作用高度和降低水位的多少确定,一般为 1~2m,如图 2-24 所示。

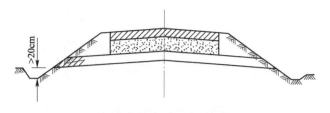

图 2-23　横向盲沟布置

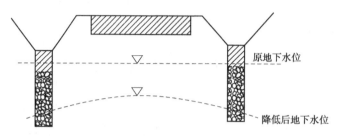

图 2-24　纵向盲沟布置

5．改善路面结构

（1）铺设砂（砾）垫层

春融期间，路基化冻后的过量水分全部集中在砂垫层中，根据蓄水的需要并考虑砂（砾）垫层被污染后降低蓄水能力的情况，砂（砾）垫层的经验厚度：中湿路段为 0.15～0.20m，潮湿路段为 0.2～0.3m。其厚度应由路面强度及砂（砾）垫层构造和施工要求决定，一般为 0.1～0.2m。

（2）铺设无机结合料基（垫）层

铺设水泥稳定类、石灰稳定类、石灰工业废渣类等路面基（垫）层以增强路面的板体性、水稳定性和冻稳定性。

（3）设置防冻层

对于高级和次高级路面结构层的总厚度除满足强度要求外，还应满足最小防冻层厚度要求，以免路基内出现较厚的聚冰带。防冻层厚度，可根据相应规范的规定确定。

（二）翻浆防治方案的选择

路基发生翻浆病害时，应根据翻浆的类型和级别（翻浆程度）采取相应的防治措施。各种防治翻浆的措施选择可参考表 2-3。

各种防治翻浆措施选择参考表　　　表 2-3

编号	措施种类	适用翻浆类型	翻浆等级	适用地区或条件	使用说明
1	路基排水	表 2-1 中 1、2、5	轻、中、重	平原、丘陵、山区	新、旧路均可使用
2	提高路基	表 2-1 中 1、2、5	轻、中、重	平原、洼地、盆地	新旧路均可使用，必要时也可与 3、4、5、6、7、9 任一类组合应用
3	砂（砾）垫层	表 2-1 中 1、2、3、5	中、重	出产砂、砾的地区	新、旧路均可使用，主要做垫层或与 2、4 类组合应用

续上表

编号	措施种类	适用翻浆类型	翻浆等级	适用地区或条件	使用说明
4	石灰土结构层	表2-1 中1、2、3、4、5	轻、中、重	缺少砂、石地区	新、旧路均可使用,做基层或垫层或与3、5类措施组合应用
5	煤渣石灰土结构层	表2-1 中1、2、3、4、5	中、重	缺少砂、石地区,煤渣供应有保证	新旧、路均可使用,做基层或垫层,或与4类措施组合应用
6	透水性隔离层	表2-1 中1、5	中、重	产砂、石地区	适用于新路
7	不透水隔离层	表2-1 中1、2、4、5	中、重	沥青、油毡纸、塑料薄膜供应有保证	多用于新路
8	盲沟	表2-1 中1、5	轻、中、重	坡腰或横向地下水出露地段,地下水位高的地段	新、旧路均可使用
9	换土	表2-1 中1、2、3、5	中、重	出产砂砾或水稳性好材料的地区	新、旧路均可使用

第三节　路肩及边坡养护

一、路肩的养护

路肩指公路两侧由路面边缘到路基边缘的部分。路肩可以保护行车道等主要结构的稳定性;为发生机械故障或遇到紧急情况的车辆提供临时停车位置;提供侧向余宽,有利于安全,增加舒适感;可供行人、自行车通行;为设置路上设施提供位置;作为养护操作的工作场地;在不损坏公路构造的前提下,也可作为埋设地下设施的位置;使雨水能够在远离行车道的位置排放,减少行车道雨水渗透,减轻路面损坏。

公路建成通车后,在各种因素的作用下,路肩也会发生不同程度的损坏,因此需要对路肩进行养护。路肩的养护应达到下列基本要求:

(1)路肩的横坡应顺适,硬路肩的横坡应与路面横坡相同,土路肩的横坡应比路面横坡大1%~2%。

(2)路肩应经常保持平整坚实。对车辙、坑槽以及高出路面的堆积物等,必须及时整修或清除;及时排除和清除土路肩的积水和淤泥,并用与原路肩相同的土填平压实,保持原有状态。

(3)路肩不能堆放任何杂物。

(4)路肩应尽量与周围环境相协调,尽可能达到美观效果。

1. 土路肩

土路肩是指不加铺装的土质路肩,它起保护路基和路面的作用,并提供侧向余宽。土路肩病害的处理措施包括:

（1）土路肩上出现车辙、坑槽或与路面产生错台时，必须及时整修，并用与原路肩相同的土填平夯实，使其顺适。

（2）发现土路肩上有垃圾、灰尘、粉尘、抛洒物、积泥等，应及时进行清理，使路面横向排水顺畅，缩短雨水的停留时间，降低雨水渗入路基的可能性。

（3）土路肩过高阻碍路面水排出时，应铲削整平。

（4）对于纵坡大于5%路段的土路肩，容易被雨水冲刷成沟槽，可在土路肩上设置泄水槽或者把土路肩变为硬路肩。

（5）土路肩横坡过大时，宜采用性能良好的砂土及其他材料填补压实，不得使用清沟挖出的淤泥或含有草根的土填补。当填补厚度较大时，应分层夯压密实。当土路肩横坡过小时，应削高补低整修至规定坡度，以便排水。

（6）对于土路肩缺失等病害严重地段，进行现场勘测、分析原因，整治时配合边坡防护，保证整个路基的完整性，做到美观、实用。

（7）路肩上严禁堆放任何杂物。若公路养护材料必须堆放在土路肩上，应选择较宽的路段堆放，堆放时间不宜过长。弯道内侧、陡坡处严禁堆放。

2. 陡坡路肩

陡坡路段由于纵坡大，易被暴雨冲成纵横沟槽，甚至冲坏路堤边坡，可采取以下防护措施：

（1）设置截水明槽。自纵坡坡顶起，每隔20m左右，两边交叉设置300～500mm宽的斜向截水明槽，并用碎（砾）石填平；同时在路肩边缘处设置100mm×100mm×200mm（高×上宽×下宽）的拦水土埂；在每条截水明槽处，留一出水口，其下面的边坡用草皮或砌石加固，使雨水集中由槽内排出，如图2-25所示。

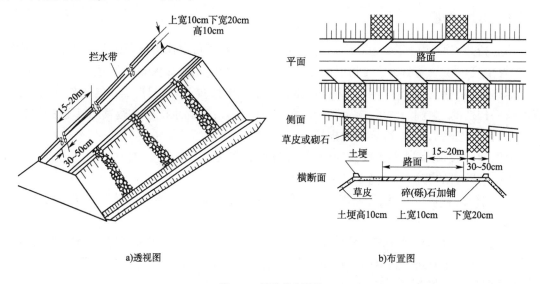

图2-25 路肩截水明槽

（2）有计划地铺成硬路肩，如砂石加固、泥结碎（砾）石及稳定类加固等。

（3）在陡坡路段的路肩和边坡上人工植草，以防冲刷。

3. 路肩的加固和改善

为减少路肩养护工作量，应有计划地将土路肩改铺成硬路肩。在填方路段，为使路肩能汇

集路面积水,在路肩边缘应设置缘石。硬路肩的横坡坡度应与路面的横坡坡度相同。硬路肩的类型大体上有以下几种:

(1)砂石加固的硬路肩,如泥结碎(砾)石。

(2)稳定类硬路肩,如石灰土、二灰碎石、泥结碎(砾)石、水泥土等。

(3)综合结构硬路肩,如在基层上作沥青表面处治的综合结构路肩。

在铺筑硬路肩有困难的路段,可种植草皮来加固路肩。种植草皮时应选择适宜当地土质、易于成活的草种,随时清除杂草和草丛中积存的泥沙杂物,便于排水。

硬路肩出现沉陷、缺口、坑槽、横坡过大或过小等病害时,应尽快整修。高速公路路肩通常铺水泥混凝土或沥青混凝土面层,并铺砌路肩边缘带。因此,硬路肩的病害处理与同类型路面病害处理相同。

为了防止雨水冲刷和雨中会车时泥泞陷车,应对路肩进行加固。加固的方法是:用粗砂、小砾石、风化石、炉渣、碎砖等粒料掺拌黏土,铺筑加固层,加固厚度不小于50mm。尽量采用挖槽铺压,也可在雨后路肩湿软时直接将粒料撒铺到路肩上,并进行碾压。

二、边坡的养护

由于雨水冲刷、温差以及湿度变化的影响,边坡坡面容易出现岩石风化、崩塌、滑坡以及泥石流等病害。因此,应积极采用现代养护技术,提高路基边坡养护质量,保持路基的整体稳定性。

路基边坡养护的基本任务是通过经常养护、维修与加固,使边坡坡面保持稳定、平顺、坚实、无裂缝;防止滑坡或滚石堵塞路面、边沟或危及行车,保持边坡加固设施的完整;制止破坏路基边坡的行为。路基边坡养护的基本要求包括:边坡坡面保持平顺、坚实、无裂缝;经常观察路堑高边坡,发现问题及时处理;对边坡加固的各种设施经常进行检查,发现问题及时处理;严禁在边坡上以及路堤坡脚、护坡道上挖土取料,严禁在边坡上种植农作物或修建其他建筑物;及时清理边坡滑塌部分,避免堵塞路面、边沟等。

1. 路堑边坡

(1)土质路堑边坡上高出的部分土体应予以铲平。当边坡出现冲沟时,可用黏性土填塞捣实,以防止表层水渗入路基体内。如出现潜流涌水,可采取开沟隔离水源,将潜水引向路基外排出。

(2)当土质路堑边坡、碎落台、护坡道等出现缺口、冲沟、沉陷、塌落时,应及时用与原边坡相同的土填塞夯实;当受洪水、边沟流水冲刷时应根据水流、土质等情况,选用种草、铺草皮、植树、抛石、投放石笼、干砌、浆砌片石护坡等措施进行防护和加固。

(3)对于石质路堑边坡,应经常观察边坡坡面岩石风化发展情况,如发现危岩、浮石等,应根据实际情况采用抹面、喷浆、勾缝、灌浆、嵌补、锚固等方法进行维修,以免堵塞边沟或危及车辆和行人的安全,如图2-26、图2-27所示。

2. 路堤边坡

(1)土质路堤边坡因雨水冲刷,易形成冲沟和缺口,应及时用与原边坡相同的土修补拍实。对大的冲沟和缺口,不能在原边坡上贴土修补,应在原边坡上自下而上先挖成土台阶,再分层填土夯实,夯实后的宽度要稍超出原来的坡面,以便最后削切出坡面。

图 2-26 喷浆　　　　　　　　　　图 2-27 挂网

(2)对于土质不良、容易出现少量坍塌的路堤边坡,一般采用种草、铺草皮进行加固,如图 2-28 所示。

(3)河滩、河岸的路堤边坡,宜采用植树加固。河面宽阔、主流固定、流速小的沿河路堤边坡,可采用种草或铺草皮加固。当路堤边坡常年受水淹和风浪袭击,冲刷较严重,堤脚易被掏空时,应采取抛石防护、石笼防护、干砌片石防护或浆砌片石防护等方法进行加固,如图 2-29 所示。

图 2-28 铺草皮　　　　　　　　　图 2-29 石笼

第四节　路基排水设施养护

水是造成路基路面病害的主要自然因素之一。随着公路建设的快速发展,公路水毁损失也十分严重。路基排水的任务是通过地表(地下)排水设施把危害路基的地表水和地下水排除,使路基范围内的土基湿度降低到一定的范围内,保证路基常年处于干燥或中湿状态。

路基排水设施分为地表排水设施和地下排水设施。地表排水设施包括边沟、截水沟、排水沟、跌水、急流槽、蒸发池、油水分离池、排水泵站等。地下排水设施的设置要根据地下水埋深和含水层情况来确定:当地下水埋藏浅或无固定含水层时,可采用隔离层、排水垫层、暗沟、渗沟等;当地下水埋藏较深或存在固定含水层时,可采用仰斜式排水孔、渗井、排水隧洞等。

路基排水系统能否正常工作,直接影响到路基的稳定性。因此,加强对各排水设施的日常养护与维修,是确保路基稳定的关键。

路基排水设施养护的基本要求包括:

(1)各种排水设施应设置合理,功能完好。

(2)在汛前应对各种排水设施进行全面检查,发现病害,要及时进行维修。雨天必须上路巡查,及时排除堵塞,并予以妥善处理,防止水流集中冲坏路基。暴雨期间,应对排水设施进行专门检查,检查进出水口处是否平顺、排水是否畅通等。

(3)路基排水设施断面尺寸和纵坡应符合原设计标准的规定。

(4)对暗沟、渗沟等隐蔽性排水设施,应加强检查,如发现渗沟洞口堵塞、长草,要及时进行冲洗和清理,如碎石过滤层失效,应及时翻修,并剔除颗粒较小的砂石。

(5)拦水带的设置应合理,保证路面雨水能够及时排除。出水口设置不合理或排水不畅的,要及时进行改造。

(6)原有排水设施不能满足使用要求时,应适时增设和完善。新增排水设施时,其设计、施工应符合《公路路基设计规范》(JTG D30—2015)和《公路路基施工技术规范》(JTG F10—2006)的要求。

一、地面排水设施的养护与维修

(1)对于地面排水设施,除应进行日常检查之外,还应加强汛前、雨中、暴雨后的检查,发现问题及时处理。

①对边沟、截水沟、排水沟等排水设施,在春融前,特别是汛前和雨中,应进行全面检查疏通,及时排除堵塞、疏导水流,保持水流通畅,防止水流冲坏路基。

②雨中必须上路巡查,及时疏导水流,防止水流集中冲坏路基。

③暴雨后应进行重点检查,如有冲刷、损坏,必须及时修理加固,如有堵塞应立即清除。

(2)原有排水设施不能满足排水要求,需增设和完善排水设施时,各类地面排水设施的断面形状、尺寸和坡度等要符合《公路路基设计规范》(JTG D30—2015)的规定。

1.边沟

常用的边沟断面形式有三角形、浅碟形、U形、梯形、矩形、带盖板矩形等,图2-30所示为常见的边沟断面形式示意图。选择边沟断面形式时,既要考虑地形地质条件、边坡高度、汇水面积及排水功能,也要考虑边沟形式对路侧安全和环境景观的影响,因地制宜,合理选用。当路基边坡高度不大、汇水面积较小时,优先采用三角形、浅碟形边沟。边沟断面尺寸需根据地形、地貌、汇水面积、暴雨强度、路基填挖情况等,经过水文、水力计算,并结合当地的经验确定。

边沟沟底纵坡宜与路线纵坡一致,并不宜小于0.3%。困难情况下,可减小至0.1%。当边沟冲刷强度超过表2-4所列的明沟最大允许流速时,应采取必要的防护加固措施。高速公路、一级公路挖方路段矩形边沟宜增设带泄水孔的钢筋混凝土盖板或增设路侧护栏,钢筋混凝土盖板的强度和厚度应满足承受汽车荷载的要求。季节性冻土地区,浅碟形边沟下的暗埋管(沟)应设置在最大路基冻深线之下,暗埋管(沟)出水口应采取保温防冻措施。

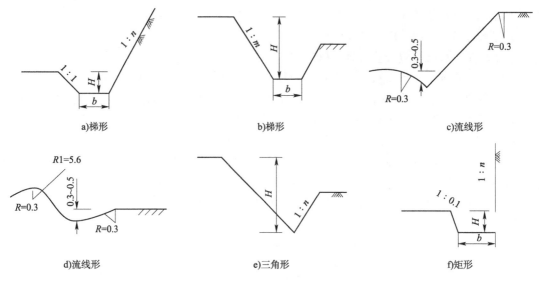

图 2-30 边沟的横断面形式示意图

明沟最大允许流速　　　　　　　　　　　　　　　　　　　表 2-4

明 沟 类 别	最大允许流速(m/s)	明 沟 类 别	最大允许流速(m/s)
细粒土质砂	0.8	片碎石(卵砾石)加固	2.0
低液限粉土、低液限黏土	1.0	干砌片石	2.0
高液限黏土	1.2	浆砌片石	3.0
草皮护面	1.6	水泥混凝土	4.0

为了加固边沟，防止水流对边沟的冲刷破坏，需要对边沟进行冲刷防护。在选用边沟防冲刷加固措施时，既要考虑加固措施的耐久性，也要考虑与环境的协调性。在边沟最大允许流速范围内，通常优先选用植物防护；当超过最大允许流速、可能产生冲刷时，可根据流速大小，因地制宜，选用换填砂砾、卵石、片碎石等间接加固方式，或干砌片石、浆砌片石(混凝土块)、现浇混凝土等直接加固措施。

2. 截水沟

截水沟根据路基填挖情况和所处位置可以分为路堤截水沟、堑顶截水沟和平台截水沟。山坡填方路段可能受到上方水流的冲刷破坏时，必须设路堤截水沟，以拦截山坡水流。截水沟与坡脚之间，要有不小于 2.0m 的间距，并做成 2% 的向沟倾斜的横坡，如图 2-31 所示。当挖方路段土质边坡高度较大、汇水宽度较宽时，可在边坡上设置平台截水沟，平台宽度不小于 1.0m，台顶向沟内做 2% 的斜坡，如图 2-32 所示。堑顶截水沟与挖方边坡坡口距离 d 应在 5m 以上，地质不良地段可取 10m 或更大。截水沟下方一侧，可堆置挖沟的土方，要求做成顶部向沟内倾斜 2% 的土台，如图 2-33 所示。

截水沟的横断面形式应结合设置位置、排水量、地形及边坡情况确定，一般采用梯形断面。沟的底宽不小于 0.5m，沟底纵坡不宜小于 0.3%，深度通过设计流量确定，同时不小于 0.5m。沟壁边坡坡度视土质而定，一般采用 1:1.0~1:1.5。石质截水沟沟壁坡度视石质而定，山坡覆盖层较薄(小于 1.5m)、稳定性较差时，可将沟底设在基岩上。截水沟还应进行防渗加固。

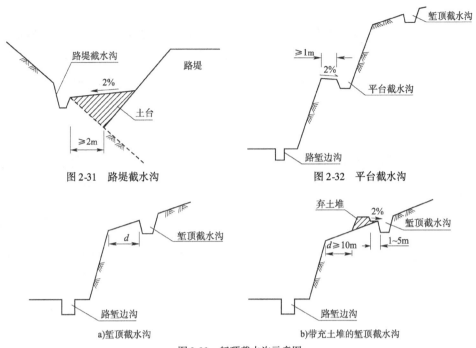

图 2-31 路堤截水沟

图 2-32 平台截水沟

a)堑顶截水沟

b)带充土堆的堑顶截水沟

图 2-33 堑顶截水沟示意图

3. 排水沟

排水沟的布置,必须结合地形等自然条件,平面上力求短捷平顺,尽量采用直线,必须转向时,尽量采用较大半径,保证水流舒畅;纵面上应具有合适的纵坡。一般情况下,沟底纵坡不宜小于0.3%,亦不宜大于3%。若纵坡大于3%,应采取相应的加固措施。排水沟的连续长度不宜大于500m。排水沟的断面形式应结合地形、地质条件确定,一般采用梯形断面,尺寸大小应经过水力、水文计算选定,深度与底宽均不应小于0.5m。排水沟的沟壁坡率视土质而定,一般土层为1:1.0~1:1.5。

排水沟与其他排水设施的连接应顺畅。水流排入河道或沟渠时,为防止对原水道产生冲刷或淤积,两者水流流向应以锐角相交,交角不大于45°,如图2-34所示。

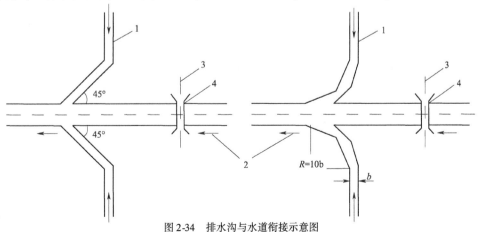

图 2-34 排水沟与水道衔接示意图
1-排水沟;2-其他渠道;3-路基中心线;4-桥涵

4. 跌水与急流槽

水流通过坡度大于10%、水头高差大于1.0m的陡坡地段或特殊陡坎地段时，宜设置跌水或急流槽。如图2-35所示，跌水呈阶梯形，水流以瀑布的形式通过，有单级跌水和多级跌水，沟底可以是等宽也可以是变宽。跌水的作用主要是降低流速和消减水的能量。急流槽是设置在陡坡或深沟地段的坡度较陡、水流不离开槽底的沟槽，槽底宜砌成粗糙面，用以消能和减少流速，如图2-36所示。

图2-35 跌水

a) 路堑急流槽

b) 路堤急流槽

图2-36 急流槽

由于纵坡大、水流湍急、冲刷作用严重，跌水和急流槽应采取加固措施或用浆砌块石或水泥混凝土砌筑。跌水两端的土质沟渠，应采取加固措施。急流槽底的纵坡应与地形相结合，进水口应予以防护加固，出水口应采取消能措施，防止冲刷。急流槽底应设置防滑平台或凸榫，防止基底滑动。

5. 蒸发池

在气候干旱且排水困难的地段，可利用沿线的取土坑或专门设置蒸发池汇集地表水。要合理确定蒸发池边缘与路基之间的距离，一般应不小于5m，湿陷性黄土地区不得小于湿陷半径。蒸发池设计水位应低于排水沟的沟底。蒸发池的容量应以一个月内汇入池中的雨水能及时完成渗透与蒸发作为设计依据，经水力、水文计算后确定，并防止产生盐渍化或沼泽化。蒸发池应根据具体情况采取适当的防护加固措施。

6. 油水分离池

为了保证排泄的水质符合《污水综合排放标准》（GB 8978—1996）的要求，在水环境敏感地段路基排水沟出口宜设置油水分离池。油水分离宜采用沉淀法处理。污水进入油水分离池前，应先通过格栅和沉砂池。油水分离池的大小应根据所在路段排水沟汇入水量确定，并保证流入分离池的油水能有足够的时间分离或过滤净化。

二、地下排水设施的养护与维修

对于地下排水设施的养护与维修，应做到以下几点：

（1）应经常进行检查，发现堵塞、淤积等异常现象，及时进行疏通。对暗沟、渗沟等隐蔽性排水设施，应加强检查，防止淤塞。

（2）应经常检查地下排水设施的排水口，观察是否有杂草堵塞排水口，降低排水能力，如存在此种现象，应及时清除杂草。

(3)降雨之后,应对地下排水设施进行检查,观察其排水能力是否正常。如果发现地下排水设施的排水能力显著降低,可适当增设地下排水设施。新增地下排水设施时,其设计、施工应符合《公路路基设计规范》(JTG D30—2015)和《公路路基施工技术规范》(JTG F10—2006)的有关规定。

1. 暗沟

暗沟,又叫盲沟,如图2-37所示,沟底的纵坡不宜小于1.0%,出水口处应加大纵坡,并应高出地表排水沟常水位0.2m以上。暗沟可采用浆砌片石或水泥混凝土预制块砌筑,沟顶应设置混凝土或石盖板,盖板顶面上的填土厚度不应小于0.5m。暗沟断面尺寸应根据排水量及地形、地质条件确定。

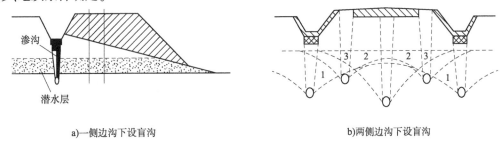

图2-37 盲沟

2. 渗沟

渗沟有填石渗沟、管式渗沟、洞式渗沟三种形式,如图2-38所示。渗沟材料应采用洁净的砂砾、粗砂、碎石、片石,其中小于2.36mm的细粒料含量不得大于5%。渗沟沟壁应设置透水土工织物或中粗砂反滤层,渗水管可选用带孔的HPPE管、PVC管、PE管、软式透水管、无砂混凝土管等。

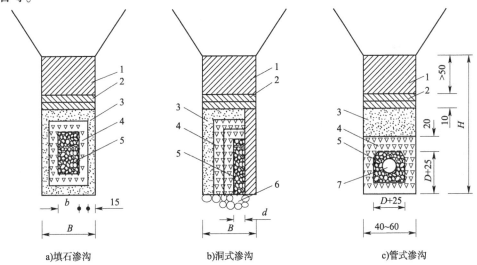

图2-38 渗沟构造图(尺寸单位:cm)

1-夯实黏土;2-双层反铺草皮;3-粗砂;4-石屑;5-碎石;6-浆砌片石洞沟;7-预制管

渗沟类型应根据地下水赋存条件、渗流量、使用部位及排水距离等,并参照表2-5进行选择,渗沟横断面尺寸应按地下水渗流量计算确定。

各类渗沟适用条件 表2-5

渗沟类型	适用条件
填石渗沟、无砂混凝土渗沟	可用于地下水流量不大、排水距离较短的地段
管式渗沟	可用于地下水流量较大、地下水位埋藏浅、地下排水距离较长的地段
洞式渗沟	可用于地下水流量大、埋藏深的路段

渗沟埋置深度应根据地下水位、需降低的水位高度及含水层介质的渗透系数等确定。截水渗沟的基底埋入隔水层内不宜小于0.5m。边坡渗沟、支撑渗沟的基底,宜设置在含水层以下较坚实的土层上。填石渗沟最小纵坡不宜小于1.0%,管式及洞式渗沟最小纵坡不宜小于0.5%。

3. 渗井

圆形渗井的结构与布置图如图2-39所示。渗井的平面布置、孔径与渗水量,按水力计算而定,一般采用直径为1.0~1.5m的圆柱形,或边长为1.0~1.5m的方形。用于拦截和引排地下水的渗井,宜成井群布设,并与排水隧洞等排水设施配合使用。渗井排列方向宜垂直于渗流方向,其深度宜穿过含水层,断面尺寸与间距应根据渗流量计算确定。渗井内部宜采用洁净的砂砾、碎石等填充,井壁与填充料之间应设反滤层。

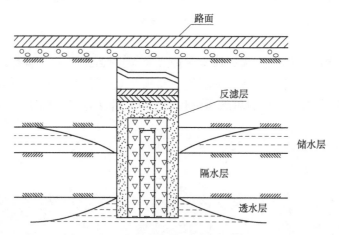

图2-39 圆形渗井的结构与布置图

用于排除下挖式通道地表水的渗井,距离路堤坡脚不宜小于10m,渗井尺寸应根据下挖式通道的排水量通过水力计算确定。渗井宜采用钢筋混凝土管或波纹管,上部为集水井,下部为渗透井。渗透井应选用洁净的砂砾、片碎石等充填,其中粒径小于2.36mm颗粒含量不得大于5%,井壁四周应设置反滤层。

第五节 路基防护加固工程养护

一、防护工程的养护

对于已经设置了防护与加固设施的边坡,应经常检查这些防护加固设施的损坏情况,并采取有针对性的养护维修措施。

1. 植被护坡

植被护坡包括种草和铺草皮,如图 2-40a)所示。养护时应经常检查植被的发育情况,地下水以及地表水的流出情况,草皮护坡有无根部冲空现象,边坡坡面及坡顶有无裂缝、隆起等现象。针对不同的异常情况,采用措施进行养护。

2. 砌石护坡

如图 2-40b)所示为砌石护坡。养护时应检查护坡有无松动现象,有无局部脱落现象,护坡有无涌水及渗水现象,泄水孔是否起作用。针对出现的异常现象,分析原因,及时修补,以保证路基边坡的稳定性。

3. 抛石加固边坡

如图 2-40c)所示为抛石护坡。养护时应经常检查抛石有无空缺现象,如有,应及时添补填石,或选用大块石压铺在表面。

4. 石笼加固边坡

如图 2-40d)所示为石笼护坡。养护时应检查笼框、铁丝是否被腐蚀或断开,填石有无脱落。若出现上述异常现象,应及修补、更换,并填补石料。

a)植被护坡

b)砌石护坡

c)抛石护坡

d)石笼护坡

图 2-40 路基边坡防护

二、挡土墙的养护

挡土墙是为防止路基填土或山坡土体坍塌而修筑的能够抵挡侧向土压力,保持土体稳定的墙式构造物,如图 2-41 所示。在路基工程中,挡土墙作为路基的防护措施,能够防止路基填土或挖方边坡变形失稳,克服地形限制或地物干扰,防止水流冲刷岸坡;可用来整治滑坡病害。

a)挡土墙各组成部分名称

b)挡土墙实例图

图 2-41 挡土墙

近年来,在地形、地质条件复杂的山区公路建设中以及既有线路运营管理过程中,一些挡土墙出现了开裂、下沉、倾斜、鼓肚等病害,造成了一些较大的设计变更和重建,经济损失较严重。因此,应加强挡土墙日常检查,发现病害应及时处理。

在日常养护过程中,除了要经常检查其是否有损坏之外,还应在每年的春秋两季进行定期检查。在北方冰冻严重地区,尤其应注意检查挡土墙在冰冻融化后墙身及基础的变化情况。在气候反常、地震或超重车通过等特殊情况下,应加大检查频率,发现病害应查明原因,观察其发展趋势,并采取相应的修复、加固措施;损坏严重的,可考虑全部或部分拆除重建。

(一)挡土墙裂缝、断缝处理

经检查发现圬工或混凝土砌块石挡土墙出现了裂缝、断缝,应观察其发展趋势,如已停止发展,可将缝隙凿毛,清除碎渣、杂物,再用水泥砂浆填塞;对水泥混凝土或钢筋混凝土挡墙的裂缝用环氧树脂黏合,或用混凝土黏结剂涂抹缝壁,最后用混凝土或水泥砂浆填塞。

(二)挡土墙倾斜、鼓肚、滑动、下沉的处理

1. 锚固法

锚固法适用于水泥混凝土或钢筋混凝土挡墙。用高强钢筋作锚杆,穿入事先钻好的孔内,灌入水泥砂浆,固定锚杆,当砂浆达到一定强度后,张拉锚杆,固紧锚头,如图 2-42 所示。

2. 套墙加固法

套墙加固法是采用钢筋混凝土在原墙外侧加宽基础,加厚墙身,如图 2-43 所示。施工时,为减小土压力,应先挖除一部分墙后填土。同时,要注意新旧混凝土的结合。可先将旧混凝土表面凿毛、洗净润湿或加设锚栓和石榫以增强联结力;也可在已修整过的旧混凝土表面涂敷混凝土黏结剂,然后浇筑套墙。

3. 增建支撑墙加固法、重建

增建支撑墙加固法是在挡墙外侧,增建支撑墙,其基础埋置深度、尺寸和间距,应通过计算确定,如图 2-44 所示。

如原挡墙损坏严重,采用上述加固方法不能达到设计强度要求时,可考虑将损坏部分拆除重建。重建时,为防止新旧墙不均匀沉陷,应在新旧墙之间设沉降缝。

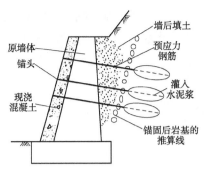
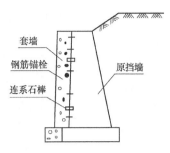
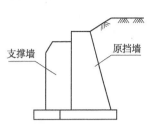

图 2-42　锚固法加固挡土墙　　　图 2-43　套墙加固法加固挡土墙　　　图 2-44　支撑墙加固挡土墙

(三)挡土墙的泄水孔应排水通畅

对于泄水孔,除了日常检查之外,还要进行定期检查。如发现泄水孔堵塞应加以疏通,不能疏通时,应视墙后地下水情况增设泄水孔或在墙后增建排水设施。定期清理伸缩缝、沉降缝,使其正常发挥作用。

(四)挡土墙风化处理

挡土墙墙面出现风化剥落时,可将风化表层凿除,露出新茬,然后用水泥砂浆抹面或喷涂。当风化剥落严重时,应拆除重建。重建或增建挡土墙,应根据公路所在地区地形及水文地质等条件合理选择挡土墙类型,并按《公路路基设计规范》(JTG D30—2015)和《公路路基施工技术规范》(JTG F10—2006)进行设计和施工。

(五)锚杆及加筋土挡土墙

如发现墙身变形、倾斜或肋柱、挡板损坏、断裂等,应及时加固、修理或更换;对暴露于空气中的锚头、螺母、垫圈要定期涂刷防锈漆,锚头螺母如有松动、脱落现象,应及时紧固和补充。

(六)浸水挡土墙的处理

浸水挡土墙除平时经常检查其是否损坏外,在洪水期前后应详细检查。如有损坏,应及时修理加固。浸水挡土墙受洪水冲刷,基础被掏空,但未危及挡土墙本身时,可采取抛石加固或用块(片)石将掏空部分塞实并灌浆。

第六节　特殊土质路基病害处理

一、盐渍土路基

盐渍土是一系列受土体中盐碱成分影响的各类土壤的统称,包括各种盐土和碱土等,如图 2-45 所示。盐渍土按含盐性质不同可分为氯盐渍土、亚氯盐渍土、亚硫酸盐渍土、硫酸盐渍土和碳酸盐渍土。氯盐渍土易遭溶蚀而产生湿陷、坍塌等病害,但在干燥条件下,氯盐却可起黏固作用。硫酸盐渍土在气温下降时,因硫酸盐结晶结合一定数量的水分子而膨胀,产生盐胀现象。碳酸盐渍土遇水膨胀,并且泥泞不堪。此外,硫酸盐、碳酸盐都对沥青路面有很强的侵蚀性。

在我国的西部地区,如宁夏、青海、甘肃等地,盐渍土分布广泛。由于建设资金不足,在这些地区修建公路时,大都因陋就简,直接取用路侧的盐渍土来填筑路基,而未作任何处理,造成溶蚀、盐胀、冻胀和翻浆等路基病害。

图2-45 盐渍土

(一)常见病害

由于盐渍土中含有大量易溶盐,土的物理、力学性质发生明显变化,容易引起许多路基病害。

1.溶蚀

具有溶陷性的盐渍土地基一旦浸水后,土中的可溶盐会溶解,破坏岩盐体原来的结构,使地基承载力下降并产生较大的沉降,不均匀的浸水导致不均匀的地基沉降,最终导致结构物的开裂和破坏。

盐渍土的溶陷与土中结晶盐的溶解有很大关系。如果结晶盐不溶解,就不会产生溶陷变形。盐渍土的溶陷变形分为两种:一种是静水中的溶陷变形,即水力梯度较小无渗流时,土中部分或全部盐结晶溶解,导致土体结构破坏,空隙减小,产生溶陷;一种是潜蚀变形,即土中的盐分和部分土颗粒因水的渗流被带走而形成的溶陷变形。

2.盐胀

盐渍土的盐胀,有的是由于土体吸水膨胀造成的,但更多的是由于温度降低而造成的盐类结晶膨胀。研究表明,很多盐类结晶时都具有一定的膨胀性,只是膨胀程度不同。氯盐渍土中盐主要是氯盐,其盐结晶膨胀倍数为1.3,而硫酸盐的结晶膨胀倍数为3.1,因此,在同等条件下,氯盐渍土的盐胀量小于硫酸盐渍土的盐胀量。碳酸盐中存在大量吸附性阳离子,使得碳酸盐渍土具有较强的亲水性,遇水后,很快地与胶粒相互作用,在胶体颗粒和黏粒颗粒周围形成稳固的结合水薄膜,从而减少了颗粒间的黏聚力,引起土体膨胀。

3.冻胀和翻浆

很多盐渍土分布地区属寒区。含盐的水比不含盐的水冰点低,但冬季温度低于含盐水的冰点以后,含盐水也会冻结,所以盐渍土会产生冻结现象。当路堤在冬季受到冰结作用时,水分经常是由温度较高的土层向温度较低的土层移动,以致在临界冻结深度聚冰层附近就发生水分聚集现象。形成冰冻的土层中具有大小不同的冰粒或冰层,使其体积大大超过了土体原有的孔隙和含水体积,即发生冻胀现象。到了春季,上层冰粒首先融化,而下层冰粒一时尚未融化,则上层的水分无法下渗,致使上层填土中的含水率超过液限,在振动荷载的周期性挤压、冲击作用下,就出现翻浆。

(二)治理措施

对盐渍土路基,应根据土基含水率、盐渍化程度、当地工程地质、水文地质、地形和筑路材料等条件,因地制宜地采用提高路基、路基换填、设隔断层、改善排水条件等措施,保证路床0~800mm处于干燥或中湿状态,不受盐分、水分的影响。

1. 提高路基

提高路基以减少进入路基上部的水分和盐分,施工简便,是最常用的一种措施。由于硫酸盐渍土在很低的含水率时即可产生盐胀,而盐胀的深度远比当地冻深大。因此,只有提高路基的高度较大时才会取得好的效果。路堤最小填土高度一般按下式计算:

$$H \geqslant h_1 + h_2 + h_c + h_k$$

式中:H——最低路肩设计高程;

h_1——冻前地下水位高程;

h_2——毛细水上升高度;

h_c——临界冻结深度;

h_k——安全高度值,一般采用0.5m。

公式中的参数可现场测试确定,也可计算求得。如果使路基产生盐胀的水分中气态水占有较大比例,则不宜单纯采用提高路基的方法。

2. 隔断层

隔断层是为了防止水分和盐分浸入路基上层或路面基层,在路基内或其顶部用透水性良好的材料铺设而成的层次。

(1)土工合成材料隔断层

铺设土工合成材料隔断层时,路基表面必须平整,横坡符合设计及施工要求。经常检查路基表面,清除坚硬凸出的碎砾石。当隔断层的底面或顶面填料为粗粒土时,其相应部位应铺设保护层,防止土工合成材料被破坏。

(2)粒料类隔断层

粒料类隔断层有碎(砾)石隔断层和砂隔断层。隔断层顶面距离路肩边缘不得小于800mm,并设置双向横坡,坡度不得小于1.5%。

3. 温度控制法

"盖被"法是采用炉灰或采石场清除的表层土石把路基边坡包裹起来。实践经验表明,只要在路基上覆盖一层0.40~0.50m厚的炉灰或土石料,就可以很好地控制土体温度随环境气温变化的幅度和速度,在控制冻胀的同时,减轻了盐胀,并可以防止集中降雨的溶蚀冲刷,还能变废为宝、保护环境,是一种集经济效益、社会效益和工程效益于一体的综合处理措施。

4. 加强路基排水

盐渍土地区路基的病害,主要与地表水和地下水有关。因此,应加强盐渍土地区路基的排水。在盐渍土地区,为了及时排除地表水和地下水,应符合下列要求:

(1)施工中应合理布置排水系统,路基两侧不设置取土坑,以免造成积水。

(2)施工中必须做好施工场地及附近临时排水设施,尽量与永久性排水设施相结合。

(3)路基一侧或两侧有取土坑时,取土坑的位置、尺寸必须严格按照设计要求进行设计。

(4)当地面排水困难,地下水位较高或路基旁有农田灌溉水渠时,应设置排水沟或截水沟。

(5) 当路基所处位置有潜水或泉眼时,可设置纵、横盲沟将水引出路基范围。

(6) 当路基底为软弱土层,排水达不到预期的效果时,可采用抛填片石或卵石,或换填的方法处理。

(7) 在排水困难地段或取土坑有可能被水淹没时,应在路基一侧或两侧取土坑外设置高度不小于0.5m,顶宽不小于1.0m的纵向护堤。

(8) 路基填料应及时摊铺、碾压,每层均设置不小于1.5%的路拱横坡,使雨水能及时排出。路基施工范围内,不能随便弃土及堆放杂物。

(9) 春融前必须清除路基上的积雪。

二、黄土路基

黄土是指在干燥气候条件下形成的具有多孔性、柱状节理的黄色粉性土。黄土在我国的分布,西起甘肃祁连山脉的东端,东至山西、河南、河北交接处的太行山脉,南抵陕西秦岭,北到长城,包括陕西、山西、宁夏、甘肃、青海等五个省(自治区)的220多个县市,面积达54万平方公里,占全国土地面积的6%。

(一)黄土地区路基的常见病害

黄土具有渗透性、湿陷性、遇水崩解等特征。黄土地区公路路基受到黄土的特性影响,在各种自然因素,尤其是雨水侵蚀作用下,易导致公路产生各种病害(如公路水毁等),严重影响公路的正常使用,造成巨大的经济损失。

1. 黄土地区路堤常见病害

(1) 路堤或基底沉陷

路堤本身填筑时碾压达不到设计的压实度要求,这是路堤沉陷变形的主要原因之一。研究表明,湿陷性黄土压实干重度达到16.5kN/m³可明显减少路堤本身的沉陷。在路堤填筑之前,基底没有进行处理或者处理措施不到位,导致基底承载力不足,发生侧面剪裂凸起,基底发生沉陷变形。对于湿陷性黄土浸水后易引起湿陷变形。为减少路堤的沉陷变形,应根据黄土的工程性质以及路堤的高度采取相应措施,其中利用土工合成材料加筋路堤或进行防渗处理,能够有效防止路堤的沉陷或湿陷变形。

(2) 路堤坍塌与边坡滑动

如图2-46所示,产生路堤坍塌与边坡滑动的主要原因包括:路堤填筑质量差,压实度达不到设计要求;边坡设计不合理,边坡设计形式和坡度与实际情况不符;基底土软弱,当路堤高度大于临界值时,造成路堤整体滑动;边沟或边坡冲刷,边沟水冲刷掏空坡脚,造成路堤坍塌与边坡滑动。

2. 黄土地区路堑边坡常见病害

黄土地区路堑的病害要多于路堤,并且主要集中于边坡,其破坏类型可分为两种:坡面破坏和坡体破坏。坡面破坏主要是剥落和冲刷,坡体破坏包括滑坍、崩塌和坡脚坍塌等。边坡常见病害包括剥蚀和滑塌两种。

(1) 边坡坡面剥蚀

边坡坡面剥蚀是黄土地区路堑边坡常见的一种破坏形式。虽然这种边坡变形不是坡体整体变形,但对路堑边沟的危害较大,会引起其他更为严重的边坡变形或破坏,处理也十分困难,如图2-47所示。

图2-46 黄土地区路堤边坡病害

图2-47 边坡剥蚀

(2)边坡坡面冲刷破坏

坡面冲刷会引起大量的水土流失。坡面冲刷使坡面成沟状或洞穴状,一般形成坡肩冲刷坍塌、坡面冲刷跌水、坡脚冲刷掏空、坡面冲刷沟穴等。黄土路堑边坡坡面冲刷与土层、岩性、微地貌条件、水文条件等有密切的关系。边坡坡面冲刷如图2-48所示。

(3)坡体滑坡破坏

滑坡的产生,主要是由于黄土的强度下降,引起土体失稳造成的。大型滑坡常发生在松散结构或黄色湿陷性黄土层中。在新黄土中也会出现小型滑坡。滑坡多发生在老黄土和岩土间出现整合倾斜接触面处,对公路建设危害性极大,如图2-49所示。

图2-48 黄土地区路堑边坡坡面冲刷

图2-49 黄土地区路堑边坡滑坡

(二)黄土地区路基病害的防治

1. 黄土地区路堤病害的防治

(1)路堤边坡设计

对于高度不大于30m的路堤,根据基底承载力的大小,采用折线形或阶梯形边坡;对于较矮的路堤,采用一坡到顶的形式。边坡坡度可以根据填料性质和边坡高度,以及有无防护加固措施等情况进行确定。为保证整个路基范围内的土体压实度达到设计要求,填筑时两侧要超宽填筑,最后削坡。黄土路堤边坡应拍实,并应及时予以防护。

(2)排水措施

黄土具有湿陷性,排水设计至关重要。如果路堤两侧汇水面积不大,应在一侧或两侧坡脚处设置阻水或排水设施;在施工过程中,要设置临时的防排水设施;在边坡上要设置急流槽或跌水,将水引排至路基范围以外。

(3)填料选择

黄土地区路基填料主要以黄土为主,新黄土砂粒含量大,是填筑路堤的良好材料,而老黄土细颗粒含量多,容易团结,透水性差,故不得作为路床填料。路堤填料不得含有粒径大于100mm 的块料,浸水路堤不得用黄土填筑。在填筑横跨沟堑的路基土方时,应做好纵横向界面的处理。

(4)加强路基压实,提高路基压实度

加强路基压实是防止黄土湿陷性的有效措施,一方面可以降低孔隙率,另一方面可以降低毛细水的上升高度,减轻水对黄土的渗透和溶蚀。压实过程中,要严格控制最佳含水率,并达到要求的压实度标准。

2. 黄土地区路堑边坡病害的防治

黄土地区路堑边坡病害防治应根据边坡变形的类型、变形破坏的原因,通过边坡设计,确定合理的边坡形式和边坡坡度,完善路基排水设施,并结合具体情况采取必要的防护措施。

(1)在选线前必须做好周密翔实的地质勘查研究,对危害性较大的山体,应尽量避绕,尤其是在易发生滑坡的地段。

(2)必须做好排水设计,将危害路基的水截排出路基范围,并做好排水沟渠的衬砌和加固,以免引起冲刷和掏空。湿陷性黄土地区,蒸发池与路基排水沟外缘的距离应大于湿陷半径。

(3)对于不稳定山体,可刷方减重或用抗滑桩,以稳定边坡。为了减少土方量,可以设置挡土墙以此增强边坡的稳定性。

(4)合理的设计与施工是保证边坡稳定的关键。边坡的形式、坡度等都与边坡的稳定性有密切关系。施工方法对边坡稳定也有很大影响,如爆破施工可能引起边坡失稳,因此,在施工过程中,要尽量减少对周围岩土体的扰动。

(5)加强边坡坡面防护。对新建公路,要及时种植草皮等,防止雨水的聚积和冲刷;对易引起冲刷的部位,可采用石灰、粉煤灰、砂子等组成的三合土做护面加固。

(6)加强雨季巡查和维修养护。在雨季要认真贯彻雨前、雨中、雨后的三巡制度,严防冲沟、陷穴病害的发生。在适当时机如春季进行一次彻底检查,修铺好边坡,整平路肩,清除路肩杂物,疏通排水设施等。

三、冻土路基

冻土按其冻结状态时间的长度可分为多年冻土、季节性冻土和瞬时冻土三类。冻结状态持续三年以上的冻土为多年冻土;每年冬季冻结,夏季全部融化,冻结状态持续时间大于一个月,每年周期性冻结的冻土为季节性冻土。瞬时冻土是指冬季冻结状态仅持续几个小时至数日的冻土,其冻结深度为数毫米至数厘米。

多年冻土通常埋藏在地表下不深处,位于季节融化层(或活动层)下。活动层的厚度通常为 200~300mm 至 2~3m。一般活动层的底板与多年冻土的上限相连,这种多年冻土称为衔接多年冻土。有时活动层在冬季的冻结深度达不到多年冻土上限,在季节冻结层和多年冻土上限之间隔着一层融土,便形成不衔接多年冻土。随着全球气温的缓慢提高,多年冻土上限也开始下移,加上路基修筑对于原始冻土的干扰,提高了路基破坏发生的可能性。

(一) 常见病害

多年冻土地区路基病害主要形式有纵向裂缝、融沉、边坡渗水滑塌、坡脚积水引起的其他病害及冻胀、翻浆等。这些都与路基自身特征密切相关。路基高度、大气降水、昼夜与年温度差异、路基所处的地质地貌共同决定了路基病害的类型及规模。

1. 纵向裂缝

由于公路的走向不同,路基左右边坡接受的辐射量不同。考虑到辐射与地表温度、下伏多年冻土温度变化之间的正相关关系,左右坡面接受的辐射差异越大,左右边坡下的冻土地温差异也就越大,阴阳坡现象也就越明显。接受辐射量大的坡面,其下伏冻土的温度要高于阴坡下的冻土温度。阳坡下的冻土由于较早开始融化,产生融沉和融化压缩变形,而此时阴坡冻土还可能没有融化或者融化较少,因此路基的阳坡以及阳坡侧的路肩和路面的沉陷变形量要大于阴坡的沉陷变形量。下伏冻土的横向不均匀变形传递到路基后,导致了路基路面的不均匀变形,从而诱发路基纵向裂缝。如图 2-50 所示为多年冻土地区路基纵向开裂示意图,如图 2-51 所示为纵向裂缝实例图。

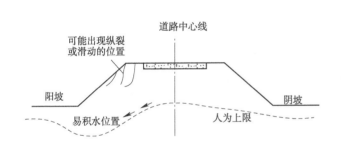

图 2-50　多年冻土地区路基纵向开裂示意图

图 2-51　纵向裂缝实例图

2. 融沉

融沉是多年冻土路基的常见病害,是指土中过剩冰融化所产生的水排出以及土体的融化固结引起局部地面的向下运动,是自然(如气候转暖)因素或人为因素(如砍伐与焚烧树木、房屋采暖)改变了地面的温度状况,引起季节融化深度加大,使地下冰或多年冻土层发生局部融化所致。在多年冻土上限附近的细粒土和由一定量细粒土充填的粗粒土中往往存在厚层地下冰,由于其埋藏浅,所以很容易受各种人为活动的影响而融化。

3. 边坡疏松

边坡冻融疏松是多年冻土地区路基最普遍的病害形式,几乎贯穿于整个道路边坡,主要是由于边坡表面含水率较高、气温迅速升降引起的,表现为边坡表面孔隙率极大。如图 2-52 所示为多年冻土地区路基边坡疏松情况,边坡非常脆弱,一触即散且水分极易渗透,一般疏松深度大于 100mm。

图 2-52　多年冻土地区路基边坡疏松情况

4. 边坡渗水及坡脚积水

多年冻土地区地形起伏较大，路基修筑时因为取土不当导致边坡坡脚处于低洼处，再加上降水和地表水比较丰富，所以极易在坡脚积水。另外，边坡的疏松也使路基内水分含量增加，如图2-53所示。

a)

b)

图 2-53　边坡坡脚积水情况

5. 路基冻胀

地温降到零度以下，路基土体含水率达到一定的程度时，分散在路基空隙中的水分会因冻结而体积增大，产生膨胀力。冻胀作用会使路基表面整体抬高或者局部抬高，如图2-54所示。当冻胀作用较强时，整体的抬高作用促使路面结构在凸起部分边缘产生拉应力，当拉应力超过路面结构整体抗拉强度时会产生断裂，形成横向裂缝。

a)

b)

图 2-54　冻胀现象

(二) 防治措施

1. 预防性措施

设计畅通的地表排水系统，确保路基不受地表水的侵害。及时清刷脏污的道床，防止道床积水。如遇地下水丰富，应同时考虑降低地下水位的措施。

2. 导温措施

(1) 基床保温措施

基底铺设隔温层,补偿路堤基底因表层植被及泥炭受到压缩变薄及压实而导致的热传导性能增加,也可减轻填土蓄热对基底的散热影响,起到保温作用,但造价较高。我国东北大、小兴安岭地表生长的塔头草及泥炭层是良好的保温材料,可就地取材,造价低且施工简单。铺设厚度一般为0.2~0.3m。基底铺设泥炭层的多年冻土路堤,在基底泥炭隔温层及两侧设置的保温护道的共同作用下,基底人为上限上升明显。

(2) 设置保温护道

多年冻土路堤的另一保温措施是设置保温护道,用以减轻及削弱热传导作用对多年冻土路基的影响,防止向阳坡侧人为上限的下降。以黏性土填筑的保温护道可阻挡和减少路堤坡脚处地表水渗入基底。

3. 调控对流措施

该类措施是调控路基边界及路基内部的对流换热状况,从而保证冻土路基稳定。

(1) 热棒

热棒是一种人工冷却装置,利用换热介质的液汽两相循环,将地基中的热量带出,从而达到冷却地基的目的。在寒冷季节,用热棒采集大气中的冷量,传输到地基中,冷冻地基多年冻土,提高多年冻土地基的稳定性;在暖季,空气温度高于冻土体温度,热棒中的汽液两相达到平衡,热棒停止工作,大气中的热量不能通过热棒传至冻土中,从而保持冻土良好的冻结状态。

(2) 通风路基

通风路基是用碎石或块石填筑路基,利用填石路基的通风透气性,实现保护冻土路基的作用。寒季,冷、暖空气在路基中产生对流,冷空气下降,侵入地表;暖季,热空气受下部冷空气的阻隔,难以下渗,每年地基吸入的冷量大于热量,从而起到保护冻土的作用,该措施适用于高温不稳定的多年冻土地区。

4. 土工布、EPS导温垫床

土工布具有隔离、排水、防渗、加固和强化土体的作用,在翻浆处治中发挥了很大作用。EPS是一种新型防冻土工聚合材料,吸水率小,导温系数小,近几年在多年冻土地区整治路基冻害中被广泛应用。

5. 保证路堤的最小填土高度

路堤高度与多年冻土地区路基的稳定性密切相关。采用提高路堤高度保护多年冻土地区路基时,实际路堤高度必须大于最小路堤高度,并小于最大路堤高度。确定路堤的最小高度,需要考虑多种因素,它既与区域气候密切相关,又与填料类别、地表下泥炭层厚度及以下的冻土介质特性和采取的保温措施有关。

 练习题

一、填空题

1. 路基沉陷是指路基在_____方向产生较大的沉落。
2. 路基边坡养护与维修的要求是边坡坡面保持平顺、_____,无裂缝、冲沟,坡度符合设计规定。

3. 路肩要经常保持平整密实,保持适当的_____、坡度顺适。

4. _____是路堤边坡土体在重力作用下沿某个滑动面发生的剪切破坏。

5. 如地下水位较高,可在路基边沟底下设置_____降低地下水位,深度一般为1～2m,可根据毛细作用高度和降低水位的多少确定。

6. 抗滑桩嵌固段须嵌入滑床中的长度为桩长的_____。

7. _____是利用片石垛的自重来增加抗滑力的一种简易抗滑措施。

8. 当滑坡前缘的路基边坡上有地下水均匀分布或坡面有大片潮湿,可修建_____,以引排上层滞水或泉水、疏干和支撑边坡。

9. 原地面纵坡大于12%的地段,宜采用_____填筑施工。

10. _____可以支撑不稳定的滑坡体,并能排除和疏干滑坡体内浅层滞水和地下水,适用深度(高度)为2～10m的情况。

二、单选题

1. 路基沉陷是指路基在( )方向产生较大的沉落。
   A. 水平　　　　　B. 沿路线　　　　　C. 垂直　　　　　D. 倾斜

2. ( )是最容易形成翻浆的一类土,这种土的毛细水上升高度大、速度快,在0℃以下水分聚流严重,而且土中水分增多时强度降低较快,极易失稳。
   A. 砂土　　　　　B. 砂性土　　　　　C. 粉土　　　　　D. 黏土

3. 路肩的横坡应平整顺适,硬路肩应与路面横坡相同,土路肩的横坡应比路面横坡坡度大( )。
   A. 1%～2%　　　B. 0.5%～1%　　　C. 1.5%～2%　　　D. 2%～3%

三、多选题

1. 路基边坡的塌方,按其破坏规模和原因的不同可分为( )。
   A. 剥落　　　　　B. 碎落　　　　　C. 滑坍　　　　　D. 崩塌　E. 坍塌

2. 路基边坡病害产生的主要原因有( )和风化严重等。
   A. 边坡过陡
   B. 路堤填筑方法不当
   C. 土体过于潮湿
   D. 坡脚被水冲刷
   E. 岩石破碎

3. 边坡溜方和滑坡产生的主要原因有( )。
   A. 边坡过陡
   B. 路堤填筑方法不当
   C. 土体含水率过大,土体黏聚力和内摩阻力降低
   D. 坡脚被水冲刷

4. 影响路基翻浆的因素主要有( )。
   A. 土质　　　　　B. 水　　　　　C. 温度　　　　　D. 路面结构
   E. 行车荷载

5. 路基翻浆根据导致其发生的水分来源不同可以分为( )。
   A. 地下水类　　　B. 地表水类　　　C. 土体水类　　　D. 气态水类
   E. 混合水类

6.软土地基常用的处理方法有( )。
　　A.换填法　　　　B.抛石挤淤法　　　C.爆破排淤法　　　D.反压护道
　　E.砂(砾)垫层法
7.地面排水设施包括( )。
　　A.边沟　　　　　B.截水沟　　　　　C.排水沟　　　　　D.跌水、急流槽
　　E.蒸发池
8.多年冻土地区路基病害主要形式有( )。
　　A.纵向裂缝　　　　　　　　　　　　B.融沉
　　C.边坡渗水滑塌　　　　　　　　　　D.冻胀、翻浆

四、判断题

1.(　)由于路基土体自重、行车荷载和自然因素的作用,路基各部分会产生变形,这些变形危及路基及各部分的完整和稳定,从而造成路基的病害。

2.(　)春季是翻浆的暴露期,养护的主要任务是抢防工作。

3.(　)夏季是翻浆的恢复期,养护的主要内容是修复翻浆破坏的路基和路面。

4.(　)秋季主要任务是排水,保持路基处于干燥状态,清除产生翻浆的隐患。

5.(　)冬季养护内容是除雪,防水下渗,减轻路基水分在温差作用下向路基上层聚积的程度。

6.(　)路肩横坡应平整顺适,硬路肩应与路面横坡相同。

7.(　)硬路肩与路面横坡相同,土路肩或植草路肩应比路面横坡大2%。

8.(　)严禁在边坡上及路堤坡脚、护坡道上挖土取料、种植农作物或修建其他建筑物。

9.(　)路堤坡度不陡于1:1.5,且浸水时水流速度在0.6m/s以下,可用平铺草皮护坡。

10.(　)路堤坡度不陡于1:1.5,且浸水时水流速度在1.5m/s以下,可用叠铺草皮护坡。

11.(　)喷射水泥混凝土防护厚度不小于80mm,采用的水泥混凝土强度不应低于C15,集料最大粒径超过15mm。

12.(　)挡土墙的泄水孔应经常保持畅通,泄水孔无法排水,孔内被杂物堵塞,应设法疏通。

13.(　)锚杆式如有墙身变形、倾斜,肋柱、挡板损坏、断裂等情况,应及时进行维修和加固。

五、简答题

1.路堤有哪些常见病害?分析其各自产生的原因。
2.路堑有哪些常见病害?分析其各自产生的原因。
3.翻浆的影响因素有哪些?
4.翻浆分为哪几类?
5.路基养护工作有哪些基本要求?
6.软土地基的处理方法有哪些?
7.滑坡的防治措施有哪些?

8. 翻浆的防治措施有哪些？
9. 陡坡路肩如何进行养护？
10. 边坡如何进行养护？
11. 路基排水设施养护有哪些基本要求？
12. 挡土墙如何进行养护？
13. 盐渍土地区路基有哪些常见病害？
14. 黄土地区路基病害的防治措施有哪些？
15. 多年冻土地区路基病害的防治措施有哪些？

第三章　沥青路面养护

📚 **知识点**

- ●沥青路面常见损坏类型。
- ●沥青路面养护措施。
- ●沥青路面再生方法。

✒️ **技能点**

- ●沥青路面日常养护。
- ●沥青路面常见病害的维修技术。
- ●沥青路面补强。
- ●沥青路面罩面技术。
- ●沥青路面加宽技术。
- ●沥青路面翻修技术。
- ●沥青路面再生方法。

第一节　沥青路面养护基本知识

沥青路面是指用沥青作黏结材料修筑面层并与其他各类基层所组成的路面,如图 3-1 所示。因其具有强度高、韧性好,表面平整、坚实、无接缝,行车平稳、舒适噪声小、使用质量和耐久性好的特点而被广泛应用。

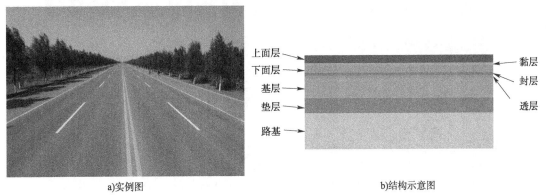

a)实例图　　　　　　　　　　　　b)结构示意图

图 3-1　沥青路面

但由于路面材料、施工质量、自然因素等影响易产生裂缝、坑槽、松散、沉陷、车辙、波浪、拥包、泛油等病害,如图 3-2 所示。为保证沥青路面具有足够的承载能力和通行能力,满足行车安全、迅速、经济、舒适的要求,必须对其采取预防性、经常性的保养和维修,有计划地对路面进行改善,提高路面的使用质量和技术状况,使行车安全、顺畅、舒适。

图 3-2　沥青路面各种病害

一、沥青路面常见破损类型及原因分析

沥青路面损坏可分为裂缝类、变形类及其他类等三大类,共 11 种病害。

(一)裂缝类

1. 龟裂

龟裂是沥青路面最为主要的一种裂缝形式,在路面上表现为相互交错的小网格状裂缝,因其形状类似乌龟背壳而被称为龟裂。按裂缝块度、缝宽的大小及裂缝有无变形,将龟裂分为轻和重两种,如图 3-3 所示。

a)轻　　　　　　　　　　　　　　　b)重

图 3-3　龟裂

轻:初期裂缝,缝细,无散落,裂区无变形,主要裂缝宽度在 2mm 以下,主要裂缝块度在 0.2~0.5m 之间,损坏按面积计算。

重:龟裂特征显著,缝宽,裂块较小,裂缝区有散落、变形,主要裂缝宽度大于 2mm,部分裂缝块度小于 0.2m,损坏按面积计算。

龟裂是沥青路面最主要的结构性病害之一。龟裂主要是由以下原因产生的:

(1)在行车荷载的反复作用下,沥青面层和其下的半刚性基层等整体性材料逐渐失去承载能力,疲劳破坏就会产生,龟裂主要出现在荷载作用的轮迹处。由于承载能力不足产生的龟裂在路面结构中都是自下而上产生的,裂缝贯穿整个路面结构。

(2)由于低温时混合料脆硬、严重的沥青老化等原因引起,一般在较低级的表处、贯入式等沥青路面中易出现龟裂,发生的位置不限于轮迹处,往往会分布在整个路面宽度内,对路面的承载能力和功能性能并没有多大影响。

2. 块状裂缝(块裂)

块裂表现为纵向裂缝和横向裂缝的交错而使路面分裂成近似为直角的多边形大块,块裂的网格在形状和尺寸上都有别于龟裂。按照裂缝块度和裂缝宽度的大小,将块裂分为轻、重两种等级,如图 3-4 所示。

轻:缝细,裂缝区无散落,裂缝块度大,裂缝宽度在 3mm 以内,大部分裂缝块度大于 1.0m,损坏按面积计算。

重:缝宽,裂缝区有散落,裂缝块度小,裂缝宽度在 3mm 以上,主要裂缝块度在 0.5~1.0m 之间,损坏按面积计算。

a)轻　　　　　　　　　　　　　　　　b)重

图3-4 块裂

损坏的统计按块裂外接矩形面积计量,测量时分别实地测量并记录块裂的外接矩形长和宽,然后计算损坏面积。如同一片区域中存在不同严重程度的块裂损坏且无法进行分块区分时,应按其中最重的严重程度记录和统计。

块裂产生的主要原因是由面层材料的低温收缩和结合料老化所引起。块裂范围较大,有可能出现在整个路面宽度内。

块裂的裂缝深度一般仅限于路面表面,对路面承载能力和功能性能都无太大影响。

3. 纵向裂缝(纵裂)

纵裂是与公路中线大致平行的单条裂缝,有时伴有少量支缝,按裂缝宽度大小及裂缝边缘的破坏情况分为轻、重两种等级,如图3-5所示。

a)轻　　　　　　　　　　　　　　　　b)重

图3-5 纵裂

轻:缝细,裂缝壁无散落或有轻微散落,无支缝或有少量支缝,裂缝宽度在3mm以内,损坏按长度计算,检测结果要用影响宽度(0.2m)换算成面积。

重:缝宽,裂缝壁有散落,有支缝,主要裂缝宽度大于3mm,损坏按长度(m)计算,检测结果要用影响宽度(0.2m)换算成面积。

纵裂长度按裂缝在行车方向的投影长度实地测量或目测估计,如同一条裂缝的不同部分损坏程度不同,应根据不同的损坏程度分段测量和统计。

纵裂产生的主要原因如下:

(1)在重复荷载作用下,路面承载能力逐渐不足,就会在经常承受荷载的路面轮迹带处首先产生多条平行的小纵裂,逐渐发展就会成为龟裂。

(2)由于不均匀沉降和裂缝的反射作用也会在路表产生纵缝。在半填半挖路基的分界处、新老路基结合部或路面加宽处,由于路基压实不够,发生不均匀沉降,就会这些位置产生纵向裂缝。

(3)混合料摊铺时纵向施工搭接质量不好,或者老路面层纵向裂缝的反射作用,往往会在路面的中线处产生纵裂。

4. 横向裂缝(横裂)

横裂是与道路中线近似垂直的裂缝,有时伴有少量支缝。按裂缝宽度大小及裂缝边缘的破坏情况分为轻、重两种等级,如图3-6所示。

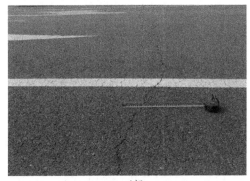 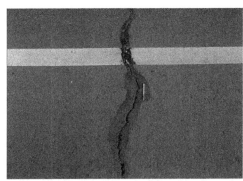

a)轻　　　　　　　　　　　　　　　b)重

图3-6　横裂

轻:缝细,裂缝壁无散落或有轻微散落,裂缝宽度在3mm以内,损坏按长度计算,检测结果要用影响宽度(0.2m)换算成面积。

重:缝宽,裂缝贯通整个路面,裂缝壁有散落并伴有少量支缝,主要裂缝宽度大于3mm,损坏按长度计算,检测结果要用影响宽度(0.2m)换算成面积。

横裂长度按裂缝在垂直于行车方向的投影长度实地测量或目测估计,如同一条裂缝的不同部分损坏程度不同,应根据不同的损坏程度分段测量和统计。

横裂产生的主要原因如下:

(1)当沥青劲度过大或沥青较硬时,气温的下降就容易导致横向裂缝。因此在气候寒冷地区横缝是一种较为常见的裂缝形式。由低温收缩产生的横向裂缝是自上往下发展的,初期裂缝一般细且浅。

(2)半刚性基层裂缝或旧路面裂缝的反射裂缝也是沥青路面产生横向裂缝的一个重要原因。由于反射裂缝产生的横向裂缝是一种自下而上发展的裂缝,因此反映到路面表面时裂缝已经贯穿了整个路面结构。此外,沥青路面与构造物连接处填土压实不足、固结沉陷等也易在相应的位置产生横向裂缝。

(二)变形类

1. 坑槽

坑槽是局部集料丧失而在路面表面形成的坑洞,可深及不同的路面结构层次。坑槽面积的

图3-7 坑槽

有效面积按坑槽外接矩形面积计量,如图3-7所示。

坑槽产生的主要原因:

(1)坑槽通常是其他病害如龟裂、松散等未及时处理而逐渐发展形成的。当车轮驶过龟裂、松散等病害区域时有时会带走其中已经碎裂的小块面层材料,坑槽就会出现。

(2)单独发生的坑槽可能是由于路面施工质量不好如压实不足、上面层厚度不够引起的,也可能是由水损坏引起的。这种类型的坑槽多发生在面层较厚的高等级沥青公路上。

2. 沉陷

沉陷是路面表面产生的大于10mm的局部凹陷变形,是沥青路面主要结构性破坏形式之一。按沉陷深度大小及对行车舒适性的影响将此类损坏分为轻、重两个等级,如图3-8所示。

a)轻

b)重

图3-8 沉陷

轻:深度在10~25mm之间,正常行车无明显感觉,损坏按面积计算。

重:深度大于25mm,正常行车有明显感觉,损坏按面积计算。

沉陷产生的主要原因是路基不均匀沉降、路面局部开挖回填压实不足或桥涵台背填土不实等引起的。路面基层结构损坏或不稳定也会产生路面的局部沉陷变形。

3. 车辙

车辙是在沥青路面表面形成的沿轮迹方向大于10mm的纵向凹陷。按车辙深度的不同分为轻、重两个等级,如图3-9所示。

轻:辙槽浅,深度在10~15mm之间,损坏按长度计算,检测结果要用影响宽度(0.4m)换算成面积。

重:辙槽深,深度15mm以上,损坏按长度计算,检测结果要用影响宽度(0.4m)换算成面积。

车辙长度可实地测量或目测估计,车辙深度可按用直尺架在车道上测定直尺与车辙底部的距离。一般来说直尺长度应不短于车道宽度。

车辙可分为结构性车辙、流动性车辙、压实性车辙及磨损性车辙,主要产生原因如下:

(1)结构性车辙是由于路面结构层及土基在行车重复荷载作用下,材料压缩产生的永久累积变形,车辙断面一般呈两边高中间低的V形,同时常伴有网裂、龟裂和坑槽等发生。

a)轻　　　　　　　　　　　　　　　　b)重

图 3-9　车辙

(2)流动性车辙是炎热季节仅在沥青混凝土层内产生的侧向流动变形而形成的车辙,车辙断面一般呈 W 形,轮迹带处下陷周边隆起。

(3)压实性车辙是指由于路面施工缺陷如混合料温度过低、压实次数过少等造成沥青层压实度不足,而在行车作用下进一步压密产生的车辙,这类车辙断面一般也呈 W 形。

(4)磨损性车辙是指由于重载渠化交通对路面的磨耗作用形成的车辙。

4. 波浪拥包

波浪拥包指的是由于局部沥青面层材料移动而在道路表面形成的有规律的纵向起伏,波峰和波谷间隔很近。波浪拥包是一种对路面行驶质量影响较大的病害形式。按波峰波谷的大小不同将此类损坏分为轻、重两个等级,如图 3-10 所示。

a)轻　　　　　　　　　　　　　　　　b)重

图 3-10　波浪

轻:波峰波谷高差小,高差在 10~25mm 之间,损坏按面积计算。

重:波峰波谷高差大,高差大于 25mm,损坏按面积计算。

波浪拥包产生的主要原因是路面材料及设计、施工缺陷。材料配合比设计不合理(如油石比过大、细料过多)、施工质量差等,使面层材料不足以抵抗车轮水平力的作用;或者是面层与基层之间存在不稳定夹层、透层质量不合格,面层在行车荷载作用下推移变形就会形成波浪拥包。

(三)其他类

1. 松散

松散是一种从路面表面向下不断发展的集料颗粒流失和沥青结合料流失而造成的路面损坏。松散按损坏严重程度的不同分为轻、重两种等级,如图 3-11 所示。

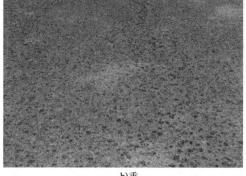

a)轻　　　　　　　　　　　　　　　b)重

图 3-11　松散

轻:路面细集料散失、脱皮、麻面等表面损坏,损坏按面积计算。

重:路面粗集料散失、脱皮、麻面、露骨、表面剥落、有小坑洞,损坏按面积计算。

松散主要是由于沥青和集料之间失去黏结而产生的。沥青混合料中沥青用量偏小、施工气温较低、沥青和集料黏结力较差、沥青老化、压实不足或局部集料级配不均匀,都有可能在沥青路面表面形成松散。

2. 泛油

图 3-12　泛油

路面混合料中的沥青向上迁移到道路表面,形成一层有光泽的沥青膜,称为泛油,泛油损坏不分严重程度等级,如图 3-12 所示。

泛油主要是由于沥青材料或设计缺陷造成的。沥青高温稳定性差,沥青含量过多、混合料中空隙过小,拌和控制不严等是产生泛油的主要原因。施工时黏层油、透层油用量偏大,或雨水渗入使下层沥青与石料剥离,在动水作用下,沥青膜剥落上浮也会形成路面表面的泛油。

泛油一般发生在天气炎热时,天冷时又不存在逆过程,因而沥青永久地积聚在道路表面,造成路面抗滑能力降低。

3. 修补

龟裂、坑槽、松散、沉陷、车辙等的修补面积或修补影响面积(裂缝修补按长度计算,影响宽度为 0.2m),如图 3-13 所示。

值得注意的是修补面积范围内再次发生裂缝、沉陷等其他病害时,直接按相应损坏面积计算。此外,纵向连续长度超过 10m 的覆盖整条车道的块状修补则不作为病害。

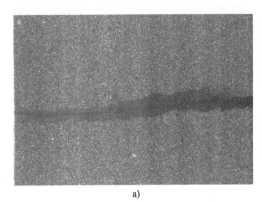
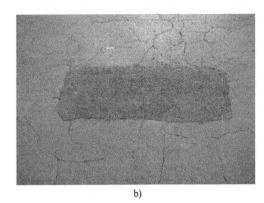

a)　　　　　　　　　　　　　　b)

图3-13　修补

二、沥青路面养护的内容及标准

(一)沥青路面养护工作的内容

沥青路面养护工作可分为日常巡视与检查、小修保养、中修、大修、改建、专项工程。

1. 日常巡视与检查

日常巡视与检查内容包括：

(1)路面上是否有明显的坑槽、裂缝、拥包、沉陷、松散、车辙、泛油、波浪、麻面、冻胀、翻浆等病害,其危害程度及趋势。

(2)路面上是否有可能损坏路面或妨碍交通的堆积物等。

2. 小修保养

小修保养可分为日常保养和小修两项工作内容。

(1)日常保养的内容有：

①清扫路面泥土、杂物。

②排除路面积水、积雪、积冰、积砂、铺防滑料等。

③拦水带(路缘石)的刷白、修理。

④清理边沟、维修护坡道、培土等。

(2)小修的内容有：修补路面的泛油、拥包、轻微裂缝、横向裂缝、坑槽、沉陷、波浪、局部网裂、松散、车辙、麻面、啃边等病害。

3. 中修

中修工程的内容有：

(1)沥青路面整段铺装、罩面或封面(稀浆封层)。

(2)沥青路面局部严重病害处理。

(3)整段更换路缘石、整段维修路肩。

4. 大修

大修工程的内容包括路面的翻修、补强等。

5. 改建工程

改建工程的工作内容有：

(1)提高路面等级。

(2)补强。

(3)加宽。

(4)局部改线。对不适应交通要求、不符合路线标准的路段,通过局部改线,提高公路等级,使其符合技术标准要求。

(二)沥青路面养护工作的基本要求

(1)加强路况巡视,掌握路面情况,及时排除有损路面的各种不良因素,及早维修路面初期病害。保证路面平整、横坡适度、线形顺直、清扫保洁、排水良好。

(2)及时修补沥青路面裂缝、坑槽,防止地表水渗入基层;对已渗入基层的积水,应设置地下排水设施;加强路面排水设施的维修养护,保持良好的排水功能。

(3)保持路面平整度、抗滑能力以及防水性,确保路面安全、舒适的行驶性能。

(4)保持路面的强度、耐久性,对路面承载能力不足或不适应交通要求的,应根据不同情况进行补强、加宽或改线,以提高公路等级。

(5)防止因路面损坏和养护操作污染沿线环境。

(三)沥青路面养护的质量标准

(1)沥青路面平整度、抗滑性能及路面状况养护质量要求见表3-1。

沥青路面平整度、抗滑性能及路面状况的养护质量标准 表3-1

序号	项目		高速公路、一级公路	其他等级公路
1	平整度(mm)	平整度仪(σ)	≤3.5	≤4.5(≤5.5 或 ≤7.0)①
		3m 直尺(h)	≤7	≤10(≤12 或 ≤15)②
		国际平整度指数 IRI(m/km)	≤6	≤8
2	抗滑性能	横向力系数 SFC	≥40	≥30
		摆式仪摆值 BPN	—	≥32
3	路面状况指数 PCI		≥70	55

注:①对于其他等级公路的平整度方差 σ:沥青碎石、贯入式应取低值4.5,沥青表面处治取中值5.5,碎砾石及其他粒料类路面取高值7.0。

②对于其他等级公路的平整度3m直尺指标:沥青碎石、贯入式应取低值10,沥青表面处治取中值12,碎砾石及其他粒料类路面取高值15。

(2)沥青路面强度养护质量要求见表3-2。

沥青路面强度的养护质量标准 表3-2

评价指标	高速公路、一级公路	其他等级公路
路面强度指数 SSI	≥0.8	≥0.6

(3)沥青路面车辙养护质量要求见表3-3。

沥青路面车辙养护质量标准 表3-3

评价指标	高速公路、一级公路	其他等级公路
路面车辙深度(mm)	≤15	—

注:对于其他等级公路不对车辙深度作要求。

(4)沥青路面路拱坡度养护质量要求见表3-4。

沥青路面路拱坡度　　　　　　　表3-4

评价指标	高速公路、一级公路	其他等级公路
路拱坡度	1.0~2.0	—

注：对于高速公路、一级公路路拱横坡的养护标准，路面结构排水良好的可比表列值低0.5%，其他等级公路的路拱横坡可视公路等级的情况比《公路工程技术标准》(JTG B01—2014)中相应的设计值低0.5%作为养护标准。

第二节　沥青路面的日常养护

一、公路沥青路面的日常养护一般规定

1. 沥青路面日常养护的一般规定

(1)加强路况巡查，及时发现病害，研究分析病害产生的原因，并有针对性及时对病害处进行维修处治。

(2)路面清扫应按下列规定进行：

①巡查过程中，发现路面上有杂物，要及时清扫，保持路面整洁。

②沥青路面的日常清扫，应根据实际情况，采用机械或人工的方法进行，如图3-14所示。

a)人工清扫

b)机械清扫

图3-14　路面清扫

③清扫时，应防止产生扬尘而污染环境，危及行车安全，机械清扫时宜配备洒水装置，并根据路面的扬尘程度，确定适当的洒水量，并应及时清除和处理路面油类或化工类等污染物。

(3)雨后路面积水应及时排除。

(4)在春融期，特别是汛期，应对排水设施进行全面检查并疏通。

(5)冬季降雪天气应及时除雪除冰，并采取必要的路面防滑设施。

(6)加强经常性和预防性的日常养护，以保证路面及沿线设施良好的技术状况。

(7)严禁履带车和铁轮车在沥青路面上直接行驶，如必须行驶，应采取相应措施。

2. 高速公路沥青路面日常养护的一般规定

(1)对高速公路沥青路面应进行经常性和预防性的日常养护，以保证路面经常处于良好

的技术状态。

(2)高速公路路面日常养护工作程序要求。

①建立完善的巡视检查制度和技术检测系统,建立完善的信息网络。及时、准确地掌握路面状况及相关信息,科学、客观地评定路面使用品质,有依据、有计划、有针对性地安排养护项目。

②树立高度的交通服务意识和安全意识,在路面养护作业中,应满足正常行车的需要,尽量避免完全封闭交通。

③严格按照有关技术规范和标准进行养护作业,宜采取机械化养护作业方式,迅速、优质、高效地处理各类路面损害和障碍,确保运行质量。

④不断探索和应用新材料、新设备、新技术、新工艺,提高养护作业的时效性、机动性、安全性和可靠性。

(3)对于高速公路沥青路面上出现的各类病害,必须及时、快速处理。当发现直接危及正常交通和行车安全的病害,应立即修复或采取临时过渡措施后,再进行修复。

(4)路面的日常养护,应根据实际需要配置适用的机具设备,建立适当的材料储备,并组织可靠的养护材料供应网络,以确保路面养护作业正常进行。

(5)在高速公路上进行路面养护作业的人员,必须事前接受专门的安全教育和养护作业规程的培训。

二、初期养护

1. 热拌沥青混合料路面的初期养护

热拌沥青混合料面层必须充分压实,待摊铺层完全自然冷却,混合料表面温度低于50℃后,方可开放交通;纵横向的施工接缝是沥青路面的薄弱环节,应加强初期养护,随时用3m直尺查找暴露出来的轻微不平,采取铲高补低、烙平压实来消除缝空隙,保持平整密实。

2. 沥青贯入式路面的初期养护

路面竣工后,开放交通时,行驶车辆限速在15km/h以下,根据路表面成形情况,逐步提高到20km/h;设专人指挥交通或设置临时路标,按先两边,后中间控制车辆易辙行驶,达到全面压实;应随时将行车驱散的嵌缝料回扫、扫匀、压实,以形成平整密实的上封层。如有泛油现象,应在泛油处补撒与施工最后一层矿料相同的嵌缝料,并仔细扫匀,过多的浮动石料应扫出路面或回收;撒料应在当天最高气温时进行,同时控制行车碾压。

3. 沥青表面处治路面的初期养护

层铺法施工的沥青表面处治路面的初期养护与沥青贯入式路面的要求基本相同。拌和法施工的沥青表面处治路面的初期养护与热拌沥青混合料路面的要求基本相同。

4. 乳化沥青路面的初期养护

乳化沥青路面的初期稳定性差,压实后的路面应做好初期养护,设专人管理,按实际破乳情况,封闭交通2~6h;在未破乳的路段上,严禁一切车辆、人、畜通过;开放交通初期,应控制车速不超过20km/h,并不得制动和掉头。当路面有损坏时,应及时处理。

三、日常养护

(一)日常巡查

1. 巡查目的

日常巡查是利用交通工具或步行的方式,通过目测、测量、记录等手段,对沥青路面的使用状况进行检查,及时发现沥青路面病害及可能诱发病害的因素,发现可能妨碍交通的路障等。日常巡查常用的工具如图3-15所示。

图3-15 日常巡查常用工具

2. 巡查内容

日常巡查要求每天一次,并填写巡查记录表,如表3-5所示。主要巡查内容包括:

(1)路面上是否有明显的坑槽、裂缝、拥包、沉陷、松散、车辙、泛油、波浪、麻面、冻胀、翻浆等病害,其危害程度及趋势。

(2)路面上是否有可能损坏路面或妨碍交通的堆积物等。

(3)路面是否有水毁、塌方、边沟堵塞、绿化、路肩、路缘石损坏、交通设施损坏等情况。

公路养护巡查记录表   表3-5

单位:				
日期:			天气:	
路线名称	桩号(L/R)	巡查情况	记录人	备注

3. 智能养护巡查技术

随着信息化技术的发展,公路的养护巡查也将向着智能化的方向发展。智能化巡查是以现代化的信息采集与传输技术为基础,利用快速巡查系统,如图3-16所示,实现养护与路政数据的同步采集、分析,达到联合巡查的目的。通过巡查将采集的数据上传至市县两级联网的区域公路网智能养护系统,如图3-17所示,实现对区域路网的快速监测、快速诊断和快速处治。

图 3-16　快速巡查系统

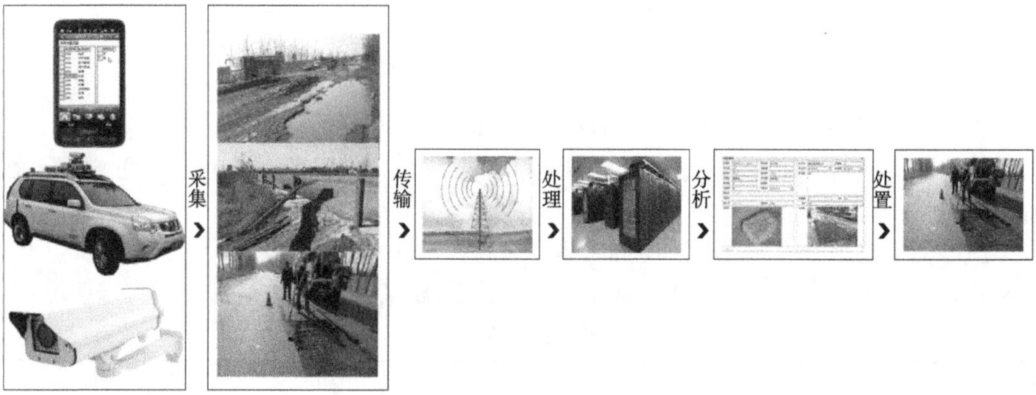

图 3-17　区域公路网智能养护系统

(二) 清扫和排水

1. 清扫

对尘土、落叶、杂物等造成的路面污染,应进行日常清扫,保持路面畅通、清洁、良好的运行环境。高速公路和一级公路以机械清扫为主,其他公路可以机械与人工相结合进行清扫。二级及二级以上公路路面的清扫作业频率不宜少于1次/天;其他公路根据路面污染程度、交通量的大小及其组成、气候及环境条件等因素而定,但不宜少于1次/周;长大隧道、桥梁上沥青路面的清扫频率应适当增加。图3-18为人工疏通排水沟。

图 3-18　疏通排水沟

2. 排水

沥青路面应保持排水通畅、路面无积水。高速公路应经常检查沥青路面的排水情况,检查时间一般以雨中或雨后 1~2h 为宜。一般公路雨后必须上路巡查,及时排除路面积水,及时排除堵塞并疏通,防止水流直接冲刷路基、路面及路肩。暴雨过后重点检查排水设施,如有冲刷、损坏,及时修补。

(三)路肩、路缘石维护

1. 路肩维修

路肩分为硬路肩和土路肩。公路的路肩应保持横坡适度、边缘顺直,与路面衔接平顺;表面坚实平整、清洁、无杂物、无蒿草;保持无坑槽、隆起、沉陷及缺口。路肩维修工作如图 3-19、图 3-20 所示。

图 3-19　硬路肩修理

图 3-20　清理路肩杂物

2. 路缘石维修

由于路表水冲刷及车辆碾压容易造成路缘石的松动、破损,应及时修复或更换。可挖除松动或破损的路缘石,重新安装预制块或现浇混凝土,如图 3-21 所示。

图 3-21　路缘石(拦水带)维修

(四)排障和清理

(1)为了及时处理并尽量减轻因不可抗拒因素和突发事件所造成的损害,高速公路管理机构应建立完善的应急抢险机制,全天候不间断的值班,随时掌握、分析各类有关信息,做好各种应急抢险准备工作,一旦发生险情,快速做出反应,指挥应急抢险工作。

(2)根据实际需要配置必要的排障、抢险、救援设备和可靠的通信指挥设施,对排障、抢险、救援人员应进行专门的业务培训,并预先制定排障、抢险、救援作业程序。一旦出现妨碍正常交通、危及行车安全的路面险情和障碍物,抢险指挥中心应立即组织人员、设备,按程序进行排障、抢险、救援工作，迅速排除路障和路面险情，恢复正常交通。必要时可请求当地政府和当地驻军支援。

（3）排障作业结束后，应尽快清理现场，如有路面及附属设施受到损害，应尽快予以修复。

（五）除雪和防冻

1. 冬季除冰雪

路面冰雪会影响行车安全，引发交通事故，如图3-22所示，而且冰雪融化后，渗入路基路面内部，容易造成路面翻浆等病害。

当降雪影响正常通行时，应组织人员与机械清除路面积雪，对重要道路要争取地方政府组织沿线人员、设备除雪。

二级及其以上公路应及时清除路面积雪，并排出路肩以外；三、四级公路应及时清除路面积

图3-22 路面积雪引发事故

雪，路肩积雪解冻前一次清除。路面除雪应以机械作业为主，人工作业为辅，如图3-23所示。

a)人工除雪　　　　　　　　　　　　　b)机械除雪

图3-23 路面除雪

2. 除冰

在冬季降雪或下雨后，路面出现结冰时，应在桥面、陡坡、急弯、桥头撒铺一层防滑料，在环保允许情况下，也可撒布融雪材料（氯化钠、氯化钙等），如图3-24所示。

（1）撒铺一层防滑料。用砂、炉渣、矿渣、小砾石或碎石、石屑等，撒铺量为每1000m²路面撒0.5～5m³防滑料。

（2）环保允许情况下，也可撒布融雪材料（如氯化钙、氯化钠等）或砂与盐类混合料。混合比为盐砂质量比1∶500，撒铺量为每1000m²路面撒0.5～1m³混合料。

（3）道路防滑剂，其用量按产品说明书使用。

（4）撒铺防滑料作业要求。

①路面防滑的重点是陡坡、急弯、平交道口、

图3-24 道路撒盐

桥面、桥头引道等路段。

②直接在结冰的路面上均匀撒布。

③撒铺时间宜在冰雪融解时或开始结冰时,以便材料能够部分地冻入表面冰层中不致失散。

④氯化钙、氯化钠、氯化镁等盐类容易对环境及路面造成污染及破坏,应尽量少用。

(六)夏季洒水降温

夏季天气炎热,容易导致沥青路面出现泛油、发软、车辙、拥包、波浪等各种病害。在高温时段对沥青路面进行洒水降温,可抑制了高温对路面造成的损坏,延长了路面的使用寿命,如图3-25所示。

图3-25 路面洒水降温

第三节 沥青路面常见病害维修技术

对路面的轻微损坏部分进行的维修工作称为小修工程,通过对轻微病害的及时修补,有效防止病害的发展和有效面积的扩大,延长路面的使用寿命。

小修的主要工作内容是修补路面的裂缝、坑槽、沉陷,处理泛油、车辙、波浪、拥包、啃边等病害。

一、裂缝的维修

裂缝是沥青路面最常见的病害之一,分为横向裂缝、纵向裂缝和网状裂缝等形式。目前裂缝修补的主要方法是贴缝和灌缝。

1. 灌缝

灌缝是将原路面裂缝开槽后灌入乳化沥青、热沥青或灌缝胶等材料,以达到封闭裂缝的目的。开槽灌缝主要适用于自下而上发展的反射裂缝,形式多表现为横向裂缝。灌缝施工工艺如下:

图3-26 开槽

(1)施工准备。准备好施工所用的材料和设备机具,并检查施工机械设备是否正常运行,按要求封闭交通。

(2)开槽(扩缝灌缝时需开槽,清缝灌缝时无须开槽)。利用开槽机,以裂缝为中心进行开槽,槽宽为15~20mm,深为30mm,如图3-26所示。

(3)清缝。用钢刷清理出缝内的松动颗粒,再用鼓风机将缝内的粉尘、杂质吹扫干净,缝内潮湿时应注意延长吹扫时间,并用喷枪烘烤直至缝内干燥为止,如图3-27所示。

(4)灌缝。灌缝施工前,保证裂缝及裂缝周围清洁干净。灌缝应采用专业灌缝设备将灌缝料灌入裂缝内,灌缝时裂缝要全部覆盖。要求灌缝密实、饱满。灌缝边缘整齐,表面光洁。

(5)外部材料封边修整。准备好相关工具,紧贴在裂缝的上方摊成约3mm厚的带形,如图3-28所示。

图 3-27 清缝

图 3-28 灌缝及封边修整

（6）开放交通。对于部分灌缝料，应该在施工结束后撒布矿粉、抗滑砂等，防止黏轮。待乳化沥青破乳或灌缝胶冷却至常温后即可开放交通。

2. 贴缝

贴缝是采用贴缝带（图3-29）对裂缝进行粘贴，从而起到封闭裂缝的作用。贴缝主要适用于自上而下发展的疲劳裂缝、剪切裂缝等。但随着材料技术的发展，贴缝带材料能够更好地适应温度、荷载等因素对路面的影响，且贴缝技术的施工简便，有逐步取代灌缝技术的趋势。采用贴缝带处治裂缝时，施工工艺如下：

（1）施工准备。准备好施工所用的材料及设备机具，检查施工机械设备是否正常运行，并按要求封闭交通。

（2）清理裂缝。将路面裂缝用钢刷沿裂缝来回轻刷，将松动部分刷掉，用吹风机沿裂缝及两侧200mm范围清理干净，如图3-30所示。

图 3-29 贴缝带

图 3-30 清理裂缝

（3）粘贴。施工前应保证裂缝及裂缝周边干净清洁。用宽刷蘸取专用粘剂沿裂缝均匀涂刷，以裂缝为中心线，宽度略宽于贴缝带，粘剂要尽量均匀、平顺，两端长于裂缝30～60mm。

揭去贴缝带上的隔离纸，沿裂缝走向，将贴缝带粘在路面上，要求贴缝表面平整、无褶皱、黏结牢固，裂缝必须被全部覆盖。当气温低于10℃时，要对粘贴面烘烤加热10～20s，如图3-31所示。

（4）压实。贴缝带粘贴在裂缝面上之后，用橡皮锤紧跟敲打，使贴缝带与路面粘贴紧密，如图3-32所示。

(5)养生。贴缝后可直接开放交通。为了防止贴缝带被车轮粘走,可在贴缝带上撒上抗滑砂。

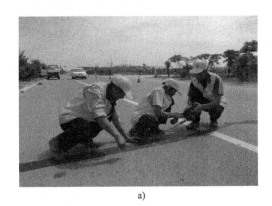

图3-31 贴缝

图3-32 压实

二、坑槽的维修

沥青路面坑槽维修根据维修工艺的不同可采用冷补法、热补法和挖补法。同样适用于脱皮、啃边,以及局部的松散、严重龟裂、沉陷、严重拥包、路面翻浆、基层强度不足等病害。

1. 冷补

冷补是采用冷拌沥青混合料,在气温较低、雨雪季节或工期紧迫情况下进行的沥青路面坑槽修补作业。施工工艺如下:

(1)施工准备。准备好施工所用的材料和设备机具,在现场标画施工范围,封闭交通,按照《公路养护安全作业规程》(JTG H30—2015)规定设置安全标志,如图3-33所示。专人指挥交通,根据工程进度随时移动标志牌,确保施工人员安全。

(2)确定处治面积。按照"圆洞方补、斜洞正补"的原则,在路面上画出所需修补的轮廓线,轮廓线应是与路中线平行或垂直的正方形或长方形。一般为沿坑槽四周向外扩大100~150mm的方形范围,如图3-34所示。

图 3-33　设置施工安全标志

图 3-34　施画修补轮廓线

（3）凿除及清理。用小型机具切除处治范围内的沥青混凝土路面,且保证坑槽底部平整,如图 3-35 所示。人工或机械清理坑槽周围及底部的松散混合料,确保坑槽底部及四壁清洁干净。废料应装车统一运离现场,再用鼓风机将槽内吹扫干净,保持坑槽干燥,如图 3-36 所示。

图 3-35　切除原路面

图 3-36　清理坑槽

（4）涂洒沥青。坑槽底面及四壁涂刷乳化沥青,用量为 0.4~0.6kg/m²,如图 3-37 所示。

（5）添加冷补料。将冷料倒入坑槽内,松铺系数宜为 1.3 左右,如图 3-38 所示。

图 3-37　涂刷沥青

图 3-38　添加冷补料

（6）压实。小坑槽采用橡皮槌、平板振动夯夯实;大坑槽应用小型振动压路机碾压。注意新旧路面接缝处的压实,如图 3-39 所示。

（7）开放交通。坑槽修补完毕后,清除路面垃圾和废旧料,运离现场集中堆放,并开放交通。

2. 热补

热补是采用热拌沥青混合料对沥青路面的坑槽进行修补,热补法也可用于处治松散、沉陷、局部车辙、波浪拥包等病害。施工工艺如下:

(1)施工准备。施工准备工作同冷补法。

(2)确定处治面积。一般为沿坑槽四周向外扩大100mm的方形范围。确定处治范围后,可采用粉笔将处治区域画成方形,便于加热板就位和坑槽修正顺直。

(3)加热病害路面。根据划定的范围,确定加热板的加热范围,一般为坑槽实际边缘向四周扩大30cm。路面加热时间以路面混合料能耙松为原则,如图3-40所示。

图3-39 压实

(4)耙松。路面加热完毕后,用铁耙将表面混合料耙松,耙松范围一般比加热范围内缩50~100mm,保证接缝为热接缝,如图3-41所示。

图3-40 加热修补区

图3-41 耙松病害路面

当旧路面材料沥青含量较少,松散、黏结性差时,则全部弃用,而旧路面材料较好还能利用时,则仅铲除烧焦或受到污染而不能利用的混合料。铲除的旧料要集中装车运走。

耙松后用铁铲凿边,保证坑槽四壁垂直,轮廓整齐成方形。

(5)加热、添加新混合料。对清理后的坑槽加热,确保坑槽温度不小于110℃;坑槽底面及四壁涂刷改性乳化沥青,用量为0.6~1.0kg/m²;新混合料的加热温度为140~150℃(基质沥青)、160~170℃(改性沥青),卸料时应注意防止离析。当利用旧路面材料时,添加新料之前,应先在旧料表面喷洒适量乳化沥青,提高旧料与新料的结合效果。松铺系数宜为1.3左右,确保混合料压实后比原路面略高,如图3-42所示。

(6)修整。用铁耙将新混合料进行修正,使细料能填充在坑槽边缘,保证坑槽边缘新旧路面接缝在碾压后结合紧密,不渗水。

(7)压实。采用小型振动压路机碾压,如图3-43所示。

(8)开放交通。坑槽修补完毕后,待沥青冷却至50℃以下时开放交通。

3. 挖补

挖补是将坑槽内旧料挖除后用热拌沥青混合料填补,并用机械进行压实。其施工程序如图3-44所示。

图 3-42 添加的修补料略高于路面

图 3-43 压实

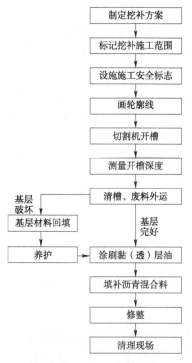

图 3-44 挖补施工程序

(1)施工准备。根据破损状况、破损程度,制定挖补方案。准备好施工所用的材料和设备机具,如切割机、清扫工具、压实设备、摊铺器具等。在现场标画施工范围,并按照《公路养护安全作业规程》(JTG H30—2015)规定设置安全标志,专人指挥交通,根据工程进度随时移动标志牌,确保施工人员安全。

(2)确定处治面积。施画轮廓线。按照"圆洞方补、斜洞正补"的原则,在路面上画出所需修补的轮廓线,一般为沿坑槽四周向外扩大 100mm 的方形范围。轮廓线应是与路中线平行或垂直的正方形或长方形。

(3)开槽。沿轮廓线用铁镐人工刨挖,或用切割机沿轮廓线内侧 10mm 处顺线切直、开槽沥青面层分层开凿,呈阶梯形,上层开槽深度不超过 15mm,面积较大时,可采用洗刨机,如图 3-45 所示;基层损坏时,要深挖至槽底稳定部分,并测量开挖的深度,如图 3-46 所示,开槽的四个角在切割时不得过线,必要时用铁镐手工刨挖,四壁要垂直。

图 3-45 处理完成的开槽

图 3-46 测量开槽深度

(4) 清槽、废料外运。槽内松动部分、槽壁、槽底必须清除干净(必要时用铁刷清理),达到无粉尘、杂物;挖出的旧沥青面层及基层材料分开置于坑槽一边,堆放整齐,并运输出场,如图 3-47、图 3-48 所示。

图 3-47 旧料堆放　　　　　　　图 3-48 清槽、旧料外运

(5) 基层材料回填。清槽完毕后尽快回填基层材料,如图 3-49 所示。要求回填均匀、厚度一致,当基层材料压实厚度较大时,应分层回填分层压实(边角处宜采用夯实),如图 3-50 所示。压实度应达到规范规定要求。

(6) 养护。基层材料压(夯)实后覆盖薄膜养生,上覆一层素土并压实,压实后与原路面平齐,养护时间不得少于 7d,如图 3-51 所示。

(7) 涂刷黏层或透层油。基层养护结束后,清除养护材料,将槽壁及基层表面清扫干净,做到干燥、无尘土、杂物。在基层上涂刷透层油,在槽壁涂刷黏层油[图 3-52a)],涂(洒)油整齐、均匀,涂洒油量应符合规范要求。如只开挖沥青面层,开挖后,可立即清扫、吹干、涂刷黏层油,必要时可加铺土工织物。

图 3-49 基层材料回填

(8) 填补沥青混合料[图 3-52b)]。将沥青混合料均匀摊铺到槽内并整平,新填补的部分应略高于原路面[图 3-52c)],碾压密实后,与原路面平齐;在潮湿或低温季节,宜采用乳化沥青拌制的混合料;坑槽较深(70mm 以上)时,应将沥青混合料分粗料、细料两次或三次摊铺,并分层压实[图 3-52d)]。

a)压实　　　　　　　　　　b)夯实

图 3-50 基层材料压实

a)覆盖薄膜

b)覆盖素土

图3-51　养护

a)槽壁刷油

b)沥青混合料均匀摊铺

c)新填部分略高于原路面

d)碾压

图3-52　热拌沥青混合料的填补

（9）修整。修整挖补部分的边沿，使其整齐、美观，与原路面接茬平整。

（10）开放交通。坑槽修补完毕后，立即将现场清理干净，然后逆着交通流方向撤除施工作业区安全设施，待沥青冷却至50℃以下时开放交通。

三、沉陷的修补

沉陷的修补主要是采用新的沥青混合料将沉陷处回填并压实的方法进行处治。修补工艺如下：

1. 路面略有下沉,无破损或仅有少量轻微裂缝的局部路面沉陷修补工艺

(1)施工准备。准备好施工所用的材料和设备机具,按要求封闭交通。修补材料主要是热沥青、沥青混合料。

(2)确定维修面积。一般为修补面积大于病害面积,并在病害面积范围以外 100～150mm。

(3)清理修补区域。人工将修补范围清扫,再用鼓风机吹扫干净,保持修补区域干燥。

(4)在沉陷处路表面喷洒或涂刷黏层沥青,如图 3-53 所示。

(5)用沥青混合料将沉陷部分填补。

(6)平整、压实,如图 3-54 所示。

图 3-53　沉陷路表洒布热沥青

图 3-54　压实

2. 路面严重破损修补工艺

若因路基沉陷导致路面破损严重,矿料已松动、脱落形成坑槽的,应按照坑槽的维修方法予以修补。

四、车辙的修补

1. 局部车辙修补工艺

局部车辙的修补是将辙槽两侧凸出部分铣刨后,用新的沥青混合料填补辙槽并压实,使修补后的路面与原路面保持平整。局部车辙的修补示意图如图 3-55 所示,其修补工艺如下:

(1)施工准备。准备好相关的材料和设备机具,封闭交通。修补材料主要采用热沥青、沥青混合料。

(2)确定维修面积。一般为修补面积大于病害面积,并在病害面积范围以外 100～150mm。

(3)清理修补区域。人工将修补范围内凸出的部分切削或铣刨平整,清扫干净,再用鼓风机吹扫干净,保持修补区域干燥。

(4)在波谷部分喷洒或涂刷黏结沥青。

(5)填补沥青混合料并找平。

(6)用轻型压路机压实。

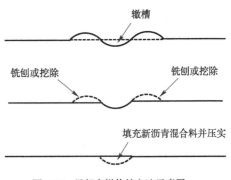

图 3-55　局部车辙修补方法示意图

2. 纵向车辙修补工艺

行车推移形成的纵向车辙,应切削或洗刨清除,按坑槽处理方法重做面层。

五、泛油的修补

泛油修补主要采用在病害处撒布碎石、矿料、粗砂或石屑等材料的方法进行处治,如图3-56所示。

a)

b)

图3-56　连续泛油路段的处治

1. 泛油的修补工艺

(1)施工准备。准备好相关的材料和设备机具,必要时封闭交通。

(2)确定维修面积。一般为修补面积大于病害面积,并在病害面积范围以外100~150mm。

(3)清理修补区域。人工将修补范围清扫,再用鼓风机吹扫干净,保持修补区域干燥。

(4)撒布矿料。轻微(度)泛油的路段,撒3~5mm石屑或粗砂;轻中路段,先撒3~8mm或5~10mm矿料,再撒3~5mm石屑或粗砂;泛油较严重的路面,可先撒5~10mm粒径的碎石,再撒3~5mm粒径的碎石或粗砂。

(5)碾压。用压路机碾压或控制行车碾压。

2. 泛油修补的施工要点和注意事项

(1)处治时间应选择在高温季节(每年的6~8月)。

(2)撒料时应顺行车方向,先粗后细,无堆积、无空白。

(3)分次撒布时,两次撒布之间应用压路机碾压,稳定后再进行下次撒布。最后采用压路机或引导行车碾压,使所撒石料均匀压入路面。

(4)采用行车碾压,应及时将飞散的粒料扫回,待泛油稳定后,将多余浮动的石料清扫并收回。

六、松散的修补

局部松散的修补是在病害处洒布热沥青或乳化沥青后、再撒铺矿料并压实。当路面松散严重时,可按照坑槽进行处治。局部松散的修补工艺如下:

(1)施工准备。准备好施工所用的材料和设备机具,必要时封闭交通。修补材料主要采用热沥青或乳化沥青、石屑或粗砂。

(2)确定维修面积。一般为修补面积大于病害面积,并在病害面积范围以外100~150mm。

(3)清理修补区域。用鼓风机将修补区域吹扫干净,保持修补区域洁净、干燥。

(4)洒布油层。在修补区域喷油封层,沥青用量 $0.8 \sim 1.0 \text{kg/m}^2$,如图3-57所示。

(5)撒铺矿料。在油层上均匀撒布 $3 \sim 6\text{mm}$ 石屑或粗砂 $5 \sim 8\text{m}^3/1000\text{m}^2$,并用扫帚扫匀,如图3-58所示。

图3-57 喷洒油层

图3-58 撒铺石屑

(6)压实。用轻型压路机碾压或行车碾压,使嵌缝料填充到石料的空隙中。

七、波浪的修补

1. 轻微波浪的修补工艺

(1)施工准备。准备好相关的材料和设备机具,必要时封闭交通。修补材料主要采用热沥青、矿料。

(2)确定维修面积。一般为修补面积大于病害面积,并在病害面积范围以外 $100 \sim 150\text{mm}$。

(3)清理修补区域。人工将修补范围内路面清扫干净,再用鼓风机吹扫干净,保持修补区域干燥。

(4)在波谷部分喷洒沥青。

(5)均匀撒适当粒径的矿料并找平。

(6)用小型压路机压实。

2. 波浪的波峰与波谷高差起伏较大时的修补工艺

(1)施工准备。准备好相关的材料和设备机具,封闭交通。

(2)确定维修面积。一般为修补面积大于病害面积,并在病害面积范围以外 $100 \sim 150\text{mm}$。

(3)铣刨。顺行车方向将凸出部分铣刨削平,并低于路表面约 10mm。

(4)清理修补区域。人工将铣刨后的路面清扫干净,再用鼓风机吹扫干净,保持修补区域干燥。

(5)在削除部分洒热沥青。

(6)均匀撒布一层粒径不大于 10mm 的矿料,扫匀、找平。

(7)用压路机压实。

八、拥包的修补

1. 轻微拥包的修补工艺

(1)施工准备。准备好相关的材料和设备机具,必要时封闭交通。

(2)确定维修面积。一般为修补面积大于病害面积,并在病害面积范围以外100～150mm。

(3)清理修补区域。人工将修补范围内路面清扫干净,再用鼓风机吹扫干净,保持修补区域干燥。

(4)挖除。将拥包采用机械刨削或人工挖除;若是施工时操作不慎将沥青漏洒在路面上形成的拥包,直接将拥包铲平即可,不再处理。

(5)在除去拥包后的路表刷少量沥青。

(6)撒上适当粒径的矿料后扫匀、整平。

(7)用轻型压路机压实。

2. 严重拥包的修补工艺

严重拥包时,按坑槽处理方法进行处理。

九、啃边的修补

啃边的修补可参考沉陷的修补方法进行处治。人工将破损的沥青面层挖除,将表面清扫干净,再用鼓风机吹扫干净,保持修补区域干燥。在接茬处涂刷适量的黏结沥青,用沥青混合料进行填补并压实。

第四节 沥青路面改善技术

一、沥青路面罩面技术

沥青路面罩面是指在旧路面面层上加铺沥青混合料薄层(限厚度为50mm)的统称,如图3-59所示。适用于旧路面强度指标符合规范要求时,处理大面积龟裂、车辙、波浪拥包、麻面松散、泛油、脱皮、磨光、大面积修补等病害,对减少路面网裂、改善路面平整度、提高路面抗滑性能和防渗性能有良好的效果,能有效地改善路面的使用品质。

a)罩面实例图

b)罩面结构示意图

图3-59 罩面

沥青路面罩面按其使用功能可划分为普通型罩面(简称罩面)、防水型罩面(简称封层)、抗滑型罩面(简称抗滑层)。

罩面适用于铺筑厚度较大,主要适用于消除面层破损、完全或部分恢复原有路面平整度、提高抗滑性能。

封层主要适用于提高原有路面的封闭表面空隙、防止水分侵入、减少网裂、修复路面较严重的破损及平整度。铺筑在沥青面层表面的称为上封层，铺筑在沥青面层下面、基层表面的称为下封层。

抗滑层适用于提高路面抗滑能力的修复工作。

(一)材料要求

1. 罩面材料要求

(1)结合料宜使用性能较好的黏稠道路石油沥青、改性沥青、乳化石油沥青、改性乳化沥青。

(2)矿料宜选择耐磨、强度高的石料。

(3)高速公路、一级公路宜采用中粒式、细粒式密级配沥青混凝土或沥青玛蹄脂碎石；二级及其以下公路可采用热拌沥青混凝土混合料；三级及以下公路可采用热拌沥青碎石混合料或沥青表面处治层。

2. 封层材料要求

结合料宜采用道路石油沥青、乳化石油沥青、改性乳化石油沥青；矿料选用耐磨、强度高的石料；高速公路、一级公路可采用沥青稀浆封层养护，但宜用粗粒式改性乳化沥青混合料；其他等级公路可采用乳化沥青混合料。

3. 抗滑层材料要求

应选用适合铺筑抗滑表层的材料和沥青混合料；高速公路、一级公路选用重交通道路石油沥青、改性石油沥青、改性乳化石油沥青作为结合料；应选用抗滑耐磨的石料，磨光值应大于42。

(二)厚度要求

1. 罩面厚度要求

罩面厚度应根据所在路段交通量、公路等级、路面状况、使用功能等综合考虑确定。

(1)当路面技术状况指数、路面使用性能指数为中、良等级，路面仅有轻度网裂时，可采用较薄的罩面层厚(10~30mm)。

(2)当路面破损、平整度、抗滑三项指标都在中等以下，要求恢复到优、良等级时，应采用较厚的罩面层厚(30~50mm)。

(3)高速公路、一级公路罩面采用40~50mm的厚度；其他公路可采用较薄的罩面层厚度(10~40mm)。

(4)各级公路的罩面层厚度不得小于最小施工层厚度。

2. 封层厚度要求

交通量较大、重型车较多的路段采用厚约10mm封层；在中等交通量路段采用厚约7mm封层；在交通量小、重型车少的路段采用厚约3mm封层。

3. 抗滑层厚度要求

交通量较大、重型车较多的路段采用厚约10mm封层；在中等交通量路段采用厚约7mm封层；在交通量小、重型车少的路段采用厚约3mm封层。

(三)沥青路面罩面施工

1. 罩面施工

罩面施工程序如图 3-60 所示。

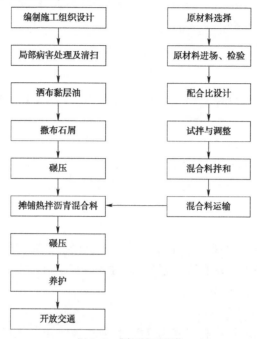

图 3-60 罩面施工程序

施工工艺如下：

(1)局部病害处理。对裂缝进行灌缝处理；坑槽、局部沉陷、松散处进行挖补；泛油处撒布石屑进行碾压；车辙及大面积沉陷垫层(一般采用热拌沥青混合料)找平；波浪的波峰或拥包以及即将脱皮的沥青层进行铲平或铲除处理；局部强度不足处进行补强。为了使层间结合更好，在铺筑表面层前 2~3 天对有浮土污染地段进行清扫，必要时使用高压水枪冲洗，对有泥饼污染的地段，使用钢刷刷洗，并用扫帚清扫，然后以清水冲洗。

(2)洒布黏层油。为保证新老沥青层的结合，施工前必须喷洒黏层沥青。沥青材料可采用热沥青、乳化沥青或改性乳化沥青；有条件时，洒黏层沥青前最好用机械打毛处理，并对路缘石等附属设施覆盖。为保证沥青洒布的均匀性，应采用沥青洒布车进行洒布，沥青用量为 0.3~0.5kg/m，裂缝及老化严重时为 0.5~0.7kg/m，当气温低于 10℃ 或路面潮湿，以及大风或即将降雨时，不得喷洒黏层沥青。喷洒的黏层油必须成均匀雾状，在路面全宽度内均匀分布成一薄层，不得有洒花漏空或成条状，也不得有堆积。喷洒不足的要补洒，喷洒过量处应予刮除。喷洒黏层油后，严禁运料车外的其他车辆和行人通过。

(3)撒布石屑。撒布石屑一般采用集料撒布机，浇洒沥青后应立即撒布石屑。撒布车应倒行撒布石屑，力求撒布均匀，厚度一致，石屑既不重叠，也不出现漏撒现象。对局部缺料时，应人工找补，局部积料时则应及时扫除多余集料。

(4)碾压。采用轻型压路机或轮胎压路机碾压，应以既能使集料嵌紧又不致使集料被压碎为宜。

(5)摊铺热拌沥青混合料,如图3-61所示。热拌沥青混合料施工应合理确定施工机械、机械数量及组合方式;控制好混合料拌和数量与时间、拌和温度、运输过程、摊铺温度、摊铺速度、摊铺宽度、松铺系数、自动找平方式、接缝方法等操作工艺;验证沥青混合料配合比设计结果,提出生产用的标准配合比。热拌沥青混合料路面施工应严格符合《公路沥青路面施工技术规范》(JTG F40—2004)有关规定。施工完成后的效果如图3-62所示。

图3-61 摊铺沥青混合料

图3-62 施工完毕效果

2. 封层施工

(1)层铺法施工

层铺法施工是沥青洒布车、碎石撒布车、压路机联合作业,如图3-63~图3-65所示。

图3-63 洒布沥青

图3-64 撒布集料

施工程序如图3-66所示。施工工艺如下:

①准备下承层。铺筑前,应彻底清除原路面的泥土、杂物,修补坑槽、凹陷,较宽的裂缝宜清理灌缝。在原有路面上铺筑封层时,过于光滑的表面需拉毛处理。由于中面层铺筑完成后,施工车辆通行会带来尘土污染,为了使层间结合更好,在铺筑表面层之前2~3天对有浮土污染地段进行清扫,必要时使用高压水枪冲洗,对有泥饼污染的地段,使用钢刷刷洗,并用扫帚清扫,然后以清水冲洗。

图3-65 轻型轮胎压路机

图 3-66　层铺法施工程序

②洒布沥青。严格控制沥青洒布量和洒布温度,当发现洒布沥青后有缺边、花白时,应立即人工补洒,对于洒布过量处,应予以刮除。

③撒布石屑。浇洒沥青后应立即撒布石屑。撒布车应倒行撒布石屑,力求撒布均匀,厚度一致,石屑既不重叠,也不出现漏撒现象。对局部缺料时,应人工找补,局部积料时则应及时扫除多于集料。

图 3-67　抗滑层施工

④碾压。用轻型压路机(如轮胎压路机)进行碾压,压路机的吨位应以既能使集料嵌紧又不致使集料被压碎为宜。

(2)沥青碎石同步封层技术

沥青碎石同步封层施工是采用沥青碎石同步封层机,沥青洒布和碎石撒布同机,几乎同时进行。其施工程序与施工要点同层铺法。

3. 抗滑层施工

抗滑层施工如图 3-67 所示,其施工工艺同罩面施工。

二、沥青路面翻修技术

1. 面层翻修(功能性大修)

面层翻修是指将原沥青路面的面层全部翻修,并对旧路基层进行局部的功能性修复,如图 3-68 所示。

a)面层翻修实例图

b)面层翻修示意图

图 3-68　面层翻修

其施工工艺为:

(1)根据调查分析资料,确定翻修路段,设计翻修厚度及施工方案。面层翻修通常采用两种方式:铣刨或挖除。原路面面层翻修前应结合地域环境、工程造价、施工工期,以及旧沥青路面面层材料循环利用方式等因素进行综合考虑。

(2)按预定翻修厚度将原路面面层铣刨或挖除,应避免损坏完好的基层。面层旧料应避免混入基层材料、泥土或其他杂质,且面层材料应统一回收,运送至沥青拌和厂。

(3)原路面面层挖除后,需对基层出现的裂缝、坑洞、松散等病害进行修补或挖除,如图3-69所示。

(4)清扫碎屑、灰尘后,下层表面浇洒0.3~0.6kg/m² 黏层沥青;与不翻修路段接界的原路侧壁涂刷0.3kg/m²左右黏层沥青。

(5)一般采用与原沥青层相同或按设计要求的材料和厚度进行铺筑。

(6)用压路机进行碾压密实。如采用热拌沥青混合料铺筑时,压实后对与不翻修路段的接缝采用热熔铁烫边密封。

(7)开放交通后应根据具体情况做好初期养护工作。

图3-69 铣刨面层后铺格栅处理基层裂缝

2. 面层和基层同时翻修(结构性大修)

将路面面层翻修的同时,将路面基层也进行翻修称为结构性大修。当路面、基层、底基层,甚至路基也需进行维修时,称为重建。若保留原路面底基层时的结构性大修,病害处治后可充当结构性大修路面结构的底基层或垫层。结构性大修施工及路面结构示意图如图3-70所示。

a)实例图

b)结构示意图

图3-70 路面结构性大修

其施工工艺为:

(1)根据调查分析资料,确定翻修路段,设计翻修厚度及施工方案。

(2)对软弱路基采取有效措施处理达到质量标准后再翻修基层、面层。

(3)可先将沥青面层铣刨后翻挖基层,也可采用合适的破碎机具将路面破碎;沥青面层翻修范围应超出基层翻修范围的边缘线300mm左右,以使基层、面层接缝错开。

(4)将沥青旧料收集运送后,才可清除基层材料。应避免两种材料混杂,影响回收旧料的再生利用效果。

(5)完善路基排水和路面排水系统。必要时在路肩处布置盲沟,防止路床积水。

(6)路基表面整平并碾压后,采用与原路段相同或符合设计要求的基层材料进行填筑。每层压实厚度应不大于200mm;当翻修面积小,压路机难以碾压时,可采用小型振动压路机或振动夯板压实,但每层压实厚度应不大于150mm,如图3-71所示。

图 3-71 路面结构性大修施工

(7)当基层稳定并达到要求强度后,浇洒 $0.7\sim1.1\text{kg/m}^2$ 透层沥青,与不翻修路段接界的原面层侧壁涂刷 0.3kg/m^2 左右黏层沥青。采用与原路段相同或符合设计要求的材料铺筑面层。

(8)开放交通后应根据具体情况做好初期养护工作。

三、沥青路面补强

沥青路面在使用过程或使用终期时,由于与交通量当然发展不适应,需要对原有路面进行改造。为了充分利用旧路面的剩余强度,采用在原有基础上予以补强,从而提高路面技术状况,改善路面的使用性能。

路面补强适用于在现有公路等级不变的情况下,沥青路面损坏严重、路面结构强度(PSSI)不符合要求及因提高公路等级而进行的改建工程。

(一)沥青路面补强的一般要求

(1)对原有沥青路面必须做全面的技术调查和方案比较。

(2)补强设计应综合考虑由补强厚度导致的纵坡与横坡的调整,以及与路面结构物的连接等方面的相互协调,使纵坡线形符合《公路工程技术标准》(JTG B01—2014)(以下简称《标准》)的规定。若线形不符合《标准》的规定,应改善线形,使其符合《标准》后再进行补强设计。

(3)补强设计中应考虑补强结构层与原路面结构的连接问题。

(二)补强层材料的类型

沥青路面补强材料主要有道路石油沥青、乳化石油沥青、改性沥青等沥青材料,各种规格的粗细集料、填料等砂石材料,以及由这些材料组成的混合料。各种补强材料和沥青混合料的组成设计应符合《公路沥青路面设计规范》(JTG D50—2017)和《公路路面基层施工技术细则》(JTG/T F20—2015)规定的要求,不符合要求的,不得使用。

(三)补强层的结构形式

(1)对于高速公路、一级公路和二级公路的补强,宜采用半刚性基层加沥青混合料面层的结构形式。

(2)对于三级公路的补强,在不提高公路等级的情况下,可采用单层或多层补强结构;对于提高公路等级的情况,宜采用半刚性基层加沥青混合料面层的补强结构形式。

(3)对于四级公路的补强,可采用单层或多层的补强形式。

(四)补强层的施工

1.施工工艺

补强施工程序如图 3-72 所示。施工工艺如下:

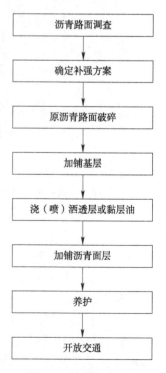

图 3-72 补强施工程序

(1)根据沥青路面调查,设计补强方案,并对方案进行技术和经济比较。

(2)确定补强方案。确定补强的结构形式、材料类型、加铺各结构层的强度、厚度、宽度、纵断高程、横坡度以及排水设施等。

(3)原沥青路面破碎。将原有损坏的路面进行破碎,清除;对其病害,根据产生的原因,采取有效地处理措施后再铺筑路面基层,如图3-73所示。

a)

b)

图3-73 沥青路面破碎

(4)加铺基层。根据设计补强方案,按照《公路路面基层施工技术细则》(JTG/T F20—2015)进行加铺基层施工。高速、一级、二级公路基层施工采用厂拌机铺法;三级、四级公路基层施工可采用路拌法,如图3-74所示。

(5)浇(喷)洒透层或黏层油。基层养护结束后,为使新旧结构层连接良好,按设计要求浇(喷)洒透层或黏层油。

(6)加铺沥青面层。根据设计补强方案,按照《公路沥青路面施工技术规范》(JTG D50—2017)进行沥青面层施工。一般采用热拌沥青混合料的厂拌机铺法施工。

(7)养护。对补强路段进行初期养护,达到规定的强度和温度后,方可开放交通。

2.施工注意事项

(1)原有公路平整度或路拱不符合规定要求时,应加铺整平层,或在加铺补强层时,同时找平或调整路面横坡,并保证结构层满足最小厚度。对三级、四级公路,必要时可将原路面翻松60~80mm,重新整形后调整。

(2)对原有路面的病害,应视其层位、严重程度和范围,按有关规定进行处理。

(3)排水不良路段,应采取加深边沟、设置盲沟、渗井或设隔水层等措施进行处理。

(4)挖除面层或基层时,应尽量做到再生利用,旧料应按再生利用的要求分类收集和存储。

(5)补强施工应严格按照《公路工程质量检验评定标准》(JTG F80/1—2017)的技术规定验收。

图 3-74 路拌法基层施工

四、沥青路面加宽

沥青路面加宽适用于原有路面较窄,不能满足现有交通量的通行要求;或在原有路面的基础上提高公路等级;或原有路面承载能力较低,需要补强,为适应交通量增长的需要,避免重复修建,同时进行补强和加宽。

(一)沥青路面加宽方式

沥青路面加宽包括路基加宽、基层加宽和面层加宽,常用于局部路段的加宽或弯道线形的改善。加宽方式有路面双侧加宽(两侧相等加宽)、路面双侧加宽(两侧不相等加宽)、沥青路面单侧加宽。

1. 路面双侧加宽(两侧相等加宽)方式

两侧相等加宽路面如图3-75所示。

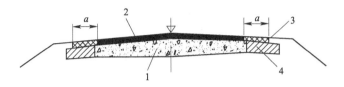

图3-75 两侧相等加宽路面
1-原基层;2-原路面;3-加宽路面;4-加宽基层

2. 路面双侧加宽(两侧不相等加宽)方式

(1)如两侧加宽宽度差数在1m以下,即$(a-a')<1m$可不必调整横坡,如图3-76所示。

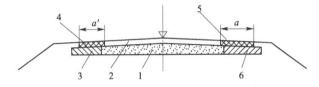

图3-76 两侧不相等加宽路面(不调整路拱)
1-原基层;2-原路面;3-加宽基层较窄;4-加宽面层较窄;5-加宽面层较宽;6-加宽基层较宽

(2)若两侧加宽宽度差数超过1m,即$(a-a')>1m$必须调整路拱横坡,如图3-77所示。

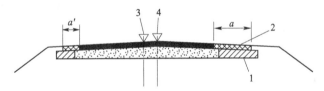

图3-77 两侧不相等加宽路面(调整路拱)
1-加宽基层;2-加宽面层;3-原路拱中点;4-新路拱中点

3. 沥青路面单侧加宽

由于受线形和地形条件限制或路基加宽宽度小于1m时,宜采用单侧加宽的方式。单侧加宽时必须调整原有路面的路拱横坡,在加宽一侧设置调拱层,如图3-78所示。

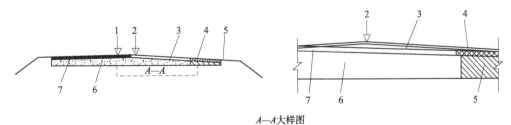

A—A大样图

图3-78 单侧加宽路面
1-原路拱中点;2-调拱后中点;3-三角调拱层;4-加宽面层;5-加宽基层;6-旧基层;7-旧面层

(二)沥青路面加宽施工

1.路基施工

(1)为防止新老路基出现不均匀沉降,路基加宽沿原路基边坡挖成向内倾斜的台阶,台阶宽度应不小于1m,以增加加宽部分路基的稳定性,如图3-79所示。

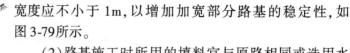

图3-79 挖台阶

(2)路基施工时所用的填料宜与原路相同或选用水稳性较好的土填筑。

(3)压路机压实,如图3-80所示。对于压路机无法操作的路段,应采用小型机具分层夯实,并达到规定的压实度。对填土深度较大的路基可采用强夯法使深层密实,如图3-81所示。上部采用挖台阶并分层填筑分层压实或小型机具夯实,达到规定的压实度,使路基满足强度和稳定要求。

图3-80 路基加宽施工

图3-81 强夯

(4)路堤加宽一侧填土宽度应大于填土层设计宽度500mm以上,压实宽度须超过设计宽度250mm以上,如图3-82所示。最后削坡,如图3-83所示。

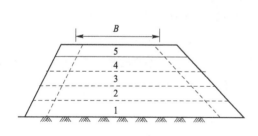

图3-82 超宽填筑

图3-83 削坡施工

(5)路基施工中应做好路基的防护与加固,保证其稳定性,施工完毕后应进行及时养护。路基的防护宜与改善环境、保护生态平衡和搞好公路绿化相结合。

2.基层施工

(1)基层加宽施工时,应做好基层接茬处的处理,纵向接茬应与路中线平行。基层加宽搭接部位应首先采用小型机具夯实至设计规定的压实度,然后再对整个加宽基层采用机械全面压实,压实质量应符合设计要求。

(2)基层厚度大于或等于 250mm 时,宜采用相错搭接法,搭接长度不小于 300mm,如图 3-84 所示,搭接部位和新加宽基层的压实质量均应符合设计要求。基层厚度小于 250mm 时,宜采用平头相接法,如图 3-85 所示。压实成型的新基层,应与原路面基层平齐。基层加宽施工如图 3-86 所示。

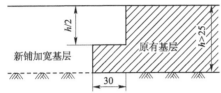

图 3-84 相错搭接(尺寸单位:cm)

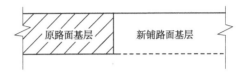

图 3-85 平头相接

a)

b)

图 3-86 基层加宽施工

(3)邻接加宽部位 300mm 的旧面层应予以挖除,使原有路面露出坚硬的边缘,材料不可松动,路面面层边缘垂直,基层顶面应平整。旧基层上的松散浮土、浮石渣应清除干净。

(4)基层若需调拱时,加宽部分与调拱部分应按路面横坡的要求一次调整,整形压实。调拱层的最小厚度应满足设计和规范要求,不足时可向下开挖原面层和基层。

单层式面层接茬时,混合料摊铺时应与原路面平齐对接,压实后的高度与原路面面层平齐。双层式或多层式面层接茬时,上下层不宜接在同一垂直面上,应错开 300mm 以上,做成台阶式,加宽后新下面层的压实高度与原路面上面层平齐。

3. 面层施工

(1)在基层加宽完毕后,将其表面清扫干净;原有沥青路面边缘应刨切整齐,使其露出坚硬的垂直边缘。原路面面层和新铺基层不得又有松散的粒料。

(2)在新建基层上,洒透层沥青并做封层,以保证上下层的连接,防止水分渗入;在接茬处,原沥青面层的侧面均匀涂一层沥青,以保证新铺沥青混合料与旧沥青面层更好地黏结。

(3)单层式面层接茬时,混合料摊铺应与原路面平齐对接,压实后的高度与原路面面层平齐,如图 3-87 所示。

双层式或多层式面层接茬时,上、下层不宜接在同一垂直面上,应错开 300mm 以上,做成台阶式,加宽后新面层的压实高度与原路面上面平齐,如图 3-88 所示。

图 3-87　单层式面层纵向接茬搭接

图 3-88　双层式路面面接茬(尺寸单位:cm)

(4)接茬部位沥青混合料的摊铺可视路面加宽宽度的情况选择人工摊铺或机械摊铺。

(5)在加宽部位,若原有路面不需调拱,新铺沥青混合料的碾压应从接茬处向外碾压,以便形成设计规定的路拱。若原有路面需要调拱,压实方法同新建沥青路面的施工规定。施工完毕后,纵向接茬处不应有凹凸不平的表面,应保持接缝位置平顺和具有正确的设计路拱,面层加宽部分压实应达到设计规定的压实度。

4.沥青路面加宽施工要点

(1)路面加宽前,应对原有沥青路面作全面的调查,设计加宽方案,通常与路面补强结合,来改善道路的技术状况。

(2)如原有路面路基较宽,路面加宽后路肩宽度符合《公路工程质量检验评定标准》(JTG F80/1—2017)时,可直接加宽;如原有路面路基较窄时,应先加宽路基。为使路面边缘坚实,路基比基层应宽出 200~250mm,基层比面层应宽出 200~250mm。

(3)加宽路面处于路线平曲线处,均应按《公路工程质量检验评定标准》(JTG F80/1—2017)的规定设置相应的超高和加宽,如原来未设置的,也应结合加宽设计补设。

(4)加宽时必须处理好新路基与老路基、新基层与老基层、新面层与老面层的纵横向衔接,纵向接茬与路中线平行,横向接茬与路中线垂直。

(5)处于特殊地区的公路加宽,应采取措施对原地面进行处理,使其具有足够的强度和稳定性。在软土地基采用高路堤加宽时,应对新路基进行加固处理并进行沉降观测,待路基沉降稳定后方可进行基层、面层加宽施工,避免因不均匀沉降而使路面出现纵裂、沉陷等病害。

(6)调拱层应视所用材料满足结构厚度要求,以免在加宽面层和旧面层之间形成薄夹层,并应注意三角调拱层与上下路面结构层的联结。

(7)加宽以后的路基应保证原有路面排水系统的完善;在必要时要对原有路面的排水系统进行重新设计和施工。

(8)路基、基层、面层施工质量控制标准应遵照现行的施工技术规范,并应按《公路工程质量检验评定标准》(JTG F80/1—2017)进行验收。

第五节　沥青路面再生技术

一、沥青路面再生技术的发展

沥青路面再生技术的试验研究,最早是于 1915 年在美国开始的。但相对于大规模的新道路建设,再生沥青应用较少。到1973年,石油危机爆发,燃油供应困难,严格的环保法制,使得石料开采受到限制,砂石材料供不应求,材料价格大幅上涨。于是,美国开始大规模推广沥青路面再生技术。1980年,由25个州共投入200万吨热拌再生沥青混凝土;到1985年,美国再生沥青混合料用量增至2亿吨,几乎达到全部沥青路面的一半。现在再生沥青路面的应用已非常普遍。

我国自20世纪70年代开始陆续修建沥青路面。到了20世纪80年代,随着经济的发展,交通量增大,重型车辆增多,不少沥青路面处于超负荷工作状态沥青路面病害严重,道路改建和大修任务日益繁重。但当时我国沥青的供应量不足需求量的一半,公路建设投资有限,不能满足公路建设发展的需要。这时,沥青混合料再生技术开始提上公路建设者的工作日程。

但是,随着后来大规模的公路建设,尤其是高速公路的建设,带来了大量需要解决的新问题、新困难,这些新问题、新困难成了这个时期公路研究的主题,大量的人力、物力投入其中。沥青混合料再生技术研究搁置到一边。

直到近几年,我国很多沥青路面开始到了使用年限,即将开始大规模改建及修复阶段,以恢复其使用功能,沥青混合料再生技术再一次成为公路研究和应用中的一个热点问题。随着国际油价的攀升,环保意识的增强,推到了沥青混合料再生利用技术的研究。对废旧沥青混合料的再生利用是有其现实性和时代性的,随着我国高等级沥青路面养护工作量的不断增加,沥青混合料的再生技术必将得到更广泛的应用。

二、沥青路面再生技术

沥青路面再生分为面层再生和基层再生两大类。按工艺分为厂拌热再生、就地热再生、厂拌冷再生和就地冷再生四种。采用沥青路面再生技术有利于缓解资源压力、保护生态环境、降低建设成本。

沥青路面面层再生(Recycling Asphalt Pavement,简称RAP)是将路面翻挖或铣刨,回收旧沥青路面材料,经过破碎、筛分后,再添加一部分新集料、新沥青(必要时添加再生剂),进行再生工艺的处理,重新拌制后铺筑于沥青路面面层结构层。

沥青路面基层再生是采用冷再生机对旧路稳定类基层材料、沥青面层和稳定类基层材料进行拌和,同时掺配一定级配的碎石和水泥(白灰),重新摊铺碾压成型再生基层。

沥青路面再生技术类型、优缺点及适用范围如表3-6所示。

沥青路面再生技术类型、优缺点及适用范围 表3-6

再生类型	热 再 生	冷 再 生
厂拌	优点:工艺易控制,再生后的混合料性能好。 不足:旧料回收利用需要运输,对拌和设备要求高,旧料掺量较少,一般为20%~30%。 适用范围:面层再生	优点:工艺易控制,再生后的混合料性能较好,能耗低、污染小,减排效果显著。 不足:冷再生混合料强度的形成需要一定的时间,需加铺一定厚度的磨耗层。 适用范围:面层再生或基层再生

续上表

再生类型	热 再 生	冷 再 生
就地	优点:节省材料转运费用,回收旧沥青路面材料利用率高。 不足:再生深度仅为 20~50mm,施工易产生不均匀性,质量控制难度大。 适用范围:面层再生	优点:节省材料转运费,回收旧料利用率高,施工过程能耗低、污染小。 不足:施工质量控制的难度大,需要加铺较厚的路面结构层。 适用范围:面层再生或基层再生

各种再生技术如图 3-89~图 3-92 所示。

图 3-89　厂拌热再生

图 3-90　就地热再生

图 3-91　厂拌冷再生

图 3-92　就地冷再生

(一)再生技术选用原则

沥青路面再生技术的选用,要根据公路等级、路面状况、养护工程性质、交通量情况、施工环境、生产能力等因素,综合考虑和选择。

沥青路面再生技术的选用,宜遵循以下原则:

(1)沥青面层材料与基层材料,应分别回收并再生利用。

(2)路面大中修工程沥青面层材料,应优先考虑厂拌再生技术。

(3)用于路面中、下面层的再生沥青混合料,可优先选择厂拌冷再生技术。

(4)用于表面层的再生沥青混合料,要选择厂拌热再生技术。

(5)路面表面功能的恢复工程,可选择就地热再生技术。

(6)基层材料再生利用,主要选择就地或厂拌冷再生技术。

(二)再生技术质量控制要点

(1)厂拌热再生一般用于面层再生。

①有条件的宜配备再生设备,改造的同时应注意保证再生料的生产效率。

②再生利用时拌和楼中混合料的加热温度不宜过高,避免旧沥青路面材料中的沥青进一步老化,要协调好旧沥青路面材料掺量与再生混合料使用性能。

③厂拌热再生混合料的摊铺温度比传统的热拌沥青混合料略低,需衔接各工序,保证路面压实度,必要时可采用温拌技术;合理的利用再生剂。

(2)就地热再生一般用于面层再生。应充分考虑区域性,结合实际路用状况进行选择再生剂。

(3)厂拌冷再生一般用于面层再生或基层再生。

①厂拌冷再生一般采用水泥、乳化沥青、泡沫沥青进行再生。其中,乳化沥青冷再生可用于面层再生或基层再生,用于面层再生时,关键在于选择性能优越的乳化沥青,做好再生混合料配合比设计,水泥和泡沫沥青再生多用于基层再生,泡沫再生重点要保证泡沫沥青的发泡效果。

②无论面层再生还是基层再生,由于采用冷拌冷铺工艺,往往需要较大的压实功,以保证再生结构层的压实度满足要求。

(4)就地冷再生一般用于面层再生或基层再生。由于原路面的翻拌、再生、摊铺、碾压等工序均在现场完成,要严格现场施工工艺质量控制,减少不均匀性。

沥青路面再生技术能够节约大量的沥青、砂石等资源,同时有利于处理废料、保护环境,是一种经济、绿色环保养护技术,经济、社会环境效益显著,可用于沥青路面大中修养护维修,应大力推广应用。

(三)沥青路面厂拌热再生

沥青路面厂拌热再生适用于对各等级公路RAP热拌再生利用,再生后的沥青混合料根据其性能和工程情况,可用于各个等级公路的沥青面层及柔性基层。

1. RAP回收和预处理

RAP回收可选用冷铣刨、机械开挖等方式,不得混入基层废料、水泥混凝土废料、杂物、土等杂质;RAP破碎后的最大粒径小于再生沥青混合料最大公称粒径;筛分处理后的RAP筛分成不少于2档的材料。

2. 再生混合料的拌制设备

厂拌热再生,拌和设备必须具备RAP配料装置和计量装置。可以使用间歇式厂拌热再生设备,也可以使用连续式厂拌热再生设备。RAP料仓数量应不少于2个,料仓内RAP含水率应不大于3%;应适当提高新集料的加热温度,但最高不宜超过200℃。使用间歇式拌和设备,当RAP掺量大于10%,宜具备RAP烘干加热系统,如图3-93~图3-98所示。

间歇式厂拌热再生设备拌制流程如图3-99所示。

连续式厂拌热再生设备拌制流程如图3-100所示。

图 3-93　厂拌热再生设备

图 3-94　回收的旧料

图 3-95　旧料预处理

图 3-96　旧料、新料进入拌和筒

图 3-97　拌和滚筒

图 3-98　出料仓

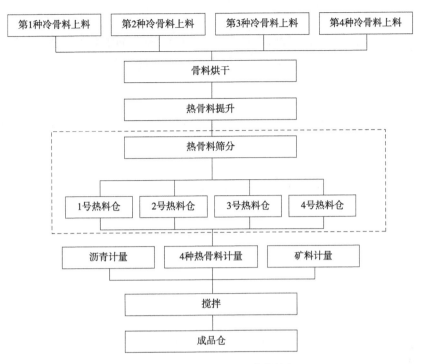

图 3-99 间歇式厂拌热再生设备拌制流程

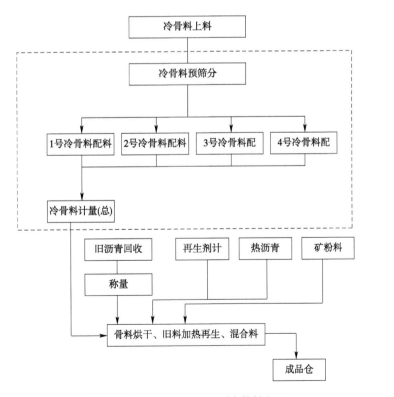

图 3-100 间歇式厂拌热再生设备拌制流程

3. 再生混合料的拌制

干拌时间一般比普通热拌沥青混合料延长 5~10s,总拌和时间比普通热拌沥青混合料延长 15s 左右;再生混合料出料温度应比普通热拌沥青混合料高 5~15℃;RAP 加热时不得直接与火焰接触。

4. 混合料的运输、摊铺、碾压

厂拌再生料的运输、摊铺、碾压一般比普通热拌沥青混合料高 5~15℃,其施工方法和施工要求同普通热拌沥青混合料。

5. 沥青路面厂拌热再生施工要点

(1) 旧料要求。旧料必须洁净,不得混入有机垃圾。混入无沥青黏结的砂石料的比例不得大于 10%,含泥量不得大于 1%;块状旧料可采用机械轧碎或人工敲碎;破碎后的旧料最大粒径按用途确定,用于粗粒式再生沥青混合料时,最大粒径为 26.5mm 或 31.3mm(方孔筛)、用于中粒式再生沥青混合料时,最大粒径为 16mm 或 19mm(方孔筛)、用于细粒式再生沥青混合料时,最大粒径为 9.5mm 或 13.2mm(方孔筛);破碎后的旧料应按质量分类,堆放在平整、坚实和排水良好的场地。

(2) 再生剂要求。再生剂应具有较强的渗透和软化能力,以降低旧沥青黏度,达到要求的针入度;能与旧沥青互溶,使之和新沥青均匀地混合成一体;能调节旧沥青的成分,达到路用沥青的质量要求,有较好的抗老化性能。

适用的再生剂有:机油、润滑油、抽出油和玉米油。

(3) 新材料要求。用于再生沥青混合料的新沥青和乳化沥青的类型和标号可根据公路等级、用途和当地气候条件选定;用于再生沥青混合料的粗、细集料应具有足够的强度,与沥青黏附性良好,并无风化和杂质,颗粒形状接近立方体,材料质量均应符合《公路沥青路面养护技术规范》(JTJ 073.2—2001)有关的规定。

(4) 热拌再生沥青混合料配合比设计。根据旧沥青技术指标和含量和旧矿料的颗粒组成,通过试验确定掺加再生剂、新沥青的数量和新矿料的比例,并制备混合料试件进行马歇尔试验,来确定再生沥青混凝土的最佳沥青用量。调整新、旧沥青掺配比例仍达不到质量要求时,该旧沥青不能用于再生沥青。

(5) 热拌再生沥青混合料。当旧沥青混合料需要掺入再生剂时,应先将破碎后的旧料按用量喷洒,并拌和均匀,堆放时间以再生剂充分渗透到旧沥青为度,堆放高度宜不超过 1.5m,避免结块;当采用间歇式拌和机拌制时,新集料加热温度应高于普通沥青混合料的集料加热温度,但不宜超过 230℃;拌和时间以新、旧料混合均匀,混合料颜色均匀、无花白为准,再生沥青混合料出厂温度为 140~160℃;当采用连续式拌和机拌和时,防止旧料被明火烧焦,宜在筒体中部进料口输入旧料,并设置挡板遮挡火焰,如旧料与集料在筒体始端同一料口输入筒体时,可先对旧料喷洒适量水分,旧料总含水率宜不超过 3%。

厂拌热再生施工质量控制标准如表 3-1 所示。

(四) 沥青路面厂拌冷再生

1. 适用范围

适用于对各等级公路 RAP 进行冷拌再生利用,再生后的沥青混合料根据其性能和工程情况,可用于高速公路和一、二级公路沥青路面的下面层及基层、底基层,三、四级公路沥青路面面层。当用于三、四级公路的上面层时,应采用稀浆封层、碎石封层、微表处等做上面层。

2. *厂拌冷再生施工工艺流程*

现场铣刨的回收料运回冷再生拌和厂→调整集料级配,加入黏结料拌和生成冷再生混合→再生混合料运输至施工现场,摊铺、碾压、养生→(必要时)第二层再生层的施工,工艺同前→封层→加铺罩面。

3. *厂拌冷再生施工要点*

(1)冷再生混合料拌制。使用乳化沥青时应具备乳化沥青喷洒和精确计量系统;使用泡沫沥青时还需配备泡沫沥青发生装置。

(2)摊铺。采用摊铺机摊铺,熨平板无须加热。用于三级以下公路时也可以选择使用平地机摊铺。

(3)压实。压实是至关重要的环节。需要配备大吨位轮胎压路机、振动压路机,制定科学的压实方案,确保压实度。

(4)养护。冷再生层在加铺上层结构前必须养护,养护时间不宜少于7d,当满足以下条件之一时,可提前结束养护:一是再生层可以取出完整的芯样,二是再生层含水率低于2%。养护方法如下:

①封闭交通养护,可进行自然养护,无须采取措施。

②开放交通养护,再生层在完成压实至少1d后方可开放交通,但应严格限制重型车辆通行,行车速度应控制在40km/h以内。为避免车轮对表层的破坏,可在再生层上均匀喷洒慢裂乳化沥青。

厂拌冷再生施工质量控制标准如表3-7所示。

厂拌冷再生施工质量控制标准　　　　表3-7

检查项目		质量要求	检验频率	检验方法
乳化沥青	压实度(%)	≥90(高速公路、一级公路) ≥88(二级及二级以下公路)	每车道每公里检查1次	基于最大理论密度,T 0924或T 0921
	空隙率(%)	≤10(高速公路、一级公路) ≤12(二级及二级以下公路)		
泡沫沥青	压实度(%)	≥98(高速公路、一级公路) ≥97(二级及二级以下公路)	每车道每公里检查1次	基于重型击实标准密度,T 0924或T 0921
15℃劈裂强度(MPa)		符合设计要求	每工作日1次	T 0716
干湿劈裂强度比(%)		符合设计要求		T 0716
马歇尔稳定度(kN)		符合设计要求		T 0709
残留稳定度(%)		符合设计要求		T 0709
冻融劈裂强度比(%)		≥70	每3个工作日1次	T 0729
含水率		符合规范要求	发现异常时随时试验	T 0801
沥青含量矿料级配		符合设计要求	发现异常时随时试验	抽提筛分

续上表

检查项目		质量要求	检验频率	检验方法
平整度最大间隙(mm)		8	随时,接缝处单杆测量	T 0931
纵断面高程(mm)		±10	检查每个断面	T 0911
厚度(mm)	均值	-8	随时	插入测量
	单个值	-10		
宽度(mm)		不小于设计宽度,边线整齐、顺适	检查每个断面	T 0911
横坡度(%)		±0.3	检查每个断面	T 0911
外观		表面平整密实,无浮石、弹簧现象,无明显压路机轮迹	随时	目测

(五)沥青路面现场(就地)热再生

1. 适用范围

现场(就地)热再生适用于再生深度一般为 20~50mm,仅存在浅层轻微病害的高速公路及一、二级公路沥青路面表面层的就地再生利用,再生层可用作上面层或者中面层。

2. 适用条件

现场(就地)热再生是一种预防性养护技术,再生时原路面应符合以下条件:

(1)原路面整体强度满足设计要求;

(2)原路面病害主要集中在表面层,通过再生施工可得到有效修复;

(3)原路面沥青的针入度不低于20。

3. 现场(就地)热再生主要施工工序

主要包括路面加热、铣刨、收集、添加再生剂和新料、拌和、摊铺、碾压等,如图3-101~图3-106 所示。现场(就地)热再生一般采用列车式沥青再生设备,添加养生剂和新料、拌和、摊铺为一体的组合设备,整个流程时间短、进度快。

图3-101 加热铣刨

图3-102 添加新料

图 3-103 添加再生剂、拌和

图 3-104 摊铺

图 3-105 碾压

图 3-106 列车式再生机

4. 沥青路面现场（就地）热再生施工要点

(1) 原路面上有稀浆封层、微表处、超薄罩面、碎石封层的，不宜直接进行就地热再生，应先将其铣刨掉，或经充分分析后做出针对性设计。

(2) 改性沥青路面的就地热再生，宜进行专门论证。

(3) 原路面必须充分加热，但不得因温度过高造成沥青老化，并应减小再生机组各设备间距，减少热量散失。原路面加热宽度比铣刨宽度每侧应至少宽出 200mm。

(4) 铣刨深度要均匀。再生剂喷洒装置应与再生复拌机行走速度连动并可自动控制，能准确按设计剂量喷洒，并保证再生沥青混合料拌和均匀，混合料摊铺温度宜控制在 120~150℃。

(5) 碾压必须紧跟摊铺进行，使用双钢轮压路机时宜减少喷水，使用轮胎压路机时不宜喷水。再生层路表温度低于 50℃ 后方可开放交通。

现场（就地）热再生施工质量控制标准如表 3-8 所示。

现场（就地）热再生施工质量控制标准 表 3-8

检查项目	检查频度	质量要求或允许偏差	试验方法
再生剂用量	随时	适时调整，总量控制	每天计算
压实度均值	每天 1~2 次	理论最大密度的 94%	T 0924，JTG F40—2004 附录 E
再生混合料摊铺温度	随时	>120℃	温度计测量
宽度（mm）	每 100m 1 次	大于设计宽度	T 0911
再生厚度（mm）	随时	±5	T 0912

续上表

检查项目	检查频度	质量要求或允许偏差	试验方法
加铺厚度(mm)	随时	±3	T 0912
平整度最大间隙(mm)	随时	<3	T 0931
横接缝高差(mm)	随时	<3,必须压实	3m 直尺间隙
纵接缝高差(mm)	随时	<3,必须压实	3m 直尺间隙
外观	随时	表面平整密实,无明显轮迹、裂痕、推挤、油包、离析等缺陷	目测

(六)沥青路面现场(就地)冷再生

1. 适用范围

适用于一、二、三级公路沥青路面的现场(就地)再生利用,用于高速公路时应进行论证。沥青路面就地冷再生分为沥青层就地冷再生和全深式就地冷再生两种方式。对于一、二级公路,再生层可作为下面层、基层;对于三级公路,再生层可作为面层、基层,用作上面层时应采用稀浆封层、碎石封层、微表处等做上封层。

2. 就地冷再生施工工艺流程

现场(就地)冷再生的施工主要是采用大型的现场(就地)冷再生设备,一般由水罐车、乳化沥青罐、再生机、拾料机、摊铺机等部分构成。具有铣刨、筛分、破碎、添加结合料、拌和等功能。采用乳化沥青或泡沫沥青时,压实厚度 80~160mm;采用水泥或石灰时,压实厚度 150~220mm。

(1)履带式再生机施工工艺流程:

撒布新集料→平地机整平→压路机静压至规定厚度→履带式再生机组进行就地再生→压路机静压一遍→高幅低频强振压实→高频低幅压实→轮胎压路机压实→养护→采用厂拌法进行上层再生料的施工→养护→封层→沥青面层。

(2)轮胎式再生机施工工艺流程:

撒布新集料→平地机整平→压路机静压至规定厚度→画线撒布水泥→轮胎式再生机现场再生→平地机整平→压路机静压一遍→高幅低频强振压实→高频低幅压实→轮胎压路机压实→养护→采用厂拌法进行上层再生料的施工→养护→封层→沥青面层。

现场(就地)冷再生施工质量标准同厂拌冷再生施工质量控制标准如表3-8 所示。

练习题

一、填空题

1. 沥青路面的损坏可分为＿＿＿＿、＿＿＿＿及＿＿＿＿三大类。
2. 裂缝类包括＿＿＿＿、＿＿＿＿、＿＿＿＿、＿＿＿＿等。
3. 变形类包括＿＿＿＿、＿＿＿＿、＿＿＿＿等。
4. 沥青路面养护工作可分为＿＿＿＿、＿＿＿＿、＿＿＿＿、改建、专项工程。
5. 小修保养可分为＿＿＿＿和＿＿＿＿两项工作内容。
6. 二级及二级以上公路路面的清扫作业频率不宜少于＿＿＿次/天;其他公路根据路面污染

程度、交通量的大小及其组成、气候及环境条件等因素而定,但不宜少于____次/周;长大隧道、桥梁上沥青路面的清扫频率应适当增加。

7. 目前裂缝修补的主要方法是_____、_____。
8. 沥青路面坑槽维修根据维修工艺的不同可采用_____、_____、_____。
9. 沥青路面罩面按其使用功能可划分为_____、_____、_____、_____。
10. 结构性大修是指_____和_____同时翻修。功能性大修是指_____。
11. 沥青路面加宽包括_____、_____、_____,常用于局部路段的加宽或弯道线形的改善。
12. 接缝损坏维修处理方法有_____、_____、_____。
13. 为防止新老路基出现不均匀沉降,路基加宽沿原路基边坡挖成向内倾斜的台阶,台阶宽度应不小于____,以增加加宽部分路基的稳定性。
14. 沥青路面再生分为____再生和____再生两大类。
15. 沥青路面再生按工艺分为_____、_____、_____和_____四种。
16. 车辙可分为_____、_____、_____及_____。

二、单选题

1. 当沥青劲度过大或沥青较硬时,气温的下降就容易导致(　　)。
   A. 龟裂　　　　　B. 块裂　　　　　C. 横裂　　　　　D. 纵裂
2. 混合料摊铺时纵向施工搭接质量不好,或者老路面层纵向裂缝的反射作用,往往会在路面的中线处产生(　　)。
   A. 龟裂　　　　　B. 块裂　　　　　C. 横裂　　　　　D. 纵裂
3. 车辙是在沥青路面表面形成的沿轮迹方向大于(　　)的纵向凹陷。
   A. 3mm　　　　　B. 5mm　　　　　C. 10mm　　　　　D. 15mm
4. 沥青高温稳定性差,沥青含量过多、混合料中空隙过少等易引起(　　)。
   A. 松散　　　　　B. 车辙　　　　　C. 坑槽　　　　　D. 泛油
5. 下列(　　)施工属于养护中修。
   A. 罩面　　　　　B. 翻修　　　　　C. 加宽　　　　　D. 改线
6. 日常巡查要求(　　)一次,并填写巡查记录表。
   A. 2天　　　　　B. 每周　　　　　C. 10天　　　　　D. 每天
7. 对轻微(度)泛油的路段,一般撒(　　)石屑或粗砂进行处治。
   A. 3~8mm　　　　B. 3~5mm　　　　C. 5~10mm　　　　D. 10mm以上
8. 在旧路面面层上加铺沥青混合料薄层(限厚度为50mm)称为沥青路面(　　)。
   A. 罩面　　　　　B. 补强　　　　　C. 翻修　　　　　D. 大修
9. 路面加宽对于双层式或多层式面层接茬时,上、下层不宜接在同一垂直面上,应错开(　　)mm以上,做成台阶式,加宽后新面层的压实高度与原路面上面平齐。
   A. 100　　　　　B. 200　　　　　C. 300　　　　　D. 500
10. 用于表面层的再生沥青混合料,一般选择(　　)技术。
    A. 就地热再生　　B. 厂拌冷再生　　C. 就地冷再生　　D. 厂拌热再生

三、多选题

1. 沥青路面的损坏其他类包括( )。
   A. 车辙   B. 松散   C. 泛油   D. 波浪

2. 沥青路面的日常保养的内容包括( )。
   A. 清扫保洁   B. 路面排水   C. 冬季除雪
   D. 灌缝   E. 清理边沟

3. 中修工程的内容包括( )。
   A. 沥青路面整段铺装、罩面或封面(稀浆封层)
   B. 沥青路面局部严重病害处理
   C. 整段更换路缘石、整段维修路肩
   D. 加宽
   E. 局部改线

4. 日常巡查主要巡查内容包括( )。
   A. 路面上是否有明显的病害
   B. 路面上是否有妨碍交通的堆积物等
   C. 路面是否有水毁、塌方、交通设施损坏等情况
   D. 养护施工质量

5. 修补主要采用在病害处撒布( )等材料的方法进行处治。
   A. 碎石   B. 矿料   C. 粗砂
   D. 沥青材料   E. 石屑

6. 泛油处治时间应选择在( )。
   A. 高温季节   B. 每年的6~8月
   C. 低温季节   D. 每年的9~11月

7. 封层施工可采用( )。
   A. 层铺法   B. 沥青碎石同步封层
   C. 沥青表面处治   D. 沥青贯入式

8. 工艺易控制,再生后的混合料性能好是( )的优点。
   A. 厂拌热再生   B. 就地热再生
   C. 厂拌冷再生   D. 就地冷再生

四、判断题

1. ( )龟裂按裂缝块度、缝宽的大小及裂缝有无变形,将龟裂分为轻和重两种。

2. ( )车辙长度可实地丈量或目测估计,车辙深度可按用直尺架在车道上测定直尺与车辙底部的距离。一般来说直尺长度应不短于2m。

3. ( )横裂裂缝宽度在3mm以内,损坏按长度计算,检测结果要用影响宽度(0.2m)换算成面积。

4. ( )半刚性基层裂缝或旧路面裂缝的反射裂缝是沥青路面产生纵向裂缝的一个重要原因。

5. ( )沉陷产生的主要原因是路基不均匀沉降、路面局部开挖回填压实不足或桥涵台

背填土不实等引起的。

6. （　　）松散主要是由于沥青和集料之间失去黏结而产生的。
7. （　　）提高路面等级属于大修。
8. （　　）严禁履带车和铁轮车在沥青路面上直接行驶，如必须行驶，应采取相应措施。
9. （　　）摊铺、压实后的热拌沥青混合料路面，待摊铺层自然冷却，混合料表面温度低于30℃后方可开放交通。
10. （　　）挖补应按照"圆洞方补、斜洞正补"的原则，在路面上画出所需修补的轮廓线。
11. （　　）挖补施工基层后可不养护，直接进行面层施工。
12. （　　）行车推移形成的纵向车辙，应切削或铣刨清除，按坑槽处理方法重做面层。
13. （　　）处治泛油时，撒料时应逆行车方向，先粗后细，无堆积、无空白。
14. （　　）加宽施工时必须处理好新路基与老路基、新基层与老基层、新面层与老面层的纵横向衔接，纵向接茬与路中线平行，横向接茬与路中线垂直。
15. （　　）厂拌热再生混合料的摊铺温度比传统的热拌沥青混合料略高，需衔接各工序，保证路面压实度，必要时可采用温拌技术及合理地利用再生剂。

五、简答题

1. 沥青路面损坏的类型有哪些？
2. 沥青路面养护工作的内容有哪些？
3. 沥青路面养护工作的基本要求有哪些？
4. 简述路面裂缝的维修方法。
5. 简述沥青路面热补法维修施工的程序及施工注意事项。
6. 沥青路面养护与改善技术措施有哪些？
7. 什么是沥青路面的罩面？按其使用功能分为哪几类？
8. 沥青路面罩面施工要点。
9. 简述路面封层施工要点。
10. 简述沥青路面翻修技术。
11. 简述沥青路面补强的程序。
12. 沥青路面加宽的方式有哪几种？
13. 什么是沥青路面的再生利用？沥青路面再生技术分哪几类？

第四章 水泥混凝土路面养护

知识点
- 水泥混凝土路面常见破损类型及原因。
- 水泥混凝土路面表面功能。
- 旧水泥混凝土路面的再生利用。

技能点
- 水泥混凝土日常养护。
- 水泥混凝土路面表面功能的恢复。
- 水泥混凝土路面加宽技术。
- 旧水泥混凝土路面的再生技术。

水泥混凝土路面是水泥混凝土板做面层并与其他各类基层所组成的路面（图4-1）。水泥混凝土路面包括普通水泥混凝土路面、钢筋混凝土路面、钢纤维混凝土路面、连续配筋混凝土路面、装配式混凝土路面等。由于它具有强度高、稳定性好、耐久性好、路面颜色鲜明、能见度好等优点而被广泛应用。但由于路面材料、面板特性、施工质量、使用方法、外界自然条件等因素影响，易产生破碎板、裂缝、板角断裂、错台、唧泥、边角剥落、接缝料损坏、坑洞、拱起、露骨、修补等病害（图4-2）。为保证水泥混凝土路面的正常使用，确保行车安全，必须对其采取预防性、经常性的保养和修理，有计划地对路面进行改善，提高路面的使用质量和抗灾能力。

a)实例图　　　　　　　　　　　　　　　b)示意图

图4-1　水泥混凝土路面

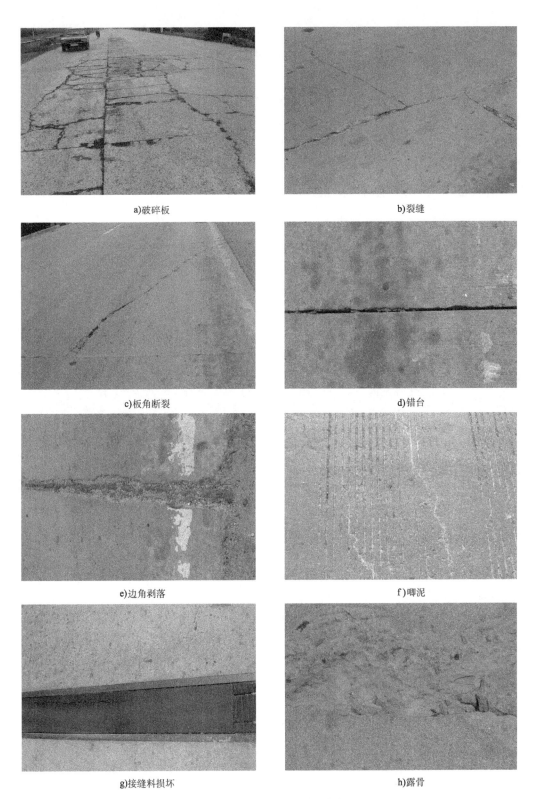

图 4-2 水泥混凝土路面常见病害

第一节　水泥混凝土路面养护基本知识

水泥混凝土路面作为高级路面,虽然具有使用周期长、养护工作量小、耐久性好的特点,但一旦开始破坏,其破损就会迅速发展,且修补较其他路面困难。因此,必须在对水泥混凝土路面进行经常性认真检查的基础上,及时发现存在的问题和缺陷,采取有效的技术措施,做好预防性、经常性养护,保证路面处于完好状态,充分发挥水泥混凝土路面使用寿命长的特点。

一、水泥混凝土路面常见破损类型及原因分析

(一)水泥混凝土路面破损类型

水泥混凝土路面破损类型可分为11类20项。

1. 破碎板

破碎板是指被多条裂缝分为3个以上的板块,损坏按板块面积计算。根据破碎板块的活动情况,将损坏分为轻、重两个等级,如图4-3所示。

a)
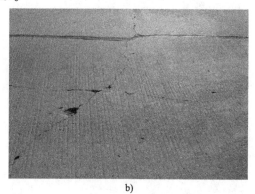
b)

图4-3　破碎板

(1)轻:破碎板未发生松动和沉陷。
(2)重:破碎板有松动、沉陷和唧泥等现象。

2. 裂缝

板块上只有一条裂缝,裂缝类型包括横向、纵向和不规则的斜裂缝等。按裂缝长度计量,用1.0m影响宽度换算成面积。按裂缝缝宽及边缘碎裂情况分为轻、中和重三个等级,如图4-4所示。

(1)轻:裂缝窄、裂缝处未剥落,缝宽小于3mm,一般为未贯通裂缝。
(2)中:裂缝边缘有碎裂现象,裂缝宽度在3~10mm之间。
(3)重:缝宽、边缘有碎裂并伴有错台出现,缝宽大于10mm。

3. 板角断裂

板角断裂指水泥混凝土板的板角出现裂缝,裂缝与纵横接缝相交,交点距板角小于或等于板边长度的一半。损坏按断裂板角的面积计量。按裂缝宽度和板角的松动程度分为轻、中和重三个等级,如图4-5所示。

(1)轻:裂缝宽度小于3mm,裂缝未破碎,断裂处未出现错台。
(2)中:裂缝宽度在3~10mm,裂缝边缘有碎裂现象。
(3)重:裂缝宽度大于10mm,裂缝边缘有碎裂现象,并伴有松动现象。

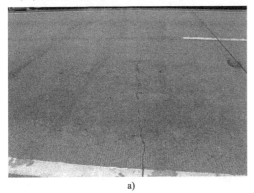
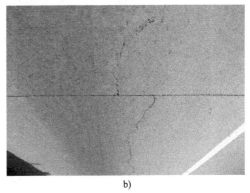

a)　　　　　　　　　　　　　　　　　b)

图4-4　裂缝

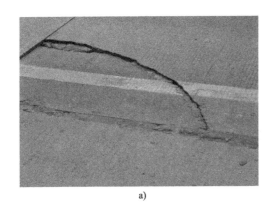
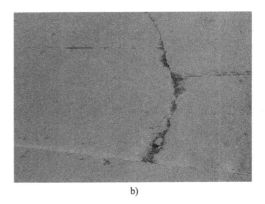

a)　　　　　　　　　　　　　　　　　b)

图4-5　板角断裂

4. 错台

错台是指水泥混凝土板横向或纵向接缝两边出现大于5mm的高差。损坏按发生错台的长度计算,检测结果用影响1.0m宽度换算成面积。根据错台两边的高差大小分为轻、重两个等级,如图4-6所示。

(1)轻:高差小于10mm。
(2)重:高差大于10mm。

5. 唧泥

水泥混凝土板块在车辆驶过后,接缝处有基层泥浆涌出,损坏按唧泥处接缝长度计算,检测结果用影响1.0m宽度换算成面积。损坏不分严重程度,如图4-7所示。

6. 边角剥落

边角剥落是指沿接缝方向的板边出现破裂或脱落现象,裂缝面一般不是垂直贯穿板厚,而是与板面成一定角度。损坏按发生剥落的接缝长度计量,换算成损坏面积时乘以1m的影响宽度。按剥落的深度分为轻、中和重三个等级,如图4-8所示。

(1)轻:浅层剥落。
(2)中:中深层剥落,接缝附近水泥混凝土有开裂。
(3)重:深层剥落,接缝附近水泥混凝土多处开裂,深度超过接缝槽底部。

a)

b)

图 4-6　错台

a)

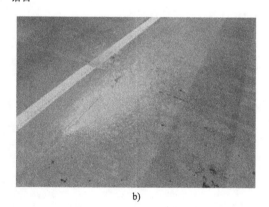
b)

图 4-7　唧泥

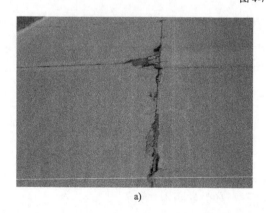
a)

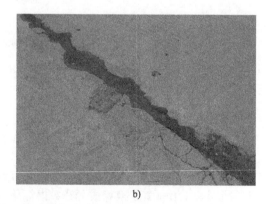
b)

图 4-8　边角剥落

7. 接缝料损坏

接缝料损坏是指由于接缝的填缝料老化、剥落等原因,填料不密水或接缝内已无填料,接缝被砂、石、土等填塞。按出现接缝料损坏的接缝长度计量,换算成损坏面积时乘以 1m 的影响宽度。按接缝料剥落的程度分为轻、重两个等级,如图4-9所示。

(1)轻:填料老化,不密水,但尚未剥落脱空,未被砂、石、泥土等填塞。

(2)重:三分之一以上接缝出现空缝或被砂、石、土填塞。

8. 坑洞

板面出现有效直径大于30mm且深度大于10mm的局部坑洞,损坏按单个坑洞外接矩形或坑洞群所涉及的面积计算。损坏不分轻重,如图4-10所示。

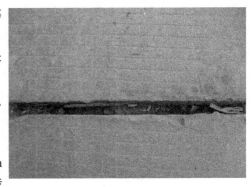

图4-9 接缝料损坏

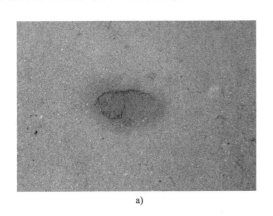
a)

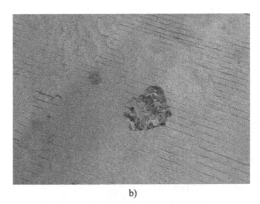
b)

图4-10 坑洞

9. 拱起

横缝两侧的板体发生明显抬高,高度大于10mm,损坏按拱起所涉及的板块面积计算。损坏不分轻重,如图4-11所示。

a)

b)

图4-11 拱起

10. 露骨

板块表面细集料散失、粗集料暴露或表层疏松剥落,损坏按面积计算。不分严重程度,如图4-12所示。

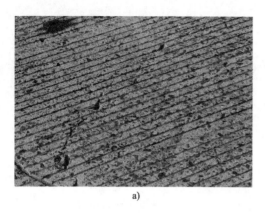 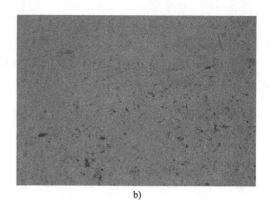

a)   b)

图 4-12 露骨

11. 修补

裂缝、板角断裂、边角剥落、坑洞和层状剥落的修补面积或修补影响面积(裂缝修补按长度计算,影响宽度为 0.2m)。损坏不分轻重,如图 4-13 所示。

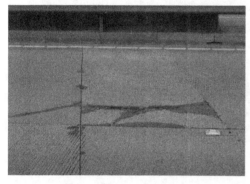

图 4-13 修补

(二)水泥混凝土路面损坏的原因

车辆荷载的反复作用、自然环境以及其他因素影响,使水泥混凝土路面承载状况产生变化,最终导致混凝土路面损坏。

1. 行车荷载的反复作用

(1)汽车荷载垂直压力作用于路面。

(2)汽车起动、制动、变速、转向以及克服各种行车阻力作用于路面的水平力。

(3)汽车行驶时自身产生的振动及因路面不平整引起车辆颠簸振动而对路面产生动压力。

(4)车辆行驶时在车轮的后方与路面之间形成暂时的真空而对路面产生真空吸力。

2. 自然因素作用

路面暴露于大气中,直接经受着自然现象的作用。

(1)温度变化影响:高温时,板表面膨胀较大,板底面膨胀较小,形成拱起,在荷载作用下,易使板断裂,板表面膨胀易引起板边挤碎。低温时,板的接缝增大,在荷载作用下,易产生啃边。

(2)地表水影响:来自大气降水和蒸发、地面水通过接缝渗透到板底,在行车荷载的作用下,产生唧泥,进一步产生板底掏空,最后导致断板。

(3)其他自然因素影响:风力、空气、地震等对水泥混凝土路面的影响。

3. 其他方面影响

(1)结构的磨损:路面的表面与车轮接触产生磨损,使混凝土的结构、受力条件、集合尺寸发生变化。

(2)设计缺陷:水泥混凝土混合料配比设计、混凝土板厚度和宽度大小设计、基层设计、布筋设计等缺陷,会引起水泥混凝土路面病害。

(3)施工缺陷:施工过程中,基层压实度、混凝土密实度、养护等达不到设计要求,会引起水泥混凝土路面病害。

4.使用不当

车辆超载运输等,引起路面变形和破坏。

二、水泥混凝土路面养护的内容及标准

1.水泥混凝土路面养护工作的内容

(1)行车道与硬路肩上的泥土和杂物,应经常予以清扫。当设有中间带、变速车道、爬坡车道、应急停车带时,其上的泥土和杂物亦应清扫干净。

(2)水泥混凝土路面各种接缝的填缝料出现缺损或溢出,应及时填补或清除,并应防止泥土、砂石及其他杂物挤压进入接缝内,影响混凝土路面板的正常伸缩。

(3)路基路面(包括路肩、中央分隔带)排水设施,应经常检查和疏通,防止积水,以保护路面不受地面水和地下水的损害。

(4)路面各种标线、导向箭头及文字标记,应及时清洗和恢复,经常保持各种标线、标记完整无缺,清晰醒目。辅助和加强标线作用的突起路标,应无损坏、松动或缺失,并保持其反射性能。

(5)路肩外和中央分隔带内种植的乔木、绿篱和花草,应及时浇灌、剪修,以保持路容整齐、美观。如有空缺或老化,应适时补植或更新。对病虫害,应及时防治。对影响视距和路面稳定的绿化栽植,应予以处理。

(6)对路面、路肩和路缘石等的局部损坏,应查清原因,采取合适的材料和相应的措施进行修复,以保持路面具备各级公路所要求的使用状态和服务水平。

(7)对路面较大损坏,按路面检查评定结果确定的养护对策,安排大、中修或专项工程,进行维修和整治。局部路段路面损坏严重的,应予以翻修,以达到设计标准;整个路段路面平整度、抗滑能力不足的,可采取罩面,铺筑加铺层,以恢复其表面功能;整个路段路面接缝填缝料失效的,应予以全面更换。

(8)对承载能力不足或不适应交通发展要求的路面,可根据不同情况进行加铺、加宽,以提高承载能力和通行能力。

2.水泥混凝土路面养护工作的基本要求

水泥混凝土路面养护应贯彻"预防为主、防治结合、安全生产的方针",以"机械养护为主",积极采用新技术、新材料、新工艺。

(1)做好预防性、经常性的保养和破损修补,保持路面处于良好的技术状况与服务水平。

(2)应保持路容整洁,定期进行清扫保洁。

(3)水泥混凝土路面的接缝应保持良好,表面平顺。

①填缝料凸出板面的高度,高速公路及一级公路不得超过3mm,其他等级公路不得超过5mm。

②填缝料局部脱落、缺损时,应及时灌缝填补;填缝料老化、接缝渗水严重时,应及时进行整条接缝的填缝料更换。填缝料更换前,应清除原接缝内的填缝料和杂物。新灌注填缝料时,应做到饱满、密实、黏结牢固。材料应符合相关规范的规定。

(4)水泥混凝土路面应加强日常巡查,并做好定期检查。

日常巡查是对水泥混凝土路面外观状况进行的日常巡视检查。主要检查拱起、沉陷、错台等病害,以及路面油污、积水、结冰等诱发病害的因素和可能妨碍交通的路障。

①巡查频率应不小于1次/d。雨季、冰冻季节和遇台风暴雨等灾害性气候,应加强日常巡查工作。

②日常巡查可以车行为主,采用观察、目测及人工计量,定性与定量观测相结合,重要情况应予摄影或摄像。

③发现妨碍交通的路障应及时清除,一时无法清除的,应采取相应的安全措施。

④日常巡查结果应及时做好记录。

定期检查是按一定周期对水泥混凝土路面的基本技术状况进行全面检查。主要检查内容按现行《公路技术状况评定标准》(JTG H20—2007)执行。

(5)水泥混凝土路面的养护质量评定等级分优、良、中、次、差5个等级。评定方法按现行《公路技术状况评定标准》(JTG H20—2007)执行。

(6)水泥混凝土路面的养护应符合现行《公路技术状况评定标准》(JTG H20—2007)有关规定。

(7)水泥混凝土路面的养护对策:

①高速公路及一级公路的路面损坏状况指数评价为优和良,二级及二级以下公路的路面损坏状况指数评价为中及中以上时,可采取日常养护和局部或个别板块修补措施。

②高速公路及一级公路的路面损坏状况指数评价为中及中以下,二级及二级以下公路的路面损坏状况指数评价为次及次以下时,应采取全路段修复或改善措施。

③高速公路及一级公路的路面行驶质量指数、抗滑性能指数评价为中及中以下,二级及二级以下公路的路面行驶质量指数、抗滑性能指数评价为次及次以下时,应分别采取措施,改善路面平整度,提高路表面的抗滑能力。

④路面结构承载能力不满足现有交通的要求时,应采取铺筑沥青混凝土或水泥混凝土加铺层措施,提高其承载能力。

3.水泥混凝土路面养护的质量标准

水泥混凝土路面养护质量标准应符合表4-1的规定。

水泥混凝土路面的养护质量标准　　表4-1

项　　目		高速公路、一级公路	其他等级公路
平整度(mm)	平整度仪 σ	2.5	3.5
	3m 直尺(mm)	5	8
	国际平整度指数 IRI (m/km)	4.2	5.8
抗滑	构造深度 TD (mm)	0.4	0.3
	抗滑值 SRV (BPN)	45	35
	横向力系数 SFC	0.38	0.30
相邻板高差(mm)		3	5
接缝填缝料凹凸(mm)		3	5
路面状况指数(PCI)		≥70	≥55

水泥混凝土路面在使用过程中,应对其使用质量进行检查。凡不符合质量标准的,应及时维修,或有计划的安排大、中修或专项工程,予以改善和提高。恢复和改善工程的质量标准,可参照《公路工程质量检验评定标准》(JTG F80/1—2017)的规定执行。

第二节 水泥混凝土路面日常养护

水泥混凝土路面日常养护应做好预防性、经常性养护,通过经常的巡视检查,及早发现缺陷,查清原因,采取适当措施,清除障碍物,保持路面状况良好。

一、清扫保洁

水泥混凝土路面的清扫是为了维护路面的使用功能、保持路容路貌整洁、保护沿线环境、保证车辆安全。汽车在行驶过程中可能将泥土、灰尘、石子或其他硬质物体带上公路,污染水泥混凝土路面,甚至造成飞石伤人,路面上散落的石子或其他硬质物在行车的作用下会破坏路表结构,其嵌入路面接缝时会使混凝土路面板块伸缩缝丧失功能。因此要经常保持水泥混凝土路面整洁,清除路面上的泥土、污物、石子及其他硬质物。

清扫的主要范围包括行车道、人行道、中央分隔带、隧道、桥梁伸缩缝、交通标志等附属设施。

(一)基本要求

(1)水泥混凝土路面必须定期清扫泥土和污物;与其他不同类型路面平面连接处及平交道口应勤加清扫;路面上出现的小石块等坚硬物应予以清除;中央分隔带内的杂物应定期清除;保持路容整洁。

(2)路面清扫频率应根据公路状况、交通量大小及其组成、环境条件等确定。路面清扫宜采用机械作业。机械清扫留下的死角,应用人工清除干净。

(3)路面清扫时,应尽量减少清扫作业产生灰尘,以免污染环境,危及行车安全。清扫作业宜避开交通量高峰时段进行。

(4)路面清扫后的垃圾应运至指定地点进行处理,不得随意倾倒。

(5)当路面被油类物质或化学药品污染时,应清洗干净,必要时用中和剂或其他材料处理后再用水冲洗。

(6)交通标志标牌、示警桩、轮廓标以及防撞栏等交通安全设施应定期擦拭,交通标志及标线受到污染后应及时清扫(洗),保持整洁、醒目。

(7)应保持交通标志标牌、标线、示警桩、轮廓标的完整,发生局部脱落、破损时应用原材料进行修复或更换。

(二)路面保洁方式

水泥混凝土路面可采用人工保洁、机械保洁或人工结合机械保洁三种方式,如图4-14、图4-15所示。

1. 高速公路、一级公路和交通繁忙的其他等级公路的水泥混凝土路面

清扫应采用机械作业,机械清扫不到的死角辅以人工清扫干净。采用机械清扫时应根据作业路段、作业面积、作业要求拟定行驶路线,保证机械使用效率。

图 4-14 机械保洁　　　　　　　　　　图 4-15 人工保洁

(1)机械清扫时应考虑的内容

①机械作业能力。根据清扫机械功率、行驶速度、道路状况、垃圾量等因素确定清扫距离,一般 20~40km。

②清扫频率视交通量大小、污染速度及环保要求确定。

(2)人工辅助清扫内容

①在机械清扫之前先清除、回收大块垃圾。

②清扫因障碍物或机械不能清扫到的行车道部分。

③有人行道时扫除人行道的垃圾。

④附属设施的清扫。

2.交通量小的二级(含二级以下)公路水泥混凝土路面

可采用人工清扫,根据情况逐渐过渡为机械清扫。

(1)采取人工清扫时应着安全标志服,清扫时应面向来车,并避让行车以保证作业安全。

(2)人工清扫宜根据不同路段路面污染状况确定相应的清扫次数,每次清扫范围按定额标准执行。

(3)对交通量大、污染快的城市近郊区、不同路面连接处、平交道口及保洁有特殊要求的路段应适当增加清扫人员、增加清扫次数。

3.注意事项

无论机械或人工清扫均宜避开交通量高峰时段(交通量大时可利用清晨或夜晚进行),清扫时不得污染环境和危及行车安全,清扫后的垃圾应运至指定地点进行处理。

(三)油类物质或化学药品污染路面的清洗

路面被油类物质或化学药品污染时,应及时清洗干净,以防止污染和损害路面。

1.油类清洗

当油类洒落路面面积较大时,要迅速撒砂以防车辆出现滑溜事故,然后在交通量较少时用水冲洗干净。

2.化学物品清洗

化学物品洒落路面后,有时必须采用相应的中和剂进行化学处理,经处理后再用水清洗干净。

3.路面清洗的注意事项

(1)一般性污染应在交通量小的时候进行清洗,对突发事故造成的油类洒落,一定要及时处理,不得污染环境。

(2)对于清洗作业速度、喷水压力、用水量要预先试验来确定。

(3)冬季清洗时,如气温在0℃以下,则路面有结冰的危险,应力求避免。

(四)对交通安全设施的养护

对隧道、桥梁和交通标志标牌、示警桩、轮廓标及防撞栏等交通安全设施要定期清洗、拭擦,对局部脱落、破损的用原材料及时进行修复或更换,确保其发挥正常功能。

(1)隧道侧壁和内部装饰材料受到煤烟等赃物污染时,采用中性洗涤剂清洗效果较好。

(2)隧道内的灯具经常受油烟和粉尘的污染,应采用柔软的抹布或海绵擦拭,同时注意不要让水渗入灯具及线路内。

(3)应经常清扫桥梁伸缩缝,保证伸缩缝的功能正常。

(4)清洗标志和护栏时一般要采用洗涤剂,但要注意洗后一定要用净水将洗涤剂冲掉,否则会引起锈蚀。

二、接缝保养及填缝料更换

接缝是水泥混凝土路面特有的构造,水泥混凝土路面接缝养护的好坏直接影响水泥混凝土路面的使用周期和使用功能。接缝的养护不当往往导致水泥混凝土板块唧泥、脱空、胀裂、接缝剥落、错台等病害。水泥混凝土路面的接缝分为纵缝、缩缝两大类。纵缝是与路线中线平行的缝,一般分为纵向缩缝和纵向施工缝。横缝一般分为横向缩缝、胀缝和横向施工缝。接缝的好坏直接影响路面的使用寿命。以上两大类接缝都属于接缝保养的范畴。

(一)对接缝养护的要求

(1)防止硬质杂物落入接缝缝隙内,妨碍混凝土板块伸长从而造成接缝损坏。

①清扫路面杂物。

②剔除缝内硬物。

(2)防止雨水侵入缝隙内软化路基,导致混凝土板块损坏。

①保持路面排水通畅。

②保持接缝填料完好。

(3)保持填缝料饱满、密实、黏结牢固,从而保证接缝完好,表面平顺、不渗水。

①当气温上升、水泥混凝土板伸长、填缝料挤出缝外并高出路面(高速公路、一级公路3mm,其他等级公路5mm)时,应将高出部分用小铁铲或其他工具铲出,以保证路面平整。

②当气温下降、水泥混凝土面板块收缩、接缝扩大有空隙时,应选择当地气温较低时灌注同样的填缝料,以防止泥、砂挤进接缝、雨水渗入接缝。

(二)填缝料的周期性和日常性更换及施工工艺

水泥混凝土路面应对填缝料进行周期性或日常性的更换。

1. 填缝料更换周期

主要取决于填缝料自身的寿命与施工质量以及路面条件,一般为2~3年。

2. 填缝料局部脱落时

应进行灌缝填补;填缝料脱落缺失大于三分之一缝长或填缝料老化、接缝渗水严重时应立即进行整条接缝的填缝料更换。

3. 填缝料更换时要注意问题

填缝料的更换应做到饱满、密实、黏结牢固。清缝、灌缝宜使用专用机具。

(1)材料及机具准备。根据更换填缝料的缝的长度准备好填缝料,在现场配制时,按照配方准备好各组分材料以便现场配制;检查清缝机、灌缝机工作是否正常,人工作业的工具是否齐备。

(2)采用人工或清缝机将原填缝料及掉入缝槽内的砂石杂物清除,人工清缝时应注意:

①用铁钩钩出缝内原填缝料和砂石等杂物。

②用钢丝轮将残存的旧料打掉,同时打毛缝壁。

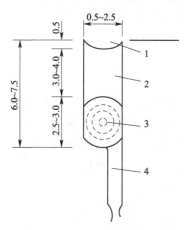

图4-16 填缝料灌注示意图(尺寸单位:cm)

1-膨胀空间;2-填入接缝材料;3-支撑条;4-导裂缝

(3)利用空压机或压力水将缝内灰尘吹洗干净,保证缝槽干燥(采用压力水冲洗时应进行烘干或晒干)、清洁。

(4)在缝两侧撒滑石粉、砂或涂刷泥浆等,确保灌缝时不污染路面。

(5)灌缝:

①灌缝可采用灌缝机或灌缝枪。采用灌缝机时,灌缝机的出料嘴中心与导向轮必须在一条直线上。

②填缝料灌注深度宜为3~4cm。当缝深过大时缝的下部可采用2.5~3.0cm高的多孔柔性垫底材料或泡沫塑料支撑条,如图4-16所示。

③填缝料的灌注高度夏天宜与板面齐平,冬天宜稍微低于板面,多余的或流淌到面板上的填缝料应予以清除。

(6)待灌缝料冷却后,将缝两侧洒落的灌缝料及滑石粉、砂或泥浆等材料清除干净。

(三)填缝料技术要求

1. 接缝板的技术要求

用于水泥混凝土路面接缝修补的接缝板应具有一定的压缩性和弹性,当混凝土板高温膨胀时不被挤出;当混凝土板低温收缩时,不被拉断,不产生缝隙。此外,还要具有耐久性好、复原率高的特点,在混凝土路面施工时不变形,且具有较高的耐腐蚀性。

高速公路、一级公路胀缝板宜采用塑胶板、橡胶(泡沫板)或沥青纤维板,其他等级公路也可采用油浸木板。

胀缝板的质量应符合表4-2的规定。

胀缝板的质量标准 表4-2

项目	胀缝板的种类			试验方法
	油浸木板	塑胶板、橡胶(泡沫)板	沥青纤维板	
压缩应力(MPa)	5.0~20.0	0.2~0.6	2.0~10.0	JT/T 203
弹性复原率(%) ≥	55	90	65	
挤出量(mm) <	5.5	5.0	3.0	
弯曲荷载(N)	100~400	0~50	5~40	

注:1.油浸木板在加工时应风干、去除结疤并用木材填实,浸渍时间不应小于4h。
  2.各种接缝板的厚度应为(20~25)mm±2mm。

2.填缝料的技术要求

填缝料应具备的主要技术性能:

(1)与水泥混凝土面板缝壁具有较好的黏结力。当混凝土板伸缩时,填缝料能与混凝土板壁黏结牢固,而不会从混凝土缝壁上脱落。

(2)较高的拉伸率。回弹力好,能适应混凝土面板收缩,而不至于断裂。

(3)耐热且嵌入性好。夏季高温时,填缝料不溢出、流淌,并不溶于水、不渗水。

(4)具有较好的低温塑性。在冬季低温时,填缝料不发生脆裂,并具有一定的延伸性。

(5)耐久性好。填缝料应能在较长时间保持良好的使用性能,即耐磨、耐水、不过早老化等。填缝料寿命不得低于3年。在恶劣的气候条件下,填缝料应能耐磨、不过早老化,在较长时间保持良好的使用性能。

填缝料一般分为加热施工式填缝料和常温施工式填缝料。

加热施工式填缝料的品种主要有聚氯乙烯胶泥、沥青橡胶类和沥青玛蹄脂等,常温施工式填缝料的品种主要有聚氨酯焦油类、氯丁橡胶类、乳化沥青橡胶类等。其技术要求应符合《公路水泥混凝土路面施工技术细则》(JTG/T F30—2014)的规定。

三、排水设施养护

水泥混凝土路面、路肩、中央分隔带、边沟、边坡、截水沟、排水沟等组成地面排水系统。

1.排水设施养护的重要性

水泥混凝土路面若排水不好,水渗透入路面基层及路基后,将软化路面基层及路基,使混凝土板块下形成唧泥,产生脱空,从而导致混凝土板块破坏。此外,水泥混凝土路面积水形成水膜影响行车安全,故必须对其进行妥善的日常养护,保证排水系统的排水功能。

2.排水系统养护的要求

(1)对路面排水设施应进行经常性的巡查和重点检查,发现损坏及时修复,发现堵塞立即疏通,发现路段积水及时排出。

(2)应坚持雨前、雨中、雨后上路检查制度。雨天重点检查有超高路段的中央分隔带纵向排水沟、横向排水管、雨水井、集水井等的排水状况。

(3)保持路面横坡及路面平整度。当快车道是水泥混凝土路面,慢车道或非机动车道是沥青路面时,应保持沥青路面横坡大于水泥混凝土路面横坡。

(4)保持路肩横坡大于路面横坡,并且保持横坡顺适,土路肩应定期铲路肩,及时修复路肩缺口。

(5)清除路肩杂草、污物,疏通路肩排水设施和中央分隔带排水设施,同时定期清除雨水井、集水井的沉积物。

(6)保持排水构造物的完好,发现损坏应及时安排修复,修复宜采用与原构造物相同的材料。

(7)对路面板裂缝应进行封闭,当路面接缝、路肩接缝以及路缘石与路面接缝出现接缝变宽渗水时应进行填缝处理。

(8)地下水常以毛细水、结合水、气态水和游离水形式存在于土和粒料路面材料内,存在于路面基层、垫层和土基内的游离水会使材料的强度降低,产生唧泥和造成路面冻胀破坏。

①为排出路面下的游离水,常沿水泥混凝土路面外侧边缘稳定基层上设有边部排水设施(一般采用多孔塑料管外包渗滤层),把可能唧泥或喷射出的板与基层间的截留水排出。

②由于排水系统的不均匀沉降及重沉积物可能造成管内沉积物的聚积,应使用大量清水冲洗聚水管,或采用管道清理工具疏通,要注意清除出水口的植物、淤积物、堵塞物。

四、冬季养护

1.冬季养护的重要性

冰冻地区公路上在冬季常常积冰、积雪,因路面太滑经常发生交通事故。冰、雪水渗入路面以后,常引发冻融病害,从而破坏水泥混凝土路面。对冰雪地区加强路基和水泥混凝土路面冬季养护十分必要。

2.冬季养护的要求

(1)路基养护的重点是保证路基排水畅通,保持边坡完好,以利冰雪融化水顺利排出路基以外。

(2)路面养护的重点是除冰、防滑。养护作业的重点是:桥面、坡道、弯道、垭口及其他严重危害行车安全路段。

3.冬季养护的方法及施工工艺

(1)清除路面冰雪主要采用四种方法:机械清理,化学处理,路面加热,减少冰与路面的黏着力。目前比较成熟且使用较为便利的是前两种方法。

(2)除雪、除冰、防滑,要根据气象资料、沿线条件、降雪量、积雪深度、危害交通范围等条件,制订作业计划。对于高速公路及冰雪期较长路段的养护管理部门,还要加强与气象部门的联系,广泛收集气象资料,做好信息预报。

(3)冰雪期前要做好专用机械驾驶、操作人员的培训,做好机械设备、作业工具、防冻防滑材料的准备工作。

(4)除雪工作应力求在雪刚落时即开始清扫,不使它形成大量堆积。

(5)路面积雪后要及时清除,防止路面积雪被压实后变成冰,清除困难。除雪作业,应以清除新雪为主,化雪时应及时清除薄冰。

(6)清雪质量受温度影响较大,抓住有利时机融雪非常重要。

①在降雪量较大的情况下,当雪天转晴后,如室外温度0℃以上,机械推除积雪后,只需撒

非常少量的融雪剂,随着地表温度的上升和行驶汽车的轮胎与地面的摩擦,残留的薄雪将自行融化。

②室外温度在0℃以下时,清雪时间控制在上午10:00至下午2:00之间。

③机械清除积雪后,要及时撒融雪剂融雪、防冻。

④白天行车道的雪残留到夜晚没融化而室外温度又低时,由于路面有残存融雪剂不会形成冰面,但为了使雪尽快融化干净,要在清晨交通量增大之前或者在一昼夜中温度最低的时刻来临之前,再撒一层融雪剂防冻,然后借助过往车辆的车轮压、带、磨,加快残雪的融化速度。

⑤对桥面、高填方等温度低的路段,要适当加大融雪剂撒布量。

(7)除冰作业时应防止破坏路面,除冰困难的路段应以防滑措施为主,除冰为辅,以提高养护作业效率。

(8)路面防滑的主要措施有:

①使用盐或其他融雪剂降低路面上的结冰温度。

②使用砂等防滑材料或砂与盐掺和使用,既降低结冰温度又加大轮胎与路面间的摩擦系数。

③防冻防滑料撒布时间主要根据气象条件、路面状况等来确定。一般在刚开始下雪时就撒布融雪剂或与防滑料掺和撒布,或者估计在路面出现冻结前1~2h撒布。

④防止路面结冰时,通常撒布一次防冻料即可,除雪作业时,撒布次数可以和除雪作业频率一致;盐的撒布量随温度而变化(表4-3)。

盐 的 撒 布 量　　　　　表4-3

路　段	条　件	
	撒布前4h气温0~7℃	撒布前4h气温低于-7℃
一般路段	5~15g/m²	15~30g/m²
严寒多雪路段	30g/m²	30~50g/m²

(9)常用的融雪剂有氯化钠(NaCl)、氯化钙($CaCl_2$)、氯化镁、异丙醇、乙二醇、氮和磷酸盐化合物等。广泛使用的是氯化钠和氯化钙。用融雪药剂时应注意:

①对路面的损伤。

②对汽车、护栏产生的腐蚀作用。

③对绿化植物的影响。

④对环境的污染。

(10)在冰冻和积雪期间,应经常巡视路面和涵洞。

①当冰阻塞涵洞时要及时清除洞内的冰,防止因涵洞堵塞流水从路面经过。

②在春季气温回升冻融前,应将积雪及时清除路肩以外,免除雪水渗入路肩,同时不得将含盐的积雪清除堆于绿化带内,以防污染绿化植物及绿化地。

③冰雪消融后,应清除路面上的残留物。

五、日常养护中对病害的临时处理措施

水泥混凝土路面产生病害后,为了道路使用的安全,避免病害的进一步恶化,在日常养护中常常要对病害采取临时性处理措施。

(一)病害的临时性处理要求

公路养护维修具有经常性、周期性、预防性、及时性、快速性、安全性的特点,要求发现病害立即处理,确保行车安全,不能彻底处理时,必须采取临时处理措施。

(二)对病害临时处理方法及施工工艺

1. 裂缝

(1)裂缝分为表面裂缝和贯穿混凝土板全厚度的裂缝。为防止雨水从裂缝中渗透至基层和路基,对裂缝常常采用封闭处理。

(2)对于表面裂缝及虽然贯穿板厚但面板仍能满足强度要求的裂缝且面板稳定的,可采用聚氨酯类、烯类、橡胶类、沥青类胶粘剂对裂缝进行封闭。

(3)对于裂缝造成板块强度不足的,采用环氧树脂类、酚醛和改性酚醛树脂类胶粘剂对裂缝进行封闭。

(4)封闭方法及工艺流程:

①将缝内脱落物及灰尘等清除干净,一般采用铁钩和吸尘器等工具清理,对宽度小于3mm 的表面裂缝,也可以采取扩缝灌浆的办法封缝。

②根据裂缝长度配备封缝料。

③为防止污染路面,在灌缝前应在缝的两侧撒砂或滑石粉。

④用灌缝机或灌缝器将封缝料灌入缝中。

⑤待封缝料冷却硬化后清理干净施工现场。

2. 坑洞

(1)水泥混凝土路面坑洞产生的原因主要是:

①粗集料本身不干净而脱落,混凝土材料中夹带泥块、朽木等杂物。

②施工质量差,如局部振捣不到位等。

③车辆的金属硬轮或掉落硬物的撞击所致。

(2)临时处理坑洞的方法有:填充沥青混凝土、沥青冷补材料、高强度水泥砂浆等。

(3)填充前应将坑洞内的松动物及尘土清除干净。

3. 沉陷

水泥混凝土板块沉陷主要是路基强度不足所致。沉陷的临时处理方法是:

(1)当沉陷量较小时可采取铺沥青混凝土方式处理。

(2)当沉降量大时,可在下面铺沥青碎石,在上面铺沥青混凝土。

4. 断板

(1)当断板无变形时,采取灌填缝料将缝封闭。

(2)当断板有变形时,冬季可采取铺筑沥青冷补材料,一般情况可采用沥青混凝土进行临时处理,以保证行车安全。

5. 板角破损处理

对于板角破损,但无变形的,可采取封缝临时处理;对于板角破损且发生变形的,加铺沥青混凝土或沥青冷补料,补平碾压后开放交通。

第三节 水泥混凝土路面常见病害维修技术

一、裂缝的维修

(一)裂缝的类型及产生的原因

混凝土面板的裂缝,可分为表面裂缝和贯穿板全厚度裂缝(简称贯穿裂缝)。

1.表面裂缝

混凝土面板的表面裂缝主要是混凝土浇筑后表面未及时覆盖,在炎热或大风天气,表面游离水分蒸发过快,混凝土体积急剧收缩和碳化收缩引起的。

混凝土混合料由一种多相不均匀材料组成的。由于构成混合料的各种固体颗粒大小和密度的不同,混凝土表面过度振荡,使水泥和细集料过多上浮至表面,粗集料下沉,水分向上游动,从而形成表面泌水。

泌水的结果,使混凝土路面表面含水率增加,当混合料表面水的蒸发速度比泌水速度快时,水的蒸发面就会深入到混合料表面之内,水面形成凹面,其凹面较凸面所受压力大,同时固体颗粒间产生毛细管张力,致使颗粒凝聚,当混凝土表面尚未完全硬化,不能抵抗这一张力时,混凝土表面则发生裂缝。这种塑性裂缝的发生时间,大致与泌水消失时间相对应,在混凝土浇筑后数小时,混凝土表面将普遍出现细微的龟裂。

混凝土碳化收缩也会引起其表面龟裂。当混凝土配比不合理,水泥用量较少、水灰比较大时,空气中的 CO_2 易渗透到混凝土内,与其中的碱性物质起化学反应后生成碳酸盐和水,而碳化作用引起的收缩仅限于混凝土路面表层,故产生混凝土的表面裂缝。

混凝土碳化收缩速度较失水干缩速度慢得多,因而由碳化带来的表面裂缝对混凝土强度的危害并不大,有时碳化甚至能增加混凝土的强度。但是无论是哪种表面龟裂都给水泥混凝土路面表面的耐磨性带来不利影响,严重的表面裂缝,会使其路面出现起皮和露骨现象,如不及时维修处理将会影响路面的使用功能。

2.贯穿裂缝

水泥混凝土路面贯穿裂缝为贯穿面板全厚度的横向裂缝、纵向裂缝、交叉裂缝、板角断裂等。

(1)干缩裂缝

在水泥混凝土中,水在混凝土硬化过程中散失时,水泥浆体就会收缩,这就是干缩。但是自由收缩不会导致裂缝产生,唯有收缩受到限制时而发生收缩应力时,才会引起干燥收缩裂缝。

水泥浆干缩的内部限制主要是混凝土中集料对水泥浆的限制。在普通水泥混凝土中,水泥浆的收缩率被限制到 90%,所以,混凝土内部经常存在着引起干缩裂缝的应力状态。水泥混凝土干缩的外部限制主要是路面板块间或路面整体的限制,处于限制状态下的混凝土结构,只有当混凝土本身的抗拉应变以及徐变应变两者与混凝土硬化干燥过程中的自由收缩值不相适应时,混凝土才会发生裂缝。

从配合比来看,虽然混凝土的坍落度、水泥用量、集料粒径、细集料含量等对混凝土的干缩有影响,但最重要的影响因素还是混凝土的单位用水量,单位用水量愈小,自由收缩应变值愈小。但在实际施工中,过小的单位用水量,往往不能满足路面施工要求,因而在实际施工中,通常以缩小侧限系数为目的,对于路面长度则借助于设置接缝的方法来缓和约束;对于基层和侧边,则借助于隔离层和平整度来缓和约束。

(2) 冷缩裂缝

水泥混凝土和其他材料一样具有热胀冷缩的性能。混凝土板块的热胀冷缩都是在相邻部分或整体性限制条件下发生的,故热胀属于变形压缩,而冷缩属于拉伸变形,很容易引起开裂。

水泥的水化过程是一个放热过程,在混凝土硬化过程中,释放大量热能,致使温度上升。在通常温度范围内,混凝土温度上升1℃,每米膨胀0.01mm,因此,这种温度变形,对大面积混凝土板块极为不利。

据有关试验证明,水泥水化过程中的放热速度是变化的,初始较缓慢,25min后增温,大约在水泥终凝后12h的水化热温度可达80~90℃,使混凝土内部产生显著的体积膨胀,而板面温度随着晚上气温降低,湿水养护而冷却收缩,致使混凝土路面内部膨胀,外部收缩,产生很大拉应力,当外部混凝土所受拉应力一旦超过混凝土当时的极限抗压强度时,板块就会产生裂缝或横向裂缝。此外,从最高温度降温,由于受到已有基层或已有硬化混凝土的约束力,在温度下降时,就不能自由收缩,就要产生裂缝。这种裂缝大多是贯穿路面的。

(3) 切缝不及时

水泥混凝土路面施工时,采用切缝将路面分成块,以防止路面的干缩和冷缩裂缝,但由于施工中切缝的时间难以控制准确,故造成混凝土路面出现横向裂缝,从混凝土收缩因素考虑,最好是混凝土中水泥水化初始阶段就切缝,但事实上因抗压强度过低,根本无法切缝。对于已切缝的混凝土板,除第一天的应力有可能大于该龄期的抗折强度外,其余温度应力均小于相应龄期强度,所以,切缝不及时,就会导致水泥混凝土路面横向裂缝产生。

3. 纵向裂缝

顺路方向出现的裂缝称为纵向裂缝,水泥混凝土路面的传递荷载的顺序为面层、基层、垫层、路基。尽管面板传到路基顶面的荷载应力值很小,往往不会超过0.05MPa,但路基作为支承层却很重要。

由于路基填料土质不均匀、湿度不均、膨胀性土、冻胀、碾压不密实等原因,导致路基支承不均匀,在混凝土浇筑之前,基底弹性模量在不符合规范要求情况下而盲目施工,在路基稍有沉陷时,在板块自重和行车压力作用下而产生纵向断裂。开始缝很细,但随着水浸入基层,使其表层软化,而产生唧泥、脱空,使裂缝加大。

在扩宽路基时,由于路基处理不当,新路基出现沉降,混凝土板下沿纵向出现脱空,在行车荷载作用下,使混凝土板发生纵向断裂。

4. 交叉裂缝

两条或两条以上相互交错的裂缝称为交叉裂缝。产生交叉裂缝的主要原因:一是水泥混凝土强度不足,车轮荷载应力和温度应力作用下产生交叉裂缝;二是路基和基层的强度与水稳性差,一旦受到水的浸入,将会发生不均匀沉陷,在行车作用下混凝土板产生交叉裂缝;三是由于水泥的水化反应和碱集料反应。水泥混凝土在拌和、运输、振捣、凝结、硬化的过程中,始终存在着水泥的水化反应。水泥水化反应在混凝土发生升温和降温过程中产生体积的膨胀变形,在内部集料及外部边界的约束下使混凝土的自由胀缩变形受阻,而产生拉压应力,使水泥产生不安定因素,这对混凝土的质量影响很大。在水泥的生产过程中,有时会出现一些过烧的 CaO 和 MgO,它们的水化速度较慢,往往在水泥硬化后再水化,引起水泥浆体膨胀、开裂甚至溃散,如果用了安定性差的水泥,浇筑的混凝土路面就会产生大面积龟裂或交叉裂缝。

(二)裂缝维修

对于水泥混凝土路面的裂缝,常用的维修措施有扩缝灌浆、条带罩面、全深度补块三种。

1.扩缝灌浆法

扩缝灌浆适用于宽度小于 3mm 的水泥混凝土路面轻微裂缝,其施工流程如图 4-17 所示。

施工说明:

(1)扩缝。顺着裂缝用将缝口扩宽成 15~20mm 的沟槽,槽深可根据裂缝深度确定,最大深度不得超过 2/3 板厚,如图 4-18 所示。

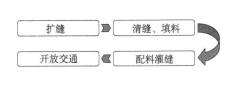

图 4-17 扩缝灌浆施工流程图

图 4-18 扩缝

(2)清缝填料。清除混凝土碎屑。吹净灰尘后,填入粒径 0.3~0.6cm 的清洁石屑(图 4-19)。

(3)配料灌缝。根据选用的灌缝材料,按规定进行配比,混合均匀后,灌入扩缝内,如图 4-20 所示(带自动恒温装置的灌缝机灌缝)。

(4)开放交通。待灌缝材料固化后,达到通车强度,即可开放交通。

a)清缝中

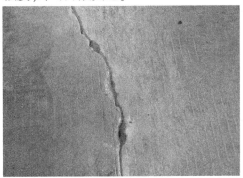
b)清缝后

图 4-19 清缝

a)灌缝机灌缝　　　　　　　　　　　　b)灌缝大样

图 4-20　灌缝

2. 条带罩面法

条带罩面适用于贯穿全厚的、宽度大于 3mm 小于 15mm 的水泥混凝土路面中等裂缝,其施工流程如图 4-21 所示。

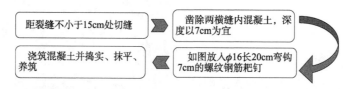

图 4-21　条带罩面施工流程图

施工说明:

(1)切缝。顺裂缝两侧各约 15cm,且平行于缩缝切 70mm 深的两条横缝,如图 4-22 所示。

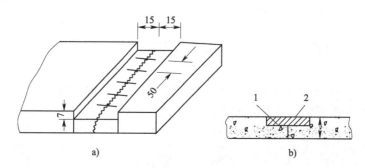

图 4-22　条带补缝(尺寸单位:cm)

1-耙钉;2-新混凝土

(2)凿除混凝土。凿除两横缝内混凝土,深度以 70mm 为宜。

(3)打耙钉孔。每间隔 500mm 打一对耙钉孔,耙钉孔的大小应略大于耙钉直径 2~4mm。并在两耙钉孔之间打一对与耙钉孔直径相一致的耙钉槽。

(4)安装耙钉。将耙钉孔填满砂浆,把除过锈的耙钉(宜采用 φ16 螺纹钢筋,长度不小于 200mm,弯钩长 70mm)插入耙钉孔内。

(5)凿毛缝壁。将切割的缝内壁凿毛,并清除松动的混凝土碎块及表面尘土、裸石。

(6)刷黏结砂浆。将修补混凝土毛面上刷一层黏结砂浆。

(7)浇筑混凝土。应浇筑快凝混凝土并及时振捣密实、抹平和喷洒养护剂。

(8)灌注填缝料。修补块面板两侧,应加深缩缝,并灌注填缝料。

3.全深度补块

全深度补块适用于宽度大于15mm的水泥混凝土路面的严重裂缝。有集料嵌锁法、刨挖法、设置传力杆法。

(1)集料嵌锁法

集料嵌锁法施工流程如图4-23所示。

图4-23 集料嵌锁法施工流程图

施工说明:

①画线、切缝。在修补的混凝土路面位置上,平行于缩缝画线,沿画线位置进行全深度切割。在保留板块边部,沿内侧4cm位置锯5cm深的缝,如图4-24所示。

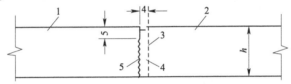

图4-24 集料嵌锁法(尺寸单位:cm)
1-保留板;2-全深度补块;3-全深度锯缝;4-凿除混凝土;5-缩缝交错接面

②破碎、凿毛。破碎并清除旧混凝土,其过程中不得伤及基层、相邻面板和路肩。将全深锯口和半深锯口之间的40mm宽条混凝土垂直面应凿成毛面。

③基层处理。基层强度如果符合规范要求,应整平基层;如基层强度低于规范要求,应予以补强,并严格整平;若基层全部损坏或松软,应按原设计基层材料重新作基层,其技术要求应符合现行《公路路面基层施工技术细则》(JTG/T F20—2015)的规定,如图4-25所示。

图4-25 基层处理

④确定混凝土配合比。混凝土的配合比应根据设计弯拉强度、耐久性、耐磨性、和易性等

要求,先用原材料进行配比设计,各种材料的物理性能及化学成分应符合现行《公路水泥混凝土路面设计规范》(JTG D40—2011)规定。用水量应控制在混合料运到工地最佳和易性所需的最小值,最大水灰比为0.4。如采用JK系列混凝土快速修补材料,水灰比以0.30~0.40为宜,坍落度宜控制在2cm内。混凝土24h弯拉强度应不低于3.0MPa。

⑤混凝土拌和、摊铺。严格按照配合比用搅拌机将混凝土搅拌均匀,拌和后30~40min内卸到补块区内进行摊铺,并振捣密实。浇筑的混凝土面层应与相邻路面的横断面吻合,其表面平整度应符合现行《公路工程质量检验评定标准》(JTG F80/1—2017)规定,补块的表面纹理应与原路面吻合,如图4-26所示。

图4-26 混凝土板的浇注

图4-27 喷洒养护剂

⑥养护。补块宜采用养护剂养护,其用量根据养护材料性能确定,如图4-27所示。

⑦接缝处理。做接缝时,将板中间的各缩缝锯切到1/4板厚处,将接缝材料填入缩缝内。

⑧开放交通。混凝土达到通车强度后,即可开放交通。

(2)刨挖法

刨挖法也称倒T法。其施工流程如图4-28所示。

```
平行缩缝画线切割,在保留板块边    →    对锯口40m宽条垂直面凿成毛面。在
部锯深50mm                            邻板底暗挖15cm×15cm一块面积
     ↑                                          ↓
养护,做必要接缝并填入接缝料    ←    浇筑混凝土,注意应与相邻横断面吻合
```

图4-28 刨挖法施工流程图

施工说明:

①施工要求按集料嵌锁法执行。

②在相邻板块横边的下方暗挖150mm×150mm用于传递荷载,如图4-29所示。

③设置传力杆法。施工流程如图4-30所示。

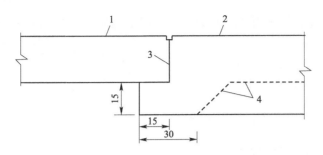

图 4-29 刨挖法(尺寸单位:cm)
1-保留板;2-补块;3-全深度锯缝;4-垫层开挖线

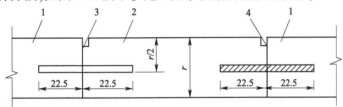

图 4-30 设置传力杆法施工流程图

施工说明:

a. 设置传力杆方法,如图 4-31 所示。施工要求按集料嵌锁法执行。

图 4-31 设置传力杆法(尺寸单位:cm)
1-保留板;2-补块;3-缩缝;4-施工缝

b. 处理基层后,应修复、安设传力杆和拉杆,如图 4-32 所示。

图 4-32 设置传力杆

c. 原混凝土面板没有传力杆或拉杆折断时,应用与原规格相同的钢筋焊接或重新安设。安装时应在板厚 1/2 处钻出比传力杆直径大 2~4mm 的孔,孔中心距 300mm,其误差不应超过 3mm。

d. 横向施工缝传力杆直径为 25mm,长度为 450mm,嵌入相邻保留板内深 225mm。

e. 拉杆孔直径宜比拉杆直径大 2~4mm,并应沿相邻板块间的纵向接缝板厚 1/2 处钻孔,中心距 80cm。拉杆采用 φ16 螺纹钢筋,长 800mm、400mm,嵌入相邻车道的板内。

f. 传力杆和拉杆宜用环氧砂浆牢牢地固定在规定位置,摊铺混凝土前,光圆传力杆的伸出端应涂少许润滑油。

g. 新补板块与沥青路肩相接时,应和现有路肩齐平。

h. 传力杆若安装倾斜或松动失效,应予以更换。

二、破碎板、板角断裂、边角剥落的维修

(一)板边剥落和板角断裂产生的原因

(1)接缝或纵横缝交叉处,水的浸入易产生唧泥、脱空,导致板边或角隅应力增大,产生破损或断裂。

(2)接缝处缺乏传递荷载物能力或板块边缘附近的传力杆失效。

(3)路基基层在荷载和水的作用下,逐渐产生塑性变形,使板边、板角应力增大,产生剥落和断裂。

(4)面板边缘的接缝中嵌入硬物等。

(二)对破碎板、板角断裂、边角剥落处治

对破碎板、板角断裂、边角剥落处治,根据其严重程度,可采用扩缝灌浆法、条带罩面法、全深度补块等方法进行处治,详见裂缝维修。

1. 板边修补

(1)当对水泥混凝土面板边轻度剥落进行修补时,应将剥落的表面清理干净,用沥青混合料或接缝材料修补平整。

(2)当水泥混凝土板边严重剥落时,在剥落混凝土外侧,平行于板边画线,用切缝机切割混凝土,切割深度略大于混凝土剥落深度,用风镐凿除损坏混凝土,用压缩空气清除混凝土碎屑,立模,浇筑混凝土修补材料,用养护剂养护,达设计强度后,即可开放交通。

(3)当水泥混凝土板边全深度破碎,可按全深度补块的方法进行修复。

2. 板角修补

(1)板角断裂应按破裂面的大小确定切割范围并放样,如图4-33所示。

(2)用切割机切边缝,用风镐凿除破损部分,凿成规则的垂直面,对原有钢筋不应切断,如果钢筋难以全部保留,至少也要保留长200~300mm的钢筋头,且应长短交错。如图4-34、图4-35所示。

(3)检查原有的滑动传力杆,如果有缺陷应予更换,并在新老混凝土之间加设传力杆。

(4)如基层不良时,应用C15混凝土浇筑基层,并在面板板厚中央用冲击钻打水平孔,水平孔深200mm、直径30mm、水平间距300~400mm。每个洞应先将其周围湿润,先用快凝砂浆填塞捣实,然后插一根直径为20mm的钢筋,待砂浆硬化后,浇筑快凝混凝土。

(5)与原有路面板的接缝如为缩缝,应涂上沥青,防止新旧混凝土黏结在一起。如为胀缝,应设置接缝板。

(6)浇筑的混凝土硬化后,用切割机切出宽30mm、深40mm的接缝槽,并用压缩空气清缝,灌入填缝材料。

(7)待混凝土达到强度后,方可开放交通。

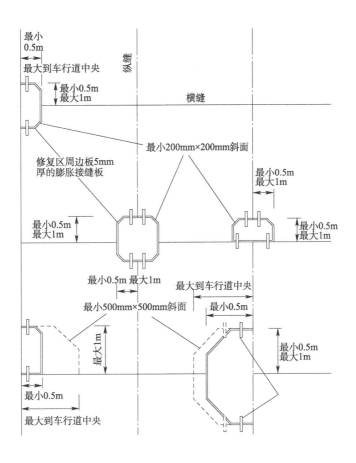

图 4-33 切割范围

注：修复纵向边不能位于车轮轨迹上。

图 4-34 切割机切缝

图 4-35 风镐凿除破损

三、唧泥的处理

唧泥是指板接(裂)缝或边缘下的基层细粒料被渗入缝下并积滞在板底的有压水从缝中或边缘处唧出,并由此造成板底面向基层顶面出现局部范围的脱空。其产生的主要原因为接缝填封料失效、基层材料不耐冲刷、接缝传递荷载的能力差和重载反复作用。易形成板底脱空、错台,甚至出现板的断裂和破碎。处治的主要措施有:

(一)灌浆、灌缝

灌浆、灌缝的施工程序如图 4-36 所示。

施工说明:

(1)灌浆孔布设及打孔。灌浆孔布置应根据路面板的尺寸、下沉量大小、裂缝状况以及灌浆机械确定,孔的大小应和灌注嘴的大小一致,一般为 50mm 左右。灌浆孔与面板边的距离不应小于 0.5m。在一块板上,灌浆孔的数量一般为 5 个,也可根据情况确定。然后用凿岩机在路面上打孔,如图 4-37、图 4-38 所示。

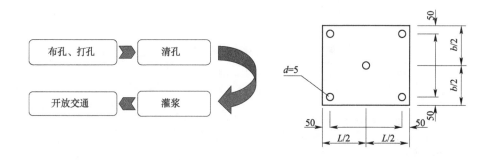

图 4-36 灌浆施工程序图　　图 4-37 灌缝孔布置(尺寸单位:cm)
d-灌浆孔直径;L-板长;b-板宽

(2)清孔。灌浆孔钻好后,应采用压缩空气的方法将孔中的混凝土碎屑、杂物清除干净,并保持干燥。

(3)沥青灌注。用沥青洒布车或专用设备(灌注压力为 200~400kPa)往孔中灌注加热的建筑沥青(沥青加热熔化温度一般为 180℃)。沥青压满约 0.5min 后,应抜出喷嘴,用木楔堵塞。待沥青温度下降后,抜出木楔,填进水泥砂浆,即可开放交通。

(4)水泥浆灌注。用压力灌浆机或压力泵(灌注压力为 1.5~2MPa)往孔中灌注水泥浆。灌浆作业应先从沉陷量大的地方的灌浆孔开始,逐步由大到小。当相邻孔或接缝中冒浆,可停止泵送水泥浆,每灌完一孔应用木楔堵孔,待砂浆抗压强度达到 3MPa 时,用水泥砂浆堵孔,即可开放交通,如图 4-39 所示。

(5)水泥混凝土面板进行压浆处理后,应按接缝维修相关规定对接缝及时灌缝。

(6)水泥混凝土路面板和基层之间由于出现空隙而导致路面沉陷的,可采用沥青灌注、水泥浆、水泥粉煤灰浆和水泥砂浆灌浆等方法进行板下封堵。

图4-38 钻灌浆孔

图4-39 灌浆作业

(二)设置排水设施

路面和路肩应保持设计横坡,并宜铺设硬路肩;路面裂缝、接缝以及路面与硬路肩接缝应进行密封。

1. 设置纵向积水管和横向出水管

(1)在水泥路面的外侧边缘挖一条纵向沟,宽150~250mm,沟深挖至集料基层之下150mm,横沟与纵沟的交角应在45°~90°之间,横沟间的距离约30m,如图4-40所示。

(2)积水管一般采用直径为75mm的多孔塑料管,出水管为无孔塑料管。

(3)设置纵向和横向水管,并按设计的距离将积水管和出水管连接起来。

(4)纵向多孔管应包一层渗透性较强的土工织物。

(5)积水管和出水管放入沟槽时,其底部应平顺,横向出水管的坡度应大于或等于纵向排水坡度,出水管的管端应延伸到排水沟内,并设端墙。

(6)管的外围应填放粗砂等渗滤集料,并振动压实。

(7)回填沟槽时,应采用与原路肩相同的材料恢复原状。

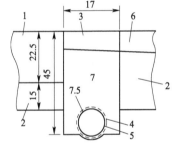

图4-40 边部排水管布置图(尺寸单位:cm)

1-水泥混凝土;2-集料基层;3-沥青混凝土;4-渗滤织物;5-多孔管;6-沥青混凝土路肩;7-细渗滤集料

2. 设置盲沟

(1)在沿水泥路面外侧挖纵向沟时,沟底应低于面板以下100mm,在水泥混凝土路面接缝处挖横向沟,如图4-41所示。

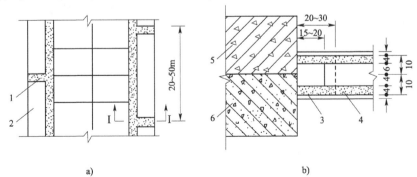

图4-41 盲沟布置、构造图(尺寸单位:cm)

1-盲沟;2-路肩;3-油毡隔离层;4-石屑及中粗砂;5-面层;6-基层

(2)沟槽底面及外侧铺油毡隔离层,沿水泥路面交界处及盲沟顶部铺设土工布过滤层。

(3)盲沟内宜填筑碎(砾)石过滤材料。

(4)盲沟上应用相同材料恢复路面(路肩)。

四、错台的处理

水泥混凝土路面错台,轻者影响行车的舒适性,重者危及行车安全,应根据错台轻重程度采取不同措施及时维修处治。

1. 错台产生的主要原因

(1)路基基层碾压不密实,强度不足。

(2)局部地基不均匀下沉或矿区地基大面积沉陷。

(3)水浸入基层,行车荷载使路面板产生泵吸现象。

(4)传力杆、拉杆功能不完善或失效。

2. 错台处治的方法

(1)轻微错台,其高差小于5mm时,可不做处理。

(2)高差5~10mm错台处治方法:

①人工处治法。

a. 划定错台处治范围。

b. 用钢尺测定错台高度。

c. 用平头钢凿由浅到深从一边凿向另一边,凿后的面板应达到基本稳定。

d. 清除接缝杂物,吹净灰尘,及时灌入填缝料。

②机械处治法。

a. 用磨平机从错台最高点开始向四周扩展,边磨边用3m直尺找平,直至相邻两块板齐平为止,如图4-42所示。

b. 磨平后,接缝内应将杂物清除干净,并吹净灰尘,及时将嵌缝料填入。

③人工配合机械处治法。

即先用人工将高出的错台板基本凿平,然后用磨平机再磨平,并清缝灌入填缝料。

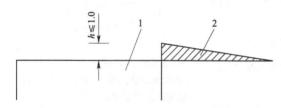

图4-42 错台磨平法示意图(尺寸单位:cm)
1-下沉板;2-磨平

(3)高差大于10mm的严重错台,可采取沥青砂或水泥混凝土机械处治。

①沥青砂填补施工(此法不宜在冬季进行)。

a. 在沥青砂填补前,清除路面杂物和灰尘,并喷洒一层热沥青或乳化沥青,沥青用量为$0.40\sim0.60\text{kg/m}^2$。

b. 修补面纵坡变化应控制在$i\leqslant1\%$。

c. 沥青砂填补后,宜用轮胎压路机碾压。

d. 初期应控制车辆慢速通过。

②水泥混凝土修补施工。

a. 应将错台下沉板凿除 20~30mm 深,修补长度按错台高度除以坡度($i\%$)计算,如图 4-43 所示。

b. 凿除面应清除杂物灰尘。

c. 浇筑聚合物细石混凝土,材料配比参照相应的技术规范,如表 4-4 所示。

d. 混凝土达到通车强度后,即可开放交通。

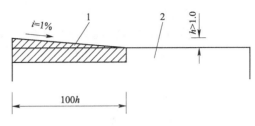

图 4-43 错台填补法示意图(尺寸单位:cm)
1-凿除修补;2-下沉板

细石混凝土配合比　　　　表 4-4

水泥	快速修补剂	水	砂	碎石
437	70	131	524	1149
1	0.50	0.30	1.20	2.63

五、拱起的处理

水泥混凝土路面拱起主要是由于施工不当(如接缝,传力杆设置等),使板受热时不能自由伸长或有硬物进入板两端间使在外力(如热胀)作用下而产生的。

1. 拱起的主要原因

(1)非高温季节施工时,胀缝设置间距过长或失效。

(2)接缝内嵌入硬物。

(3)夏季连续高温,使板体热胀。

2. 拱起的处理措施

(1)完好板板端拱起处理。根据板块拱起高低程度,计算要切除部分板块的长度。先将拱起板块两侧附近 1~2 条横缝切宽,待应力充分释放后切除拱起端,逐渐将板块恢复原位,在缝隙和其他接缝内应清缝,并灌接缝材料,如图 4-44 所示。

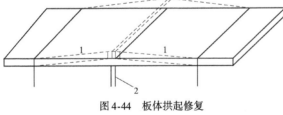

图 4-44 板体拱起修复
1-拱起板;2-切除部分

(2)拱起板端发生断裂或破损时处理。按全深度补块的方法进行处理,见裂缝维修。

(3)因硬物夹入接缝引发的拱起处理。应将硬物清除干净,使板块恢复原位,清理接缝内杂物和灰尘,灌填缝料。

(4)因施工不当引起的拱起处理。胀缝间因传力杆部分或全部在施工时设置不当,使板受热时不能自由伸长而发生拱起,应重新设置胀缝。按水泥混凝土路面有关施工规范执行,使面板恢复原状。

六、坑洞的修补

水泥混凝土坑洞产生的主要原因是粗集料脱落或局部振捣不密实等,坑洞尽管对行车影响不大,但对路面的外观和表面功能都有较大影响,因此,对坑洞应根据实际情况采取相应措施进行修补。

1. 个别坑洞的修补(图 4-45)
(1)用手工或机械将坑洞凿成矩形的直壁槽。
(2)用压缩空气的方法把槽内的混凝土碎块及尘土吹净。
(3)用海绵块沾水后湿润坑洞,不得使坑洞内积水。
(4)用高强度等级水泥砂浆等材料填补,并达到平整密实。

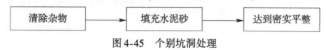

图 4-45　个别坑洞处理

2. 较多坑洞的修补(图 4-46)

对较多坑洞且连成一片,面积在 $20m^2$ 以内,应采取罩面方法修补:
(1)画线。画出与路中心线平行或垂直的修补区域图形。
(2)切割。用切割机沿修补图形边线切割 60mm 以上深的槽,槽内用风镐清除混凝土,使槽底平面达到基本平整,并将切割的光面凿毛。
(3)清槽。用压缩空气的方法吹净槽内混凝土碎屑和灰尘。
(4)浇筑混凝土。按混凝土配合比设计配制修补混凝土。将拌和好的混凝土填入槽内,人工摊铺、振捣密实,并保持与原路面齐平。
(5)喷洒养护剂养护。待混凝土达到通车强度后,开放交通。

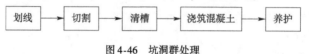

图 4-46　坑洞群处理

3. 对大面积坑洞的修补

对面积大于 $20m^2$,深度在 40mm 左右的成片的坑洞,可用浅层结合式表面修复或沥青混凝土罩面进行修补。

(1)浅层结合式表面修复:

①将连成片的坑洞周围标画出与路中心线平行或垂直的区域,并用风镐凿除深度 20 ~ 30mm,如图 4-47 所示。

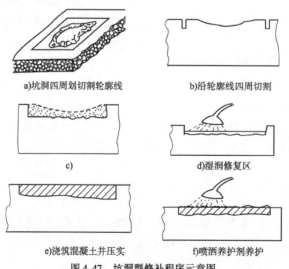

图 4-47　坑洞群修补程序示意图

②将修复区内凿掉的混凝土碎块运出,并清除其碎屑和灰尘。
③在修复区表面用水喷洒湿润,并适时涂刷黏结剂。
④将拌和好的混凝土摊铺于修复区内振捣、整平。
⑤用压纹器压纹,压纹深度宜控制在3mm左右。
⑥养护,使修复板块经常处于潮湿状态。
⑦待混凝土达到通车强度后,开放交通。
(2)沥青混凝土修补:
①画出与路中心线平行或垂直的处治区,并用切割机在其周围切割2~3cm的深度。
②用风镐凿除处治区内的混凝土,并清除混凝土块、碎屑和灰尘。
③将切割的槽壁面和凿除的槽底面喷洒黏层沥青,其用量为$0.4 \sim 0.6 kg/m^2$。
④铺筑沥青混凝土,并碾压密实。
⑤待沥青混凝土冷却后,开放交通。

七、接缝的维修

水泥混凝土路面接缝包括纵向施工缝、纵向缩缝、横向施工缝、横向胀缝、横向缩缝。接缝是水泥混凝土路面的薄弱环节,经常出现接缝填料损坏、纵向接缝张开、接缝板边和板角碎裂等病害,由于这些病害的产生,地面水从接缝渗入,使路面基层强度降低,在行车荷载作用下,导致唧泥、脱空、断板、沉陷等病害的产生,影响水泥路面的使用质量,因此对接缝必须加强养护和维修,使水泥路面经常处于良好状态,延长水泥路面的使用寿命。

(一)接缝病害产生的原因

(1)灌缝材料的老化、脱落、软化和溢出。
(2)垫料的老化、变形、脱落。
(3)接缝结构、机能不完善。
(4)接缝内嵌入硬物会造成接缝处剥落或胀裂。
(5)接缝材料和接缝板质量欠佳。

(二)接缝的修补

接缝损坏维修处理方法有接缝填缝料损坏维修、纵向接缝张开维修、接缝碎裂维修。

1. 接缝填缝料损坏维修

(1)接缝中的旧填缝料和杂物,应予清除,并将缝内灰尘吹净。
(2)在胀缝修理时,应先将热沥青涂刷缝壁,再将接缝板压入缝内。对接缝板接头及接缝板与传力杆之间的间隙,必须用沥青或其他填缝料填实抹平。上部用嵌缝条的胀缝及时嵌入嵌缝条。
(3)用加热式填缝料修补时,必须将填缝料加热至灌入温度。宜用嵌缝机填灌,填缝料应与缝壁黏结良好和填灌饱满。在气温较低季节施工时,应先用喷灯将接缝预热,如图4-48所示。
(4)用常温式填缝料修补时,除无须加热外其施工方法与加热式填缝料相同。
(5)填缝料的技术要求与施工质量验收标准,应符合水泥混凝土路面有关施工规范和养

图4-48 沥青填缝料修补

护规范的规定。

2.纵向接缝张开维修

(1)当相邻车道面板横向位移、纵向接缝张开宽度在10mm以下时,宜采取聚氯乙烯胶泥、焦油类填缝料和橡胶沥青等加热施工填缝料,其方法按本章第二节有关条款实施。

(2)当相邻车道面板横向位移,纵向接缝张口宽度在10~15mm时,宜采取聚酯类常温施工式填缝料进行维修。

①维修前应清除缝内杂物和灰尘。
②材料配比配制填缝料。
③采用挤压枪注入填缝料。
④填缝料固化后,方可开放交通。

(3)当纵向接缝张口宽度在15~30mm时,采用沥青砂进行维修。

(4)当纵缝宽度达30mm以上时,可在纵缝两侧横向锯槽并凿开,槽间距600mm、宽50mm深度为70mm,要设置φ12螺纹钢筋耙钉,耙钉在老混凝土路面内的弯钩长度为70mm,纵缝内部的凿开部位用同标号水泥混凝土填补,纵缝一侧涂刷沥青。

3.接缝板边出现碎裂时的修补

(1)在破碎部位边缘,用切割机切割成规则图形,其周围切割面应垂直板面,底面宜为平面,如图4-49所示。

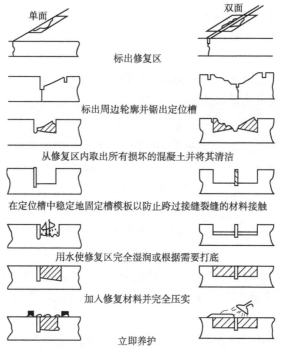

图4-49 接缝处浅层剥落的浅层接合式角隅修复的程序

(2)清除混凝土碎块,吹净灰尘杂物,并保持干燥状态。

(3)用高模量补强材料进行填充,其材料技术性能应符合表4-5的规定,见《公路水泥混凝土路面养护技术规范》(JTJ 073.1—2001)。

补强材料技术要求　　　　　表4-5

性　　能	技术要求	性　　能	技术要求
灌入稠度(s)	<20	黏结强度(MPa)	≥3
拉伸强度(MPa)	≥5	断裂伸长率(%)	2~5

(4)修补混凝土达到通车强度后,方可开放交通。

第四节　水泥混凝土路面改善技术

水泥混凝土路面经常受到车辆荷载的作用、车轮的摩擦、自然因素的作用,随着交通量的增大,重车数量的增加,会产生表面功能降低、承载能力不足、原有宽度不能满足现有交通量要求、整块板的碎裂等缺陷。因此,应及时对原有路面进行改善和修复。水泥混凝土路面改善的技术措施如下所述。

一、水泥混凝土路面表面功能的恢复

水泥混凝土路面通车3~5年,路面表面会出现磨光和露骨现象,尤其是在耐磨性较差的粗集料、强度不高的水泥和混凝土强度偏低的情况下,路面表面磨损较为突出,影响路面的使用功能。为此通常采用铺薄层水泥砂浆、沥青磨耗层和刻槽的方法来改善和恢复水泥混凝土路面的表面功能。

(一)薄层水泥混凝土罩面

对局部板块出现的露骨,可采用薄层水泥混凝土罩面。

①用风镐凿除水泥混凝土面板表面,凿除深度为10~50mm。

②清除水泥混凝土碎屑和松散块,用高压水冲洗水泥混凝土板块毛面,用压缩空气的方法清除水泥混凝土板块表面水分。

③在现浇混凝土板边立模。

④在水泥混凝土毛面上按1kg/m²涂上一层界面黏结剂。界面黏结剂有较好的黏结性能,黏结强度高达4.75MPa。界面黏结剂分A、B二组分,施工时现配现用,比例为A组分:B组分=10:1.5。

⑤配制快速修补混凝土。

1. SC-Ⅱ水泥砂浆

SC-Ⅱ水泥砂浆修补剂具有耐磨性好、无收缩、抗冻性好的特点,并且颜色与普通混凝土基本一致,无明显差异。其技术指标如下:

(1)密度:2.9g/cm³。

(2)细度:6.2%。

(3)颜色:浅灰色。

2. JK-24 水泥混凝土配合比

(1)原材料:普通水泥42.5;砂:中砂,石子:5～15mm;水:饮用水。
(2)配合比:水泥:修补剂:水:砂:石子=1:0.16:0.35:1.2:2。
(3)试验数据:

①坍落度:10mm。
②凝结时间:初凝1.55h,终凝:2.5h。
③泌水率:1.2%。
④强度:如表4-6所示。

抗压强度表　　　　　　表4-6

龄期(d)	1	2	3	7	28
抗压强度(Pa)	26.4	38.4	43.9	58.9	62.3

(4)采用强制式搅拌机拌和60～90s。
(5)采用人工摊铺,平板振捣器振捣密实,振动梁找平,人工抹面、压纹。混凝土拌制后使用时间一般不超过1.5h。
(6)修补混凝土摊铺后2h,对修补的混凝土采用养护剂进行保湿养护24h。

(二)刻槽

对于弯道、陡坡等磨光的路段,可采用刻槽的方法进行处治。

(1)采用自行式刻槽机进行刻槽,如图4-50所示。使用圆盘形的金刚石刀片、碳化钨冲头等,在路面上切成窄槽。这种方法可以防止雨天路面打滑现象。
(2)防滑槽的方向主要有两种:
①常采用的纵向刻槽,可以防止横向滑动与横向风力所造成的事故。
②横向刻槽,对缩短停车制动距离效果较好,适用于陡坡路段、交叉路口附近等。在路线纵向或横向,指定的方向上安置导向轨道,将导向轮扣在导向轨道上。

图4-50　刻槽机

(3)防滑槽可根据刀片的宽度来选定适宜的形状。一般常用的刻槽深度为3～6mm,槽宽为3～6mm,缝距19～50mm,见表4-7。

水泥混凝土路面刻纹机规格及型号　　　　　　表4-7

类别	混凝土路面刻纹机 CW-450	混凝土路面刻纹机 CW-600	混凝土路面刻纹机 CW-1000
专利号	ZL92234168.0	正在申报中	ZL97121725.8
一次性刻纹幅宽	450mm	600mm	1000mm
行走速度	Ⅰ挡	Ⅰ挡 1.8m/min	Ⅰ挡 1.3m/min
	Ⅱ挡	Ⅱ挡 2.1m/min	Ⅱ挡 1.8m/min
主要性能及特点	操作简单、灵活方便	速度快、效率高,有仿形轮控制切割深度,不受平整度的影响	机械化程度高、效率高、移动方便,可任意转向;设有增压水泵冷却,手动供油系统和切割深度限位装置

(4)刻槽时应由高向低逐步推进。

(三)沥青磨耗层

对于水泥混凝土路面较大范围的磨光或露骨可铺设沥青磨耗层。

(1)对水泥混凝土板块进行修整和处理。在沥青磨耗层铺筑前,水泥混凝土路面应做到干燥、清洁,不得有尘土、杂物或油污。

(2)在水泥混凝土路面表面喷$0.4\sim0.6\text{kg/m}^2$(沥青含量)的黏层沥青,可采用热沥青、乳化沥青,尽可能采用快裂型乳化沥青。

(3)采用沥青洒布车喷洒黏层沥青。在路缘石、雨水进水口、检查井等局部位置与沥青面层接触处用刷子人工涂刷。

(4)喷洒黏层沥青应均匀洒布或涂刷,喷洒过量处应予刮除。

(5)当气温低于10℃或路面潮湿时不得喷洒黏层沥青。

(6)喷洒黏层沥青后,除沥青混合料运输车辆外,严禁其他车辆、行人通过。

(7)乳化沥青破乳、水分蒸发完后铺筑沥青层。

(8)沥青磨耗层采用砂粒式沥青混凝土,厚度一般为1.0~1.5cm。矿料级配及沥青用量见表4-8。

砂粒式沥青混合料级配及沥青用量范围(方孔筛)　　表4-8

通过下列筛孔的质量百分率(%)								沥青用量
9.5	4.75	2.36	1.18	0.6	0.3	0.15	0.075	%
100	95~100	55~75	35~55	20~40	12~28	7~18	5~10	6.0~8.0

(四)稀浆封层

对大面积露骨或磨光的路段可采用稀浆封层进行处治。

(1)稀浆封层矿料级配及沥青用量范围应符合《公路沥青路面施工技术规范》(JTG F40—2004)的规定。

(2)稀浆封层的施工温度不得低于10℃。

(3)水泥混凝土路面表面要清洁、干燥。

(4)稀浆封层机施工时应匀速前进,稀浆封层厚度应均匀、表面平整,稀浆封层机摊铺时应保持槽内有近半槽稀浆,摊铺过程中出现局部稀浆过厚,要用橡皮板刮平,稀浆过少应用铁铲取浆补齐。流出的乳液要用刮板刮平,摊铺起终点接头处须平直整齐。

(5)稀浆封层铺筑后应封闭交通。待乳化沥青破乳、水分蒸发、干燥、路面成型后方可开放交通。

(6)开放交通初期应有专人指挥,控制车速不得超过20km/h,并不得紧急制动或掉头。

(五)改性稀浆封层

普通的稀浆封层厚度一般为3~6mm。改性稀浆封层的厚度可达9.5~11mm,改性沥青稀浆封层的施工程序与普通稀浆封层基本相同。但必须使用具有储料、送料、拌和、摊铺计量控制等功能的稀浆封层机。将各种原材料的储存、运输、计量、拌和、摊铺、整平及其控制系统集中于一台载重车底盘上,按比例要求,用较短时间制成混合料,并摊铺在路面上,这种改性稀浆封层机的构造如图4-51所示。

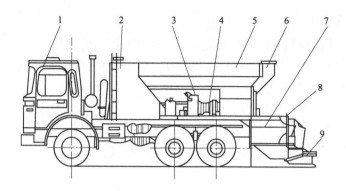

图 4-51　改性稀浆封层机及其结构示意图
1-行驶系统;2-水箱;3-风冷柴油机;4-机械传动系统;5-集料仓;6-填料仓;7-双轴叶片搅拌箱;8-集中操作台;9-双轴叶片摊铺箱

采用慢裂快凝型改性乳化沥青,1h即可开放交通。改比稀浆封层混合料配合比应符合《公路沥青路面施工技术规范》(JTG F40—2004)的规定。

1. 准备工作

(1)原路面的修补。收集原路面平整度、弯沉值、摩擦系数、裂缝等资料,对坑槽、开裂等病害,在封层前进行水泥砂浆板下封堵,改性乳化沥青灌缝等工作。

(2)清洗原路面。为保证封层与原路面结合成整体,封层前一定要将原路面冲洗干净,不得有泥巴、鸟粪、浮尘。先人工清扫,再用森林灭火器吹,最后用高压水冲洗。

(3)喷洒黏层沥青。在水泥混凝土路面上按沥青用量 $0.15\sim0.3kg/m^2$ 喷洒黏层沥青。

(4)施工放样画线。按照每次施工设定封层的宽度要求,用白石灰画线,为车前导向做出导向标志。

(5)交通管制。为了保证施工安全,设置封闭交通及限制交通标志,设置安全显示器及锥形施工柱。

(6)专用机械的调试与检修。改性稀浆封层机的计量、检查、拌和、摊铺、清洗等各个系统做调试,标定与检修。不仅要保证各个装置的工作正常,而且要求操作人员技术熟练并与驾驶人员协同配合,密切合作。

(7)临时原料供应基地。为使改性沥青稀浆封层机能持续不断地施工,必须在离施工现场不远的地方(或道班)设置原材料临时供应基地(供应集料、改性乳化沥青、水泥、外加剂、水等),保证为改性沥青稀浆封层机尽快地补充各种原材料。同时在此基地上筛分集料,保证集料级配组成,并且集料最大粒径不超过标准要求。

2. 稀浆封层的摊铺施工

(1)配比调整。通过室内试验与计量标定(做出四条曲线八个表),做好准备工作。然而,改性稀浆封层现场开始施工阶段,由于现场的气候与集料的情况发生变化,室内外条件瞬息多变,混合料的破乳与凝固速度也在不断变化,因而在室内选下的配合比数据,必须结合现场情况,做进一步调整,然后确定现场最适合的配比。但是这个配比也随着气候在改变,操作人员必须熟练地掌握变化规律。

(2)工艺流程。封闭施工路段→清洗原路面→喷洒黏层沥青→施工放样→各种原料、机械设备、训练有素的工人的准备→摊铺施工→早期养护或轮胎碾压→开放车辆通行。

(3)早期养护。刚铺完的稀浆封层,采取各种措施封闭交通,保证早期养护,禁止行车碾压。待混合料达到初凝时或摊铺后0.5h,可用10t轮胎压路机碾压(不能用钢轮压路机),因为碾压后可把封层中析出的水挤出,提高封层的密实度与强度,加快开放行车时间,提高封层抗挤压能力,消除纵缝与横缝的不平,1h可开放交通。

3. 检查及验收

(1)检查封层的厚度,可按表4-9的规定进行检测,也可按每日消耗材料的数量,再按实际摊铺的面积(长×宽)计算封层摊铺厚度。

改性稀浆封层外业检测表　　　　　　　　　　　　　　表4-9

检测项目		规定值或允许偏差	检　测
厚度		±2mm	每km测5点,每点在路中央及路两侧各测1次
宽度		不小于设计规定,且不大于10cm	每km测5点,每点用皮尺抽查3次
横坡度		±0.5%	每km测5点,每点用水准仪测量3次
平整度		不大于5mm	每km用3m直尺检查一处,每处连续测量10尺,每尺检测1点
油石比		±0.5%	每3000m² 检测一处抽提试验
渗水系数		<20mL	每3000m² 测一处渗水试验
摩擦系数	高速、一级公路	52~55	每3000m² 测两处,用摆式仪测定摆值
	二级公路	47~50	
构造深度	高速、一级公路	0.6~0.8mm	每500m 测5处,用铺砂法确定
	二级公路	0.4~0.6mm	
外观		无松散、无测痕、无轮迹、无裂缝、平整密实	全面观察,并按每km抽查200m

(2)封层后路面的检测,一般应在行车3个月后进行,尤其是路面的平整度、透水系数、摩擦系数、构造深度等,需要经过一段时间的行车考验。

二、水泥混凝土路面加铺技术

(一)加铺水泥混凝土面层

加铺水泥混凝土面层是旧水泥混凝土路面维修技术中最有效的方法之一。在旧水泥混凝土路面上加铺新的水泥混凝土路面,应首先对旧路面进行处理,并设置隔离层,然后加铺水泥混凝土面层。水泥混凝土加铺层一般有普通水泥混凝土加铺层、钢纤维混凝土加铺层、连续配筋的混凝土加铺层、钢筋混凝土加铺层等。钢纤维混凝土加铺层适用于路面标高受限制的路段;连续配筋的混凝土加铺层适用于高速公路;钢筋混凝土加铺层适用于一般路段。

以下主要介绍普通水泥混凝土加铺层的结构形式及施工要求。

1. 加铺层结构形式

在旧水泥混凝土路面上加铺水泥混凝土面层有结合式、直接式及分离式三种。

(1)结合式加铺层系指对旧水泥混凝土板采取一定技术处理后,使加铺层与旧水泥混凝土板完全黏接在一起,此时认为层间的相对水平位移为零,即连续接触。结合式加铺层水泥混凝土厚度一般不小于100mm。

(2)直接式加铺层系指加铺层直接铺筑在清扫和清洗的旧水泥混凝土板上，层间不做任何的处理。直接式加铺层水泥混凝土层厚度不小于140mm。

(3)分离式加铺层系指加铺层与旧水泥混凝土板之间设置了一层隔离层。隔离层通常采用沥青砂。分离式加铺层水泥混凝土层厚度一般不小于180mm。

2. 加铺层选择要求

水泥混凝土加铺层的结构形式应根据旧混凝土路面状况的分级情况、接缝布置及路拱等条件选择。

(1)当旧路面状况分级为"优"，且路面的结构性损坏已经修复、路拱坡度基本符合要求，板的平面尺寸及接缝布置合格时，可采用结合式加铺层。加铺层铺筑前应对旧混凝土面凿毛并仔细清洗，清除旧混凝土表面的油污、剥落板块及接缝中的杂物，重新封缝，并在洁净的旧混凝土路面上涂刷水泥浆或水泥砂浆或环氧树脂等。

(2)当旧路面的状况分级为"良""中"，且路面的结构性损坏已经修复、路拱坡度基本符合要求，板的平面尺寸和接缝布置合理时，宜采用直接式加铺层。加铺层铺筑前应对旧混凝土表面仔细清洗，清除旧混凝土表面的油污、剥落板块及接缝中的杂物，并重新封缝。

(3)当旧路面的状况分级为"次""差"或新旧混凝土板的平面尺寸不同、接缝位置不完全一致或新、旧路面的路拱坡度不一致时，均应采用分离式加铺层。加铺层铺筑前应对旧路面中严重破碎、脱空、裂缝继续发展的板击碎并清除，用混凝土补平。隔离层材料采用油毡、沥青砂、细粒式或沥青混凝土等稳定性较好的材料。

3. 加铺层施工程序及要求

加铺层施工程序为旧路面处理→铺筑隔离层→结合面处理→加铺水泥混凝土面层。

(1)旧路面处理

在旧水泥混凝土路面上加铺水泥混凝土面层之前应对旧混凝土路面进行处理。

①对旧水泥混凝土路面板块进行调查。调查时封闭调查区段，对调查区段内的水泥混凝土路面板进行编号，并将编号用红色油漆标识在板块上。在记录纸上按1km绘制板块平面布置图，编号与现场旧水泥混凝土板块编号一致。调查路面板块损坏状况，绘制水泥路面病害平面图。

②按设计要求对病害面板进行处理。

③板底脱空可采用板下封堵的方法进行压浆处理，如图4-52所示。

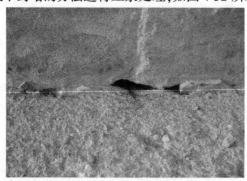

图4-52　板底脱空

④板块破碎、角隅断裂,沉陷、掉边、缺角等病害板,必须用破碎机(液压镐)凿除。清除混凝土碎屑后,整平基层,并夯压密实,然后铺筑与旧板块等强度的水泥混凝土,其高程控制与旧板面齐平。

(2)铺筑隔离层

①喷洒黏层沥青。

a. 为做到便于施工,又不影响交通,在可封闭交通进行施工的路段,施工路段长度控制在2000m,在半幅通车、半幅施工路段长度控制在300m。

b. 清除旧混凝土路面板表面杂物,冲刷清洗油污,使板面洁净无杂物。

c. 黏层沥青采用热沥青或乳化沥青。使用乳化沥青时,宜采用快裂洒布型乳化沥青PC-3、PA-3,乳液中沥青含量不少于50%,乳化沥青用量为0.6kg/m²。

d. 应随隔离层摊铺速度相应先行洒布涂刷黏层沥青,沥青应均匀洒布或涂刷在干燥洁净的旧混凝土面板上,沥青以不流淌为宜,沥青洒布过量处,应予刮除。

e. 严禁在已洒布或涂黏层沥青的面板上通行车辆和行人,并防止土石等杂物散落在黏层沥青层上。

f. 黏层沥青洒布或涂刷后应紧接着进行隔离层施工,采用乳化沥青时应在破乳后,才能摊铺隔离层。

②沥青混凝土隔离层。

a. 沥青混凝土隔离层厚度控制在15~25mm。其材料技术要求、集料的组成和施工工艺要求应符合《公路沥青路面施工技术规范》(JTG F40—2004)。

b. 沥青混凝土摊铺宽度应超过水泥混凝土加铺层边缘,不要出现空白区。

c. 采用轮胎压路机进行碾压。压路机自路边向路中心碾压,边压边找平,至沥青混凝土隔离层平整无轮迹为止。

③土工布隔离层。

a. 在水泥混凝土路面上满铺土工布。边铺边用木棍推压平整。

b. 土工布纵横向搭接宽度为20cm。在土工布搭接部分涂刷热沥青。

c. 铺好的土工布隔离层,严禁非施工车辆和行人通行,要保持土工布隔离层洁净,铺筑混凝土时应避免施工车辆和人员对土工布隔离层的损坏。

d. 严禁施工车辆在土工布上制动、转弯、掉头。若发现土工布黏结不牢,要用剪刀剪开,并涂刷沥青,重新粘贴土工布。

④沥青油毡隔离层。

a. 采用不低于350的石油沥青纸胎油毡,其技术要求应符合现行相关的国家标准的规定。

b. 油毡隔离层由一毡一油结合而成,板面裂缝较多又欠平整,宜采用二毡二油,若破裂或沉陷深度大于10mm的,先采用沥青砂找平后再摊铺油毡隔离层。

c. 在水泥混凝土路面上满铺普通沥青油毡。油毡应纵向摊铺,每幅搭接宽度不小于100mm,每层油毡的搭接位置应错开,在沥青油毡搭接部分涂刷热沥青,摊铺时边铺边用滚筒碾平压实,务必使毡油紧贴。

d. 铺好的油毡隔离层,严禁车辆和行人通行,并保持洁净。铺筑加铺层时应避免施工机械和人员对油毡隔离层的破坏,发现损坏应及时修整。

(3)结合面处理

①直接式结合面处理。

a.清洁面板。清扫旧混凝土面板表面杂物,冲刷尘土泥污,使面板洁净无异物。

b.旧混凝土面板处理。采用直接式加铺层的路段,其板面应基本完好、平整。旧混凝土面板局部裂缝处加铺混凝土,应采用钢筋网片补强,钢筋网片多覆盖于裂缝之上,超过裂缝位置不小于50cm,网片设置于加铺层底部,但距板底面不小于5cm,如图4-53所示。

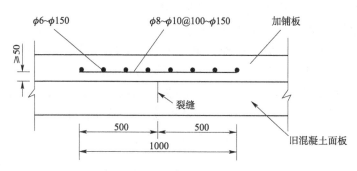

图4-53 裂缝处钢筋网补强布置图(尺寸单位:mm)

②结合式结合面处理。

a.清扫旧混凝土板面杂物。

b.用风镐人工凿除旧混凝土板面,凿毛深度为5cm。

c.用压缩空气吹除旧混凝土碎屑,人工清除旧混凝土板裂隙碎块。

d.用高压水冲洗混凝土板毛面。

e.用压缩空气的方法吹除混凝土毛面积水。

f.按$1kg/m^2$用量涂刷水泥混凝土界面黏结剂。

(4)加铺水泥混凝土面层

①分离式加铺层。

a.水泥混凝土加铺层度应通过计算确定,但水泥混凝土加铺层的最小厚度不得小于180mm。

b.水泥混凝土加铺层半幅施工时,边模板可采用槽钢,中模采用角钢。模板高与面板厚度一致,允许误差为±2mm。

c.模板安装宜采取由边模固定中模的方法,边模由钢纤固定,中模每间隔1m用膨胀螺栓将模板外侧底部预先定位固定。中、边模之间采用横跨两模板的活动卡梁辅助固定。活动卡梁间距为2m,并随铺筑进度相应推移。

d.混凝土拌和物搅拌与运输。混凝土拌和楼的位置和搅拌机配备应根据工程量大小、施工进度、运输工具和施工组织设计的要求设置,并有备用的搅拌机和发电机组。

投入搅拌机的砂和各级碎(砾)必须准确过磅。磅秤在每班开工前应检查校正。散装水泥必须过磅,袋装水泥应经常抽查其量是否准确。严格控制加水量,采用二级加水。每班开工前,实测砂、碎(砾)的含水率,根据天气变化情况,由工地试验室确定施工配合比,并以书面形式通知现场施工人员。投入搅拌机每盘的拌合物数量,应按混凝土施工配合比和搅拌机容量确定。

混凝土拌合物开拌第一盘前,应先用适量的原材料拌制砂浆,拌和后废弃;然后按规定的配合比进行搅拌。搅拌投料顺序为砂、水泥、碎(砾)石;进料后边搅拌边加水。混凝土拌合物每盘的搅拌时间不超过搅拌机规定最短时间的3倍(表4-10)。

混凝土拌合物搅拌时间　　　　　　表4-10

搅拌机形式	混凝土拌合物坍落度(cm)	
	0~2	2~3
立轴式	100~140s	80~110s
卧轴式	70~100s	50~80s

每天应对混凝土拌合物坍落度进行检查,如与规定不符,应查明原因,及时校正。每台班或拌和200m³混凝土拌合物,均应制作2组抗弯拉试件。

装运混凝土拌合物的储料斗或车厢内壁应平整、光洁、不漏浆,并应防止离析。混凝土拌合物在储料斗或车厢内应装平,出料和摊铺时的卸料高度不应超过1.5m。当有明显离析时应在摊铺前重新拌匀。储料斗或车厢内壁使用前后应冲洗,卸料时黏在储料斗或车厢上的混凝土拌合物应及时清除。

混凝土拌合物从搅拌机出料后,运输、摊铺、振捣、表面修整,直至铺筑完毕的允许最长时间,由水泥初凝时间及施工现场气温确定,并应符合表4-11规定。

拌合物从搅拌机出料至铺筑完毕允许最长时间　　　　表4-11

施工气温(℃)	允许最长时间(h)	施工气温(℃)	允许最长时间(h)
5~9	2.0	10~19	1.5
20~29	1.0	30~35	0.75

采用商品混凝土拌合物时,其质量应符合混凝土设计要求。施工现场应进行坍落度测定和混凝土试拌制作,在摊铺现场发现质量问题,应及时与商品混凝土搅拌站联系进行调整。

e.混凝土拌合物摊铺、振捣与整平。

混凝土面板厚度大于20cm时,宜分两层摊铺,下层摊铺厚度宜为总厚度的3/5。

采用人工摊铺时,应用铁锹反扣,严禁抛掷和搂耙,防止混凝土拌合物离析。因天气、供电等原因造成一小时以上的停工时,对已铺筑的混凝土面板应在缩缝位置设置施工缝,多余的混凝土拌合物应予废弃。

对一次摊铺成型的混凝土,靠边角应先用插入式振捣器顺序振捣,再用平板振动器纵横交错全面振捣。

分两次摊铺的路面混凝土,振捣上层混凝土拌合物时,插入式振捣器应插入下层混凝土拌合物5cm以上;上层混凝土拌合物的振捣必须在下层混凝土拌合物初凝前完成。

插入式振捣器的移动间距不大于其作用半径的1.5倍,在模板边缘的距离不应大于作用半径的0.5倍,并应免碰撞模板、传力杆和拉杆。平板式振动器纵、横向振捣时,应重叠10~20cm。

振捣器在每一位置振捣的持续时间,应以拌合物停止下沉,不再冒气泡并泛出水泥砂浆为限,并不宜过振。用平板振动器振捣时不宜少于15s;水灰比小于0.45时,不宜大于30s。用插入式振捣器时,不宜大于20s。振捣时应辅以人工找平。混凝土振捣作业应在混凝土拌和物初凝前完成。

以振动梁拖振整平过程中,对凹陷处应用相同配合比混凝土拌合物填补,严禁用纯砂浆填补。振动梁应平行移动,往返拖振2~3遍,使表面泛浆整平,赶出气泡。

经振动梁整平后,再以提浆滚筒往返拉滚提浆、应保持路拱准确。按设计要求的平整度用刮尺刮平,用3m直尺检查平整度。

表面修整时严禁在板混凝土上洒水、撒水泥。表面修整宜分两次进行,先找平混凝土表面;使混凝土表面无泌水时,再做第二次抹平。

当烈日曝晒或干旱风大时,表面修整工作应在遮阴棚下进行。

混凝土抹平后,沿横坡方向进行纹理制作,应根据路面抗滑的设计要求决定槽口的宽度和深度。槽深应为2~3mm,凹槽的宽度宜为4~5mm,间隔宜为10~36mm。制作路面纹理要保持路面平整度。

②胀缝施工。

a.胀缝应与路面中心线垂直,缝壁垂直于面板,缝隙宽度必须一致,缝中不得连浆。缝隙下部设置接缝板,上部灌入填缝料。相邻车道的胀缝应放在同一断面上。

b.胀缝传力杆的活动端,可设在缝的一边或交错布置。胀缝传力杆的支架应准确固定在基层上,固定后的传力杆必须平行于面板及路面中心线,其误差不得大于5mm。传力杆活动端套管长10cm,传力杆与套管间隙为1.0~1.5mm。端部空隙部分填沥青麻絮,活动端传力杆涂刷2遍沥青。

c.摊铺机连续铺筑混凝土拌合物的胀缝施工(图4-54)。

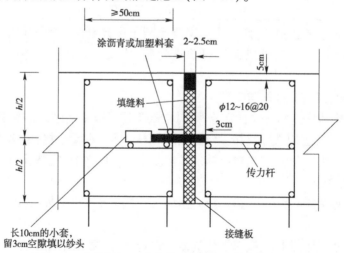

图4-54 机械化施工连续铺筑混凝土面板胀缝传力杆装置

d.不连续铺筑混筑土拌合物的胀缝施工(见图4-55)。

③缩缝施工。

a.缩缝有横向缩缝和纵向缩缝两种类型。

b.缩缝位置应按设计要求设置(图4-56)。相邻面板的缩缝均不得错位,并垂直于面板,其垂直度误差不得大于5mm。

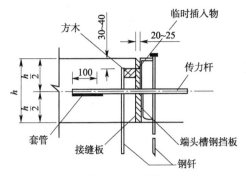

a) 胀缝传力杆固定装置

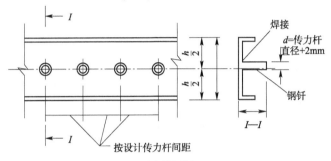

b) 端头槽钢挡板

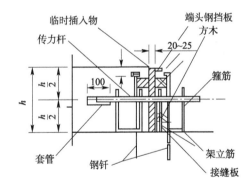

c) 胀缝传力杆固定装置

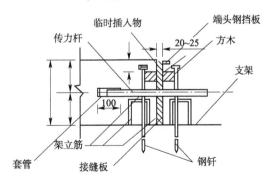

d) 胀缝传力杆固定装置

图 4-55 不连续铺筑混凝土面板胀缝施工示意图(尺寸单位:mm)

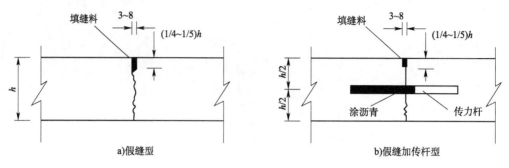

图 4-56 横向缩缝示意图(尺寸单位:mm)

c. 设置传力杆范围内应先铺筑下层混凝土拌合物,大致找平后,安放传力杆,校正位置,再铺筑上层混凝土拌合物。

d. 锯缝时间一般以混凝土抗压强度达到 5~10MPa 时锯缝为宜,也可按规范中的规定时间,或根据集料、水泥类型及气候条件等情况通过试锯确定。必要时横向缩缝可间隔 2~3 条缝距先锯一条,再锯其余的缝;城市道路在近井位处的两端横向缝,宜先行锯缝。

④施工缝。

a. 施工缝有横向施工缝和纵向施工缝两种类型。

b. 横向施工缝的位置与胀缝或横向缩缝位置相吻合。设在胀缝处应按胀缝形式施工。

c. 横向施工缝采用平缝加传力杆形式,传力杆长度的 1/2 锚固于混凝土中,另 1/2 应涂沥青,允许滑动,如图 4-57a) 所示。

d. 纵向施工缝采用平缝加拉杆形式,两端锚固,其构造如图 4-57b) 所示。

e. 按设计要求设传力杆或拉杆,必须平行于面板,并应与缝壁垂直,其偏差控制在 5mm 以内。

f. 铺筑邻板时,对已铺筑混凝土面板的缝壁应涂刷沥青,并应避免涂在拉杆或锚固端的传力杆上,校直拉杆。

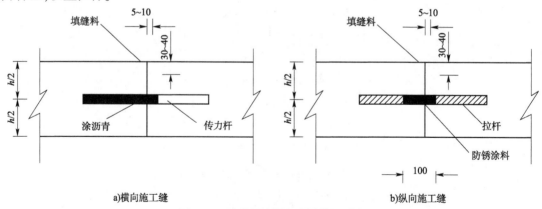

图 4-57 纵向施工缝构造(尺寸单位:mm)

⑤养护。

a. 湿治养护。在混凝土终凝后,用草袋、麻袋、砂等覆盖于混凝土面板表面,每天应均匀洒水,经常保持潮湿状。

b. 养护时间应根据混凝土强度增长情况而定,以混凝土强度达 28d 设计强度的 80% 为标准,普通混凝土一般不得少于14d。

⑥加铺层新旧混凝土面板尽可能对缝,模板拆除时须作锯缝位置标记。

⑦填缝。

a. 缝槽内要干燥、整洁,插入缝槽的砂石杂物必须清除,填缝料应与混凝土缝壁黏附紧密不渗水。

b. 填缝料的灌注高度,夏天宜与板面平齐,冬天宜稍低于板面,多余的或溅到面板上的填缝料应予以清除。

c. 加热施工式填缝料加热时,应不断搅拌均匀,直到规定温度。当气温较低时,应用喷灯加热缝壁。

(5)直接式加铺层

①采用直接式加铺层,在摊铺混凝土拌合物前,应在支立好模板的旧混凝土面板上洒水湿润,以保证混凝土拌合物铺筑时的水灰比。

②凝土拌合物的配合比、搅拌、运输、摊铺、振捣、接缝、表面修整、养护、锯缝及开放交通等工序的施工与分离式相同。

③直接式加铺层新、旧混凝土面板必须对缝。

(6)结合式加铺层

①立模。在边模下预焊一个圆环,钢纤由圆环内打入路肩基层中,中模底部每隔1m用射钉枪喷射钢钉,并在旧混凝土的接缝处打入钢钎加以固定。而后,在中、边模顶部每隔一定距离用活动卡梁辅助固定,活动卡梁可根据浇筑进度和实际需要随时推移装卸。

②混凝土的摊铺、振捣、整平,养护与分离式相同。但为了使新老混凝土路面间结合良好,振捣工序要认真仔细。平板振捣器每板位置振捣时间不少于30~40s,振捣重叠5~10cm。拉杆采用 $\phi14$ 螺纹钢筋,最大间距90cm,长度60cm。

(二)加铺沥青混凝土面层

水泥混凝土路面在使用过程中,出现了磨光、露骨、错台等病害,为提高水泥混凝土路面的使用性能,可加铺沥青混凝土面层。

1. 旧水泥混凝土路面病害处理

在加铺沥青路面之前,首先必须对老的水泥混凝土路面病害进行调查处理。根据水泥混凝土路面调查结果,确定水泥混凝土路面的维修方法:

(1)对破碎的混凝土板块进行翻修。

(2)对局部损坏的混凝土板块进行挖补。

(3)对板下脱空的板块,采取板下封堵的方法进行压浆。

(4)对水泥混凝土路面接缝进行清缝灌浆。

(5)用压缩空气的方法清洗混凝土面板,必须清除水及杂物。

(6)在错台位置,在下沉混凝土板块上按 $0.6kg/m^2$ 喷洒黏层沥青,摊铺细粒式沥青混凝土调平层。

2. 防裂层制作要求

沥青混凝土加铺层的关键是减少或延缓反射裂缝的发生。处治反射裂缝可采用土工格栅、油毡、土工布、切缝填封橡胶沥青或做二灰碎石、水泥稳定粒料层来防治。

(1)土工格栅隔离层

对于混凝土板损坏面积较大可采取铺设土工格栅。宜选用玻璃纤维土工格栅,因为玻璃纤维土工格栅耐高温性能好,摊铺热沥青混凝土不会产生变形。铺设格栅前,旧混凝土路面必须用沥青砂调平,以避免格栅下方形成脱空,造成沥青路面损坏。在摊铺沥青层时严禁汽车在土工格栅上掉头,以防碾坏土工格栅。采用土工格栅施工,应符合下列规定:

①先在混凝土面板上洒黏层沥青,沥青用量为 $0.40\sim0.60\text{kg/m}^2$。
②用 $10\sim20\text{mm}$ 沥青砂调平旧混凝土路面。
③宜采用玻璃纤维格栅压入沥青调平层。
④采用膨胀螺栓加垫片固定格栅端部。
⑤格栅纵、横向的搭接部分不小于 200mm。
⑥格栅中部在混凝土面纵、横缝位置及两外侧边缘用铁钉加垫片固定。

(2)聚酯改性沥青油毡隔离层

对混凝土面板损坏较少,可使用改性沥青油毡。要求水泥混凝土路面板表面必须干燥、清洁。油毡接头部位要搭接 200mm,油毡烘烤至熔融状态时要立即压实,以利油毡粘贴牢固。禁止车辆在油毡上行驶,沥青混凝土摊铺前要在油毡上摊一层沥青砂,以防油毡脱落。采用聚酯改性沥青油毡施工,应符合下列规定:

①将油毡切割成 500mm 宽的长条带。
②用压缩空气的方法清除表面杂物。
③将油毡铺放在接缝处,缝两侧各 250mm。
④用汽油喷灯烘烤油毡。
⑤当油毡处于熔融状态后压实。
⑥用一层沥青砂覆盖油毡表面。

(3)土工布隔离层

采用土工布时应选用薄型、带气孔、有毛面的土工布。要求水泥混凝土路面必须用沥青砂调平,在路面上喷洒黏结沥青。贴土工布时要将光面向下,充分保证在正常施工条件下与热沥青黏结,毛面向上,以便黏层沥青向上渗透,确保土工布与沥青混凝土黏结拉紧铺平,若发现土工布有重叠、气泡等现象,应立即拉平、贴牢。采用土工布施工,应符合下列规定:

①凿平板块错台部位。
②喷洒黏层沥青,沥青用量为 $0.40\sim0.60\text{kg/m}^2$。
③一端固定土工布,然后拉紧、铺平粘贴土工布。

(4)切缝填封沥青橡胶

对于没有使用土工织物夹层处理的沥青混凝土罩面层,可采用切缝加灌接缝材料的方法。在铺筑于旧混凝土路面上的沥青罩面上,沿原路面伸缩缝位置进行锯缝,并加灌接缝材料有效地密封,既可防止水或异物进入,还可为释放罩面层内的应力提供一个平面。采用切缝加灌接缝材料的方法施工,应符合下列规定:

①按旧水泥混凝土路面平面图,确定水泥混凝土板的接缝位置。
②在沥青面层已定位的接缝上方,锯深 15mm、宽 5mm 的缝。
③用压缩空气将锯缝清理干净,并保持干燥。

④灌填橡胶沥青。

(5)铺筑二灰碎石、水泥稳定碎石上基层

铺筑二灰稳定粒料、水泥稳定碎石基层,基层厚度不小于150mm。施工按现行《公路路面基层施工技术细则》(JTG/T F20—2015)执行。

沥青混凝土面层结构厚度应满足沥青混凝土最小结构厚度,沥青路面厚度一般不低于70mm。施工应符合现行《公路沥青路面施工技术规范》(JTG F40—2004)的有关规定。

三、水泥混凝土路面加宽技术

1. 路基加宽

加宽部位的路基填筑应符合设计要求,路基顶面应与原路基顶面齐平,施工质量应符合现行路基施工技术规范的规定。

土基扩宽时应先将原边坡坡脚或边沟清淤,并应符合下列要求:

(1)必须铲除边坡杂草、树根和浮土,并按现行《公路路面基层施工技术细则》(JTG/T F20—2015)的规定处理。

(2)应分层填筑压实土基。

(3)必须处理好新旧路基的衔接,在新老路基交界处,路基与基层界面上铺设一层土工格栅。

(4)在做路基加宽时应同时做好路基排水系统。

2. 基层加宽

路面基层扩宽时,新加宽的基层强度不得低于原有水泥混凝土路面的基层强度,宜采用相错搭接法,如图4-58所示。

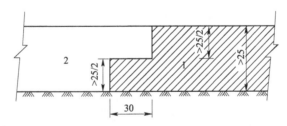

图4-58 相错搭接法(尺寸单位:cm)
1-原有基层 2-新铺加宽基层

(1)先用切割机距基层边缘30cm,沿路线纵向切割1/2基层厚度。

(2)用风镐凿除30cm范围内的1/2基层厚度。

(3)分层摊铺压实路面基层。新加宽的基层强度不得低于原有水泥路面的基层强度。

3. 面层加宽

混凝土路面加宽应符合下列要求:

(1)双侧加宽:

①如原路基较宽,路面加宽后路肩宽度大于750mm时,可以直接将原路肩挖至路面基层并碾压密实,做10mm下封层,设置拉杆,浇混凝土板。

②如路基较窄,不具备加宽路面条件的路段,应先加宽路基。如果施工机械和操作方法能保证路基加宽部分达到规定密实度,即可进行路面加宽,否则应待路基压实稳定后,再加宽路面。

一般宜采用两侧相等加宽的方式,如图4-59所示。对两侧不相等加宽的路面如差数超过1m时,须调整路拱。两侧不等宽的加宽方式,如图4-60、图4-61所示。

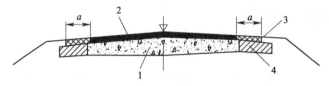

图4-59 两侧相等加宽路面
1-原基层;2-原路面;3-加宽路面;4-加宽基层

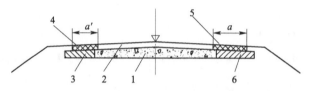

图4-60 两侧不相等加宽路面
($a-a'$)<1m时不调拱
1-原基层;2-原路面;3-加宽基层较窄;4-加宽面层较窄;5-加宽面层较宽;6-加宽基层较宽

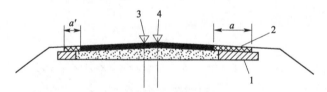

图4-61 两侧不相等加宽路面
($a-a'$)>1m时必须调整拱
1-加宽基层;2-加宽面层;3-原路拱;4-新铺路拱

(2)单侧加宽:由于受线形和地形的限制必须采用单侧加宽时,可采用如图4-62所示的加宽方式。

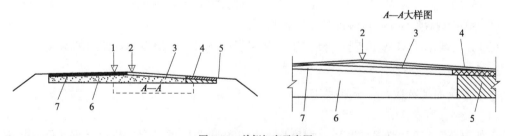

图4-62 单侧加宽示意图
1-旧路拱中心;2-调拱后中心;3-调拱三角垫层;4-加宽面层;5-加宽基层;6-旧基层;7-旧面层

(3)在平曲线处,均应按《公路工程技术标准》(JTG B01—2014)规定设置超高、加宽,原来漏设的,也应结合加宽补设。

(4)加宽的混凝土面板的强度、厚度、路拱、横缝均宜与原混凝土面板相同。板块长宽比应为1.3~1.2。

(5)路面板加宽应增设拉杆,拉杆设置参照《公路水泥混凝土路面设计规范》(JTG D40—2011)执行。

①在面板外侧每间隔60cm,在1/2板厚处打一深30cm、直径18mm的水平孔,如图4-63所示。

②清除孔内混凝土碎屑。

③向孔内压入高强砂浆。

④插入φ14mm、长60cm的螺纹钢筋。

水泥混凝土路面的施工,应符合公路水泥混凝土路面有关施工规范的规定。

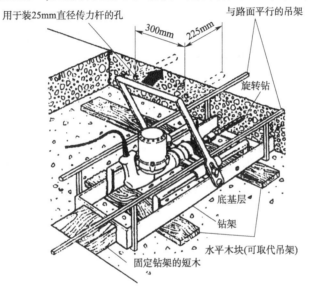

图4-63 全厚式修复时传力杆孔用钻架

第五节 水泥混凝土路面再生利用技术

一、水泥混凝土路面再生技术的发展

再生集料混凝土(Recycled Aggregate Concrete,RAC)简称再生混凝土(Recycled Concrete),它是指将废弃混凝土块经过破碎、清洗、分级后,按一定比例与级配混合,部分或全部代替砂石等天然集料(主要是粗集料)配制而成的新的混凝土。相对于再生混凝土而言,把用来生产再生集料的原始混凝土称为基体混凝土(Original Concrete)。再生混凝土按集料的组合形式可以有以下几种:集料全部为再生集料;粗集料为再生集料、细集料为天然砂;粗集料为天然碎石或卵石、细集料为再生集料;再生集料替代部分粗集料或细集料。再生集料混凝土技

术可实现对废弃混凝土的再加工,使其恢复原有性能,形成新的建材产品,从而既能使有限资源得以利用,又解决了部分环保问题。这是发展绿色混凝土,实现建筑资源环境可持续发展的主要措施之一。

(1)再生混凝土技术能够从根本上解决废弃混凝土的出路问题,既能减轻废弃混凝土对环境的污染,又能节省天然集料资源,缓解集料供求矛盾,减少自然资源和能源的消耗,具有显著的社会、经济和环境效益,符合可持续发展的要求,是发展绿色混凝土的主要途径之一。

(2)再生混凝土实际应用的研究中,不仅要对如何提高再生混凝土强度进行研究,而且对其耐久性如抗渗性、耐磨性及抗碳化等也要进行进一步研究,从而逐步实现再生混凝土的高性能。

(3)再生混凝土与普通混凝土在原材料、配合比以及施工工艺等方面存在较大的差别,现行普通混凝土的标准、规程等不适合再生混凝土;另一方面,由于水泥、集料与国外使用的水泥、集料在成分和性能上差别较大,因而不能直接使用国外的有关标准。建议结合再生集料分级标准的建立,制定出适合国内情况的再生混凝土的有关标准和规程。

(4)再生集料作为有潜在发展能力的材料,经过适当的加工处理,能够得到符合规范要求的再生集料。目前再生集料的应用还处于起步阶段,其应用范围和应用量还受到一定的限制,在应用比较好的日本、德国、英国等国家的应用情况也不太乐观。要想使再生集料和天然集料有同样的地位,必须克服再生集料应用中的一些障碍,对再生集料的研究还要做更细致的工作。

二、旧水泥混凝土路面的再生利用

当采用修复技术来延长现有路面的使用寿命并不经济时,回收水泥混凝土路面就成为一种可供选择的方案。对于大面积破损的旧水泥混凝土路面进行再生利用,通常采取的方法有:

(1)对旧水泥混凝土路面进行回收,用作水泥混凝土集料。
(2)作为半刚性基层集料。
(3)对旧水泥混凝土路面进行破碎、稳固,作为路面底基层。
(4)对旧水泥混凝土块可用于砌筑挡土墙、边沟。

1.再生集料水泥路面

(1)旧混凝土板块强度达到石料二级标准时,可作为再生混凝土集料使用。旧混凝土集料的最大粒径为40mm,小于20mm的粒料不再作为集料。粗集料级配范围如表4-12所示。

粗集料级配要求(圆孔筛)　　　　　表4-12

筛孔尺寸(mm)	40	20	10	5
累计筛余(%)	0~5	30~65	70~90	95~100

(2)水泥混凝土路面碎块材料较轻,吸水性强、磨损试验的损失较大,相对密度较小。采用回收集料的混凝土混合料的和易性比采用原生集料差,尤其是细集料有尖锐棱角。采用天然细集料,可解决和易性差和水分控制问题。

(3)粉煤灰可以作为一种提高和易性的掺和料加入到混合料中,亦可用来等量替代一部分水泥,可采用减水剂减少需水量。

(4)做混凝土配合比设计时,粒径小于20mm的集料宜采用新的碎石,宜掺加减水剂和二级干粉煤灰。细集料级配要求如表4-13所示。

细集料级配要求						表4-13
筛孔尺寸(mm)	5	2.5	1.25	0.63	0.315	0.16
累计筛余(%)	0	0~20	15~50	40~75	70~90	90~100

(5)再生水泥混凝土路面施工与普通水泥混凝土路面施工工艺基本相同,应按《公路水泥混凝土路面施工技术细则》(JTG/T F30—2014)的规定执行。

2. 石灰粉煤灰稳定旧混凝土集料

(1)水泥石强度达到三级标准,可作为基层集料。

(2)混凝土基层集料含量宜为80%~85%。

(3)石灰、粉煤灰比例宜为1:4。

(4)石灰粉煤灰稳定旧混凝土集料的施工与二灰碎石施工工艺基本相同。

①二灰稳定旧混凝土碎块须在中心拌和站用机械进行集中拌和,石灰必须过筛,再生集料应用防雨布覆盖,二灰混土碎块的含水率应略大于最佳含水率,拌成混合料的堆放时间不超过24h。

②采用摊铺机摊铺二灰混凝土碎块混合料。摊铺厚度大于20cm时,应分层施工,上基层二灰混凝土碎块结构层厚度不小于15cm,两层二灰混凝土碎块基层可连续施工。二灰混凝土碎块结构层松铺系数为1.20~1.30。

③二灰混凝土碎块结构层应采用12t以上的三轮压路机或14t以上的振动压路机碾压8遍。三轮压路机在不便碾压的局部路段,采用10t的二轮压路机进行碾压。碾压过程中,如有"弹簧"、车辙、起皮等现象,应及时翻开重新拌和碾压。

④二灰混凝土碎块结构层工作缝位置,在开始摊铺新混合料之前,应将接缝位置斜坡挖除,并挖成一横向且垂直向下的断面。然后摊铺新的二灰混凝土碎块基层。

⑤二灰混凝土碎块基层碾压完成后的第二天开始洒水养护,保持表面潮湿。养护龄期为7d。二灰混凝土碎块基层养生期间禁止车辆在二灰混凝土碎块基层上行驶。

⑥二灰混凝土碎块施工时遇雨,应立即将二灰混凝土碎块堆或沿尚未碾压密实的二灰混凝土碎块基层进行覆盖。若二灰混凝土碎块遭雨淋,须检查石灰含量,若石灰含量不足,应将二灰混凝土碎块重新掺石灰搅拌,碾压密实。

3. 水泥混凝土路面破损状况属差级时,应将混凝土破碎板作为底基层使用

(1)在水泥混凝土路面两侧挖纵横向排水沟,排除积水。

(2)破碎旧水泥混凝土板。落锤落点间距为300mm,宜交错布置,混凝土板碎块最大尺寸不超过300mm。

(3)用灌浆设备将M5水泥砂浆灌入板块缝内。

(4)用25t振动压路机进行振碾,碾压速度为2.5km/h,往返碾压6次。要求基层稳定,灌浆饱满。

(5)对松软松动碎块应予清除,并用C15贫混凝土填补。

练习题

一、填空题

1. 轻度水泥混凝土破碎板是指板块被裂缝分为3块以上,破碎板未发生_____和

_____。

2. 水泥混凝土板裂缝是指板块上只有一条裂缝,裂缝类型包括_____、_____和_____等。

3. 板角断裂指水泥混凝土板的板角出现裂缝,裂缝与纵横接缝_____,交点距板角板边长度的一半。

4. 唧泥是指水泥混凝土板块在车辆驶过后,接缝处有_____泥浆涌出。

5. 接缝料损坏是指由于接缝的填缝料_____、_____等原因,接缝内已无_____,接缝被砂、石、土等填塞。

6. 错台是指水泥混凝土板横向或纵向接缝两边出现大于_____的高差。根据错台两边的高差大小分为_____、_____两个等级。

7. 对于水泥混凝土路面的裂缝,常用的维修措施有_____、_____、_____三种。

8. 扩缝灌浆施工流程为扩缝、_____、填料、_____、开放交通。

9. 条带罩面适用于贯穿全厚的、宽度大于_____小于_____的水泥混凝土路面中等裂缝。

10. 全深度补块法包括有_____、_____、_____。

11. 错台的处治方法有_____、_____两种。

12. 接缝损坏维修处理方法有_____、_____、_____。

13. 在旧混凝土路面上加铺新混凝土路面,首先对_____,并_____,然后_____。

14. 水泥混凝土路面破损类型可分为_____类_____项。

二、单选题

1. 一般公路水泥混凝土板露骨宜采用( )加以处治。
    A. 沥青封层   B. 改性沥青稀浆封层
    C. 稀浆封层   D. 沥青混凝土

2. 水泥混凝土板拱起是指横缝两侧的板体发生明显抬高,高度大于( )。
    A. 5mm   B. 7mm
    C. 9mm   D. 10mm

3. 轻度水泥混凝土板裂缝表现为裂缝窄、裂缝处未剥落,缝宽( ),一般为未贯通裂缝。
    A. 小于3mm   B. 3~10mm
    C. 大于10mm   D. 15mm 以上

4. 中度水泥混凝土板裂缝表现为裂缝边缘有碎裂现象,裂缝宽度在( )之间。
    A. 小于3mm   B. 3~10mm
    C. 大于10mm   D. 15mm 以上

5. 重度水泥混凝土板裂缝表现为缝宽、边缘有碎裂并伴有错台出现,缝宽( )。
    A. 小于3mm   B. 3~10mm
    C. 大于10mm   D. 15mm 以上

6. 轻度水泥混凝土板板角断裂表现为裂缝宽度( )。
    A. 小于3mm   B. 3~10mm
    C. 大于10mm   D. 15mm 以上

7. 中度水泥混凝土板板角断裂表现为裂缝宽度在( )。
   A. 小于3mm   B. 3~10mm
   C. 大于10mm   D. 15mm以上
8. 轻度水泥混凝土板错台表现为高差( )。
   A. 小于10mm   B. 等于10mm
   C. 大于10mm   D. 15mm以上
9. 轻度水泥混凝土板边角剥落表现为( )。
   A. 浅层剥落   B. 中深层剥落
   C. 深层剥落   D. 透层剥落
10. 重度水泥混凝土板边角剥落表现为( ),接缝附近水泥混凝土多处开裂,深度超过接缝槽底部。
    A. 浅层剥落   B. 中深层剥落
    C. 深层剥落   D. 透层剥落

三、多选题
1. 水泥混凝土路面损坏类型有( )、边角剥落、接缝料损坏、坑洞、拱起、露骨等。
   A. 破碎板   B. 裂缝   C. 板角断裂
   D. 错台   E. 唧泥
2. 水泥混凝土路面的日常养护包括( )。
   A. 清扫保洁   B. 接缝保养   C. 填缝料更换
   D. 排水设施养护   E. 冬季养护
3. 旧水泥混凝土路面反射裂缝可采用( )或做二灰碎石、水泥稳定粒料层来防治。
   A. 土工格栅   B. 油毡   C. 土工布
   D. 切缝填封橡胶沥青   E. 填砂浆
4. 清除路面冰雪目前比较成熟,使用较为便利的方法是( )。
   A. 机械清理   B. 化学处理   C. 路面加热
   D. 减少冰与路面的黏着力 E. 人工清理
5. 水泥混凝土路面裂缝维修方法有( )。
   A. 扩缝灌浆法   B. 直接灌浆法   C. 条带罩面补块法
   D. 全深度补块法   E. 人工处治法

四、判断题
1. (   )重度水泥混凝土破碎板是指破碎板有松动、沉陷和唧泥等现象。
2. (   )错台是指水泥混凝土板接缝两边出现高差大于5mm的损坏。
3. (   )重度水泥混凝土板错台表现为高差大于10mm。
4. (   )边角剥落是指板边出现破裂或脱落现象,裂缝面垂直贯穿板厚,而是与板面成一定角度。
5. (   )重度水泥混凝土板接缝料损坏是指三分之一以上接缝出现空缝或被砂、石、土填塞。
6. (   )水泥混凝土板坑洞是指板面出现有效直径大于30mm、深度大于15mm的局部坑洞。

7. ( ) 水泥混凝土板露骨是指板块表面细集料散失、粗集料暴露或表层疏松剥落。
8. ( ) 灌浆处治唧泥的施工程序为布孔→打孔→清孔→灌浆→开放交通。
9. ( ) 拱起是由于板受热时不能自由伸长或有硬物进入板两端间产生的。
10. ( ) 坑洞的产生主要由于冻融或膨胀,粗集料从混凝土中脱落出而形成坑洞。
11. ( ) 坑洞的产生主要由于材料质量不合格而出现的松散剥落形成坑洞。
12. ( ) 较深坑洞群的处理工艺为画线→切割→清槽→浇筑混凝土→养护。
13. ( ) 高速公路水泥混凝土板露骨宜采用改性沥青稀浆封层或沥青混凝土加以处治。
14. ( ) 对于较大面积的水泥混凝土面板露骨宜采取稀浆封层及沥青混凝土罩面措施。

五、简答题

1. 水泥混凝土路面损坏的类型有哪些?
2. 影响水泥混凝土路面使用的因素有哪些?
3. 水泥混凝土路面填缝料的更换及注意的问题有哪些?
4. 如何保养水泥混凝土路面的接缝?
5. 水泥混凝土路面裂缝如何维修?
6. 简述水泥混凝土路面灌缝、灌浆的施工程序及施工要点。
7. 水泥混凝土路面错台的处治方法有哪几种?
8. 简述水泥混凝土路面养护的技术标准。
9. 如何进行水泥混凝土路面中等裂缝条带罩面的施工?
10. 接缝填缝料损坏如何进行维修?
11. 对于混凝土板损坏面积较大可采取铺设土工格栅。采用土工格栅施工,应符合哪些规定?
12. 对于大面积破损的旧水泥混凝土路面进行再生利用,通常采取的方法有哪些?

第五章　交通沿线设施养护

知识点
● 交通沿线设施的常见损坏类型。

技能点
● 公路交通设施的养护。

交通沿线设施是指用于公路交通安全、管理、服务、环保设施的总称。结合沿线设施设置的实际情况，它包括：交通安全设施、公路标志、路面标线、监控和通信设施、收费设施、服务设施、养护房屋以及其他设施等。随着社会经济的快速发展以及人民生活水平的不断提高，现代公路运输的车速快、交通荷载大的特点越来越显著，这使得公众对出行的安全保障、服务功能要求越来越高。交通沿线设施能够起到导向指引以及减轻交通事故程度的作用，不但可以提高行驶舒适性，还可以在一定程度上起到美化公路景观的作用，因此沿线设施的施工质量直接影响到后期的公路运营状况，高质量的沿线设施能够有效地降低道路事故发生率和减少事故造成的各种损失。因此，交通沿线设施不仅发挥公路经济效益，而且对提高公路服务性能、保证行车安全和交通畅通具有重要意义，亦成为公路现代化、智能化的标志之一。交通沿线设施定期保养和管理也就显得尤为重要，养护管理人员应及时对其进行修理和更换损坏部分，经常保持其完整、齐全并处于良好状态。

第一节　交通沿线设施常见损坏类型

根据《公路技术状况评定标准》(JTG H20—2007)，将交通沿线设施损坏分为 5 类，分别为防护设施缺损、隔离栅损坏、标志缺损、标线缺损和绿化管理不善。

一、防护设施缺损

防护设施(防撞护栏、防落网、声屏障、中央分隔带活动护栏和防眩板等)缺少、损坏或损坏修复后部件尺寸和安装质量达不到规范的技术要求，如图 5-1、图 5-2 所示。损坏按处和长度(m)计算，损坏程度可分为轻度和重度，轻度为长度小于或等于 4m；重度为长度大于 4m。

图5-1 防护栏损坏

图5-2 防眩板损坏

二、隔离栅损坏

隔离栅损坏后修复不及时或修复质量达不到规范的技术要求,如图5-3所示,损坏按处计算。

三、标志缺损

各种交通标志(指示标志、警告标志、禁令标志、里程碑、轮廓标、百米标等)残缺、位置不当或尺寸不规范、颜色不鲜明、污染,可变信息板故障等,如图5-4所示。损坏按处计算,其中,轮廓标和百米标每3个损坏算1处,累计损坏不足3个按1处计算。

图5-3 隔离栅损坏

图5-4 标志损坏

图5-5 标线缺损

四、标线缺损

标线(含凸起路标)缺少或损坏,如图5-5所示,损坏按长度(m)计算,评定时不考虑车道数数量的影响。

五、绿化管护不善

树木、花草枯萎或缺树,虫害未及时防治,绿化带未及时修剪或有杂物,路段应绿化而未绿化,如图5-6所示。损坏按长度(m)计算。

图 5-6　绿化管养不善

第二节　公路交通设施的养护

交通沿线设施应遵循"保障安全、提供服务、利于管理"的原则,保持完整、齐全和良好的工作状态,及时维修和更换损坏部件。设施不全或设施设备不合理的,应根据公路性质、技术等级和使用要求,有计划、有步骤地补充和完善。

一、交通安全设施养护

(一)交通安全设施养护内容

1. 检查
(1)经常性检查:经常性检查的频率不少于1次/月。
(2)定期检查:定期检查的频率不少1次/年。
(3)特殊检查:遭遇自然灾害、发生交通事故或出现其他异常情况时,应及时进行附加的特殊检查。
(4)专项检查:设施更新改造之后,应进行全面的专项检查。
2. 保养维护
保养维护是根据需要对设施进行的日常清洁保养和维护修理等工作。
3. 更新改造
更新改造是指对设施主要部件的整体更换或设施的补设、新增。

(二)交通安全设施养护要求

(1)平时应加强日常检查。
(2)应结合设施特点,加强交通安全设施的养护维修和更新改造。
(3)交通安全设施的养护应满足设施完整和外观质量、安装质量、技术性能等各项质量要求。
(4)因交通事故、自然灾害或其他原因造成的设施损坏应及时进行修复。
(5)对于事故多发路段和一些特殊路段,应结合公路安全保障工程的技术内容,及时改造完善交通安全设施。

(三)护栏养护

护栏是公路安全设施的重要组成部分,对防止行车事故起着重要作用,其主要功能为阻止运行中失控车辆越出路外或是进入对向车道或人行道,能使车辆回复到正常行驶方向,具有良好的吸收碰撞能量的功能;可控制行人随意横穿公路,保障行人的安全;诱导驾驶员的视线,增加行车的安全性和公路的美观,如图5-7所示。公路上使用的护栏,按路段可分为一般路段防撞护栏和桥梁护栏;按设置的位置可分为路侧护栏和中央分隔带护栏;按刚度可分为半刚性护栏、刚性护栏和柔性护栏。

图5-7 护栏

1.护栏的养护要求

(1)刚性护栏(水泥混凝土护栏)

①保持护栏线性顺畅、结构合理。

②护栏应无明显裂缝、掉角、破损等缺陷。

③水泥混凝土护栏使用的水泥、砂、石、水、外加剂、钢筋等材料质量应符合相关标准、规范及设计的要求。

④护栏的几何尺寸、地基强度、埋置深度,以及各块件之间、护栏与基础之间的连接应符合设计要求。

(2)半刚性护栏(波形梁钢护栏)

①保持波形梁钢护栏的结构合理、安全可靠。

②护栏板、立柱、柱帽、防阻块(托架)、紧固件等部件应完整、无缺损。

③护栏质量符合相关标准要求。

④护栏的防腐层应无明显脱落,护栏无锈蚀。

⑤护栏板搭接方向正确,螺栓紧固。

⑥护栏安装线性顺畅,无明显变形、扭转、倾斜。

(3)柔性护栏(缆索护栏)

①缆索护栏各组成部件应无缺损。

②护栏各组成部件应无明显变形、倾斜、松动、锈蚀等现象。

③缆索护栏使用的缆索、立柱、锚具等材料质量应符合相关标准、规范及设计要求。

2.护栏的检查

除日常巡回时检查护栏有无异常情况外,还应每隔2~3个月进行定期检查,其内容包括:

(1)各类护栏的损坏或变形状况。

(2)立柱与水平构件的紧固状况。

(3)污秽程度及防腐层损坏状况。

(4)拉索的松弛程度。

(5)护栏及反光膜的缺损情况。

3.护栏的养护维修

(1)经常清除护栏周围的杂草、杂物等。

(2)每半年对护栏连接部分的螺栓进行拧固,缺损螺栓应补齐。

(3)护栏表面的油漆损坏,应及时修补,反光膜表面脱落,及时贴补。

(4)由于交通事故或自然灾害造成的护栏缺损或变形,应及时修复或更换。

(5)由于公路高程调整,原护栏高度不符合规定时,应对护栏的高度予以调整。

(6)锈蚀严重的金属护栏应予以更换。

(7)在不能及时将损坏部位按原样修复,而又对交通安全威胁比较大的地段,宜采用应急材料临时修复。

(8)定期对护栏表面进行清洗,对油漆损坏严重的,应酌情重新涂漆一次。

(9)对水泥混凝土护栏,结合当地实际情况酌情涂刷水泥浆。

4. 波形梁护栏更换作业

公路波形梁护栏局部损坏维修或需要增设时,应对波形梁护栏进行更换作业。更换作业的材料有波形梁、立柱、立柱盖帽、连接螺柱、防阻块以及C15混凝土(水泥、集料和水)。所有材料应符合有关技术标准和规范的要求。波形梁更换作业施工工艺流程如图5-8所示。

(1)作业准备

波形梁更换作业前应准备好施工所用的材料,并检查施工机械设备是否正常运行。

(2)布置养护作业控制区

按照公路养护安全作业规程的相关规定设置安全设施。

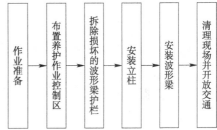

图5-8 波形梁更换施工工艺流程图

(3)拆除损坏的波形梁护栏

拆除已经损坏的波形梁、防阻块、连接螺栓、立柱等,并在现场分类堆放好。

(4)安装立柱

①放样时要求施工立柱孔的位置与原立柱错位2~4m,保证立柱线性与道路线性相协调,高度一致,垂直方向线性平顺。

②打入法施工,用打桩机将立柱按放样孔位打入路基中,若打入时立柱出现偏移,不得将立柱部分拔出加以矫正,必须将其全部拔出,将基础压实后再重新打入。立柱无法打入到要求深度时,严禁将立柱的地面以上部分焊割、钻孔,不得使用锯短的立柱。

③挖埋法施工,人工将孔位的路基填土挖除,再将立柱放入孔中,回填土采用良好的材料并分层夯实,回填土的压实度不应小于设计规定值。填石路基中的柱坑,应用粒料回填夯实。

④钻孔法施工,立柱定位后应用与路基相同的材料回填,并分层夯填密实。

(5)安装波形梁

①防阻块安装。防阻块应通过连接螺栓固定于护栏板和立柱之间,在拧紧连接螺栓前应调整防阻块使其准确就位。

②波形梁安装。波形梁通过连接螺栓相互拼接成纵向横梁,再由连接螺栓固定于防阻块或横隔梁上。拼接螺栓必须采用高强螺栓。为防止因交通事故波形梁插入车身,波形梁拼接时方向应与行车方向一致。在安装时,波形梁的连接螺栓及拼接螺栓不宜过早拧紧,以便在安装过程中利用波形梁的长圆孔及时进行调整,使其形成平顺的线形,避免局部凹凸。当波形梁

的线形达到规定要求时,再拧紧螺栓。

(6)清理现场并开放交通

整个更换作业完成后,应将作业现场的损坏件装车运走,并将垃圾清扫干净运离现场,即可逆着交通流方向撤除路面安全设施,开放交通。

(四)隔离栅的养护

隔离栅是用于阻止人、畜进入公路或沿线其他进入区域,防止非法侵占公路用地的设施。隔离栅可有效地排除横向干扰,避免由此产生的交通延误或交通事故,从而保证高速公路、一级公路快速、舒适、安全的运行特性。其他公路在穿越城镇的路段,可根据实际情况设置,如图5-9所示。

图5-9 隔离栅

1. 隔离栅的养护要求

隔离栅的养护应符合以下要求:

(1)应保持隔离栅的完整无缺,功能正常。

(2)隔离栅金属网片、立柱、斜撑、连接件、基础等部件无缺损。

(3)隔离栅质量应符合相关标准要求。

(4)隔离栅应无明显倾斜、变形,各部件稳固连接。

(5)隔离栅防腐涂层应无明显脱落、锈蚀现象。

2. 隔离栅的检查

除日常巡回检查外,每季度还应进行一次定期检查。检查内容为:

(1)隔离栅的损坏、倾斜、变形及各部件连接状况。

(2)隔离栅的污秽程度。

(3)防腐涂层脱落及锈蚀情况。

3. 隔离栅的养护维修

隔离栅的养护维修包括以下内容:

(1)保持隔离栅的线性美观、平顺。

(2)定期清洗,对污秽严重的部位,应及时、重点清刷。

(3)每2~4年重新刷漆一次。

(4)对于锈蚀、松动、歪斜、缺口及损坏部分,应及时修复或更换。

(五)防眩设施的养护

1. 概述

防眩设施是指设置在道路中央分隔带上用于防止夜间行车受对向车辆前照灯炫目影响的安全设施,如图5-10所示。通过设置防眩设施可以降低交通事故的发生频率,提高行车安全性。一般在以下地段设置:

(1)夜间交通量大,大型车混入率较高的路段。

(2)平曲线半径小于最小半径路段。

(3)设置竖曲线对驾驶员有严重眩目影响的路段。

(4)从互通立交、服务区、停车场的匝道或连接线进入主干线时,对驾驶员有严重眩目影响的路段。

(5)无照明的大桥、高架桥上。

(6)长直线路段。

(7)地形起伏变化较大的路段。

图5-10 防眩板

2. 防眩设施的养护要求

防眩设施的养护应符合下列要求:

(1)防眩板、防眩网等防眩设施应完整、清洁,具有良好的防眩效果。

(2)防眩设施应安装牢固,无缺损。

(3)防眩设施应无明显变形、褪色或锈蚀。

(4)防眩设施的质量应符合相关标准要求。

3. 防眩设施的检查

(1)在日常检查的基础上还应检查设施有无歪斜、缺失、损坏和变形。

(2)有无油漆剥落、锈蚀。

(3)对于绿色植物防眩带,应注意枝叶是否遮掩了标志牌,有无病虫害等。

4. 防眩设施养护维修

(1)及时修理和更换损坏、变形的防眩设施,对于缺失的要及时补充。

(2)对于钢质防眩设施应结合当地实际情况酌情油漆一遍。

(3)对于绿色植物防眩设施应注意修剪、除虫和施肥。

(六)分隔带

中央分隔带是高速公路和一级公路上设置的分隔双向行驶车辆的交通安全设施。隔离带是在城镇附近混合交通量大的路段沿公路纵向设置的分隔行车道用的设施,它们也起着引导驾驶员视线的作用,如图 5-11 所示。

图 5-11 中央分隔带

1. 分隔带的检查

(1)中央分隔带或隔离带的排水通道是否畅通。

(2)路缘石的变形、损坏情况。

(3)中央分隔带之间活动护栏的清洁、反光膜缺失以及损坏、变形情况。

2. 分隔带养护维修

(1)排水通道阻塞应及时疏通。

(2)清除中央分隔带或隔离带内的杂物,修剪杂草。

(3)修复或更换已经变形或损坏的路缘石。

(4)活动护栏的养护维修与护栏相同。

(七)标柱

标柱分为示警标柱和道口标柱两种,示警标是设置在漫水桥和过水路面两侧以及平原地区路堤高 4m 以上、山岭地区路堤高 6m 以上路段和危险路段,以标明公路边缘及线形的示警标志;道口标是设在公路沿线较小交叉路口两侧,标明平面交叉位置的设施,如图 5-12 和图 5-13 所示。标柱制作材料可采用金属、钢筋混凝土、水泥混凝土、木料或石材等。标柱间距为 6~10m,断面 15cm×15cm,高出地面 80cm,高出地面部分涂刷间距为 20cm,顶端为红色的红白相间油漆。

图 5-12 示警标

图 5-13 道口标

1. 标柱的检查

(1)标柱有无歪斜、变形、缺少、损坏等现象。

(2)油漆有否剥落、褪色等。

2. 标柱的养护和修理

(1)标柱倾斜或松动的应扶正或加固,变形、损坏的应尽快加以修复。

(2)缺失的部位应及时补充,并保持标柱位置正确。

(3)油漆剥落,应重新涂刷,保证颜色鲜明、醒目。

(八)平曲线反光镜

视距不足的急弯和路线平面交叉处,可根据实际情况设置能使驾驶员从镜中看到对方来车的平曲线反光镜,如图 5-14 所示。

图 5-14　反光镜

1. 反光镜的检查

除在日常巡回时检查反光镜的反射能力外,还应进行定期检查,检查内容包括:

(1)反光镜的设置位置、方向和角度是否正确。

(2)支柱有无倾斜和损坏。

(3)镜面有无污秽和损坏。

2. 反光镜的养护维修

(1)保持镜面清洁和反射能力。

(2)及时清除反光镜周围枝叶、杂草等遮蔽物。

(3)检查出的病害,应立即修好。

(九)声屏障

声屏障是为了减轻行车噪声对附近居民的影响而设置在公路侧旁的隔声降噪的设施,分为反射型声屏障和复合型声屏障,主要用于高速公路和高架复合道路的路侧及其他噪声源处,如图 5-15 所示。

1. 声屏障的检查

(1)排水通道是否阻塞。

(2)声屏障的变形或损坏情况。

2. 声屏障的养护修理

(1)经常清理隔音墙周围的杂草、垃圾和泥土等,疏通排水通道。

(2)变形或损坏的声屏障应及时修复。

(十)减速垫

减速垫是设在路面上并高出路面,用以警告驾驶者减速的安全设施。一般设在进入主干线的次要公路的路口处,一般公路下坡路段急弯的前方和禁止超车的多车道公路的隔离区内。当汽车通过减速垫时受到冲击和振动,起到警告驾驶员和强制减速作用,如图 5-16 所示。

图 5-15　声屏障

图 5-16　减速垫

1. 减速垫的检查

(1)减速垫与路面的固定有无松动。

(2)减速垫本身有无裂缝、损坏。

2. 减速垫的养护维修

(1)经常清扫减速垫设施上的杂物。

(2)减速垫损坏和磨损而影响减速垫性能时,应予以更换或修复。

(3)减速垫有松动时,应立即将固定部件紧固,不易紧固时,应予以更换。

(4)严重缺损的减速垫,应拆除重新设置。

(十一)照明设施

道路照明设施是指为保证能见度低时交通正常运行,正确地识别路况及各种交通标志,设置于道路上的灯光照明设施。一般在车辆和行人较多的混合交通路段,可按一定间距设置路灯;有条件的交叉路口、立体交叉桥、隧道和大桥等处,可采用局部照明,如图 5-17 所示。

1. 照明设施的检查

照明设施的检查采用日常巡查和定期检查的方法。日常巡回检查可采用目视方法完成,对灯泡照明是否完好,可通过夜间巡回检查确定;在台风、暴雨、地震等灾害后,应对检修孔或探孔的排水情况、配电盘及电源线(高架线)的引入情况、油漆状况立即进行检查。照明设施的检查的内容包括下列内容：

(1)亮灯情况。

(2)灯具及线路的安装、损坏情况。

(3)电线杆的安装及倾斜、变形情况。

(4)灯具、线路、电线杆等设施的安装及腐蚀损坏情况。

(5)检修孔或探孔的排水情况。

(6)配电盘的防水衬垫、开关、电磁接触器和自动点火机构是否良好。

(7)电线杆的漆膜有否剥落和擦伤。

(8)照明测定。

图 5-17　照明设施

2.照明设施的保养维修

(1)根据各种设备的配线系统、器具的规格、数量及设置目的，定出保养检修计划，设法使照明设备经常处于完好状态。

(2)不亮的灯泡，应尽快更换。

(3)定期对照明灯具进行清扫，提高照明效果。

(4)由于交通事故，照明设备遭受损坏时，应及时处理。

二、公路交通标志养护

公路交通标志是用图形符号、颜色、形状和文字向交通参与者传递特定信息，用于管理交通的设施。交通标志一般情况下应设置在道路行进方向右侧或车行道的上方，使交通参与者获得准确及时的信息和引导，从而可以提高道路通行能力、减少交通事故、防止交通阻塞、节省能源。同时，交通标志对道路设施还有装饰和美化作用。公路交通标志是依据交通法规及国家有关标准制定的，是交通法规的具体体现，具有严肃的法律地位，同时还是处理交通事故和纠纷的法律依据。

(一)交通标志的分类

根据《道路交通标志和标线》(GB 5768.2—2009)，道路交通标志按其作用不同分为主标志和辅助标志两大类。

1.主标志

(1)警告标志是指警告车辆驾驶人、行人前方有危险的标志，道路使用者需要谨慎行动，共计47种。警告标志的颜色为黄底、黑边、黑图案,"注意信号灯"标志的图形为红、黄、绿、黑四色,"叉形符号""斜杠符号"为白底红图形,警告标志的形状为顶角朝上的等边三角形或矩形。常用的有平面交叉路口标志、急转路标志、反向弯路标志、连续弯道标志、陡坡标志、连续下坡标志等,如图5-18所示。

图5-18 警告标志

(2)禁令标志是指禁止、限制及相应解除的标志,道路使用者应严格遵守,共计48种。禁令标志的颜色(除个别标志外)为白底、红圈、红杠、黑图案。图案压杠,其形状为圆形,但"停车让行标志"为八角形,"减速让行标志"为顶角向下的倒等边三角形。常用的有停车让行标志、减速让行标志、会车让行标志、禁止通行标志、禁止驶入标志、限制高度标志等,如图5-19所示。

图5-19 禁令标志

(3)指示标志是指指示车辆、行人行进的标志,道路使用者应遵循,共计36种。指示标志的颜色(除个别标志外)为蓝底、白图案,其形状为圆形、长方形和正方形。常用的有直行标志、向左(右)转弯标志、直行和向左转弯(或直行和向右转弯标志)、向左和向右转弯标志、允许掉头标志等,如图5-20所示。

图5-20 指示标志

(4)指路标志是指表示道路信息的指引,为驾驶者提供去往目的地所经过的道路、沿途相关城镇、重要公共设施、服务设施、地点、距离和行车方向等信息的标志,共计79种。指路标志的颜色一般公路为蓝底、白图案、白边框、蓝色衬边,高速公路和城市快速路为绿底、白图案、白边框、绿色衬边,其形状(除个别标志外)为长方形和正方形。一般公路常用的指路标志有路径指引标志、地点指引标志、道路沿线设施指引标志、其他道路信息指引标志;高速公路、城市快速路常用指路标志有路径指引标志、沿线信息指引标志、沿线设施指引标志。指路标志共计79种,部分如图5-21所示。

(5)旅游区标志是指为吸引和指引人们从高速公路或其他道路上前往邻近的旅游区,在通往旅游景点的路口设置的标志,使旅游者能方便地识别通往旅游区的方向和距离,了解旅游项目的类别,共计17种。旅游区标志的颜色为棕色底、白字(图形)、白边框、棕色衬边,其形状为矩形。旅游区标志分为指引标志和旅游符号标志两大类。指引标志提供旅游区的名称、有代表性的图案及前往旅游区的方向和距离,一般设在高速公路出口附近及通往旅游区各连接道路的交叉口附近;旅游符号标志用于提供旅游项目类别、具代表性的符号及前往各旅游景点的指引,设在高速公路或其他道路通往旅游景点的交叉口附近,或在大型服务区内通往各旅游景点的路口,如图5-22所示。

图5-21　指路标志

图5-22　旅游区标志

(6)作业区标志是指用以通告道路交通阻断、绕行等情况的标志,设在道路施工、养护等路段前适当位置。用于作业区的标志为警告标志、禁令标志、指示标志及指路标志,其中警告标志为橙底黑图案,指路标志为在已有的指路标志上增加橙色绕行箭头或者橙底黑图案,作业区标志应和其他作业区交通安全设施配合使用,如图5-23所示。

图5-23　作业区标志

(7)告示标志是指告知路外设施、安全行驶信息以及其他信息的标志。告示标志用以解释、指引道路设施、路外设施,或者告示有关道路交通安全法和道路交通安全法实施条例的内容。告示标志的设置有助于道路设施、路外设施的使用和指引,取消其设置不影响现有标志的设置和使用。告示标志一般为白底、黑字、黑图案、黑边框,版面中的图形标识如果需要可采用彩色图案。告示标志常用于行车安全提醒、校车停靠站点等,如图5-24所示。

图5-24　告示标志

2.辅助标志

辅助标志是指附设在主标志下起辅助说明的标志,共计18种。凡主标志无法完整表达或

173

指示其规定时,为维护行车安全与交通畅通之需要,应设置辅助标志。辅助标志不能单独使用,按用途不同分为表示时间、车辆种类、属性、方向、区域或距离、警告、禁令理由及组合辅助等,其形状为矩形,其颜色为白底、黑字(图形)、黑边框、白色衬边,如图 5-25 所示。夜间交通量大的路段,应尽量采用反光标志。属于国际公路和重要的旅游公路,宜同时标注汉英两种文字。

图 5-25　辅助标志

(二)交通标志的支持方式和构造

1. 交通标志的支持方式

道路交通标志的支持方式有柱式、悬臂式、门式和附着式四种方式,其中柱式分为单柱式和多柱式,附着式分为路侧附着式和车行道上方附着式。

(1)柱式标志,是指标志牌安装在立柱上的标志。柱式标志内边缘不应侵入道路建筑限界,一般距车行道或人行道的外侧边缘或土路肩不小于25cm。标志板下缘距路面的高度一般为 150~250cm。设置在小型车比例较大的城市道路时,下缘距地面的高度可根据实际情况减小,但不宜小于120cm。设置在有行人、非机动车的路侧时,设置高度应大于180cm。单柱式就是标志牌安装在一根立柱上的标志,如图 5-26 所示,适用于中、小尺寸的警告、禁令、指示标志和小型指路标志;多柱式就是标志牌安装在两根及两根以上立柱上的标志,如图 5-27 所示,适用于长方形的指示标志或指路标志。

图 5-26　单柱式交通标志　　　　　图 5-27　多柱式交通标志

(2)悬臂式标志,是指标志牌安装在悬臂上的标志,如图 5-28 所示。标志牌下缘离地面的高度至少应大于该道路规定的净空高度。悬臂式适用于以下安装条件:

①柱式安装困难时。
②道路较宽、交通量较大、外侧车道大型车辆阻挡内侧车道小型车辆视线时。
③视距受限制时。
④景观上有要求时。

(3)门式标志,是指标志牌安装在门架上的标志,如图 5-29 所示。标志牌下缘离地面的高度至少按该道路规定的净空高度设置。门式适用于以下安装条件:

①多车道道路(同向三车道以上)需要分别指示各车道去向时。
②交通量较大、外侧车道大型车辆阻挡内侧车道小型车辆视线时。
③受空间限制,柱式、悬臂式安装有困难时。
④交通流在较高运行速度下发生交织、分流和合流路段。如互通式立交间隔距离较近标志设置密集之处、高速公路与高速公路相交的互通立体交叉主线区域等。
⑤车道变换频繁,出口匝道在行车方向的左侧时。
⑥景观上有要求时。

图 5-28　悬臂式交通标志

图 5-29　门式交通标志

（4）附着式标志,是指标志牌附着安装在上跨桥或附近结构物上的标志。附着式标志按照附着板面所处位置不同分车行道上方附着式和路侧附着式两种,如图 5-30 和图 5-31 所示。

图 5-30　车行道上方附着式交通标志　　　　图 5-31　路侧附着式交通标志

2. 交通标志的构造

道路交通标志一般由标志底板、立柱、紧固件、基础等几部分组成。结构标志底板宜选用轻型材料,可用铝合金板、薄钢板、合成树脂类板材(如塑料、硬质聚氯乙烯板材或玻璃钢等)、木板及其他板材制作,因地制宜采用经济、使用的材料。一般结构的标志板,应采用滑动槽钢加固,以方便与立柱连接。矩形标志板的背面宜选用美观大方的颜色,铝合金板可用原色,其四个角宜为圆弧形端角。交通标志立柱、横梁可选用 H 型钢、槽钢、钢管、木材、合成材料及钢筋混凝土管等材料制作,大型门架式标志宜采用铝合金结构或钢结构。钢制立柱、横梁、法兰盘及各种连接件,可采用热浸镀锌。交通标志的基础,一般为现浇混凝土基础,立柱的埋设部分要做防腐及防锈处理。

(三)交通标志的养护要求

公路交通标志的养护应符合下列要求:

(1)应保持交通标志设置合理、结构安全、版面内容整洁、清晰。

(2)标志板、支柱、连接件、基础等标志部件应完整、无缺损且功能正常。

(3)标志应无明显歪斜、变形,钢构件无明显剥落、锈蚀。

(4)标志面应平整,无明显褪色、污损、起泡、起皱、裂纹、剥落等病害。

(5)标志的图案、字体、颜色等应符合相关标准要求。

(6)反光交通标志应保持良好的夜间视认性。

(四)交通标志的检查

公路交通标志的检查包括日常检查和定期检查。在日常巡回检查时,要重点查看其是否受到沿线树木等遮挡以及标志牌、支柱是否受到损伤;定期检查是遇有暴风雨、洪水、地震等自然灾害或交通事故等进行的临时检查,重点检查下列内容:

(1)公路标志牌、支柱变形、损坏、污秽及腐蚀情况。

(2)油漆及反光材料的褪色、剥落情况。

(3)标志牌设置的角度及安装情况。

(4)照明装置情况。

(5)基础或底座情况。

(6)反光标志的反射性能。

(7)标志的缺失情况。

(8)根据公路条件或交通条件的变化,检查公路交通标志的设置地点、指示内容、各标志间的相互位置、标志的高度和尺寸等是否适当。

(五)公路交通标志的养护与维修

通过检查,发现公路交通标志出现异常时,应及时采取适当有效的措施恢复到正常状况。

(1)标志如有污秽或贴有广告、启示等,应尽快进行清洗。清洗方法:先用清水喷洒标志表面,再用清洁液、软毛刷、抹布等刷洗,再用清水冲洗干净,特别注意在使用清洁液或工具时,不可擦伤标志表面(使用清洁液应先取小面积试验后,再决定用何种材料、清洁剂为宜,清洁剂应选择无磨损性、无强酸强碱性的材料,pH 值在 6~8 之间,不可用苯类、醇类之芳香族溶剂)。去除标志表面上的沥青、油质、柴油污点或其他杂质时,可用抹布浸湿煤油、矿物精、戊烷或石油擦拭后,再用洗洁剂及清水冲洗。标志表面清洗完后,再进行反光性能测试。

(2)交通标志如有树木等遮蔽时,必须清除阻碍视线的物体或在规定范围内及时变更标志的设置位置。

(3)结合当地实际情况,对立柱应定期刷新,应选择防腐性、耐候性和装饰性好的油漆。

(4)标志牌变形,支柱弯曲、倾斜、变形应尽快修复。

(5)标志牌、支柱损伤、生锈引起油漆剥落,范围不大时,可对剥落部分重新油漆;油漆严重剥落或褪色,应全部重新油漆。

(6)标志牌或支柱松动,应及时紧固,连接紧固件如有缺失、损坏应及时更换和补充。

(7)破损严重、缺失、反光膜效果不好,应及时更换或补充。反光膜有轻微损坏时,应选用相同材质的反光膜覆盖修补。

(8)对于基础或底座有损坏时,应及时修补回复,如无法恢复时,宜在原处附近重新设置基础或底座。

(9)设置的标志有类似、重复、影响交通的情况,或设置位置和指示内容不符合时,应进行必要的变更。

(10)应按国家标准规定设置路栏、锥形交通路标、导向标等告示性和警告性标志。及时清除和修剪导向标周围的杂草和树枝;保持表面、牌面清洁及油漆或反光材料的完好;损坏严重或缺失时,及时更换或补充。

(11)在公路上进行开挖沟槽等作业以及禁止车辆驶入的施工区,除按规定设置醒目的施工标志外,夜间应设置施工标志灯。施工标志灯光源可因地制宜选用,但必须具备夜间有足够的照明时间、亮度和不易被熄灭的功能。

(12)在高速公路和一级公路上,宜设置随交通、道路、气候等状况变化可改变显示内容的可变信息标志,如图 5-32 所示,可变信息标志应根据标志的功能要求、显示内容、控制方式、环保节能、经济性等,选用高亮度发光二极管(LED)、翻板式、字幕式、光纤式等合适的显示方式。

图 5-32 可变信息标志

①可变信息标志的检查。除日常巡回检查外,还应定期检查,检查内容包括显示器内照明器照明情况;电源工作状态;通过通话检查输送线路情况;显示器和支撑物等的损坏情况。主控制机的动作状态;通过设在显示器旁的副控制机,检查显示器可动的机械部分动作是否正常。动作检查一般通过系统结构上的试验操作进行,每年检查 2~3 次。

②可变信息标志的保养。根据系统的形态或显示器的种类、操作频度、机器设置地点周围环境等不同,按照各种机器说明书所规定的保养要点进行保养。

③可变信息标志的定期整修。根据显示器显示的不同方法,其整修的项目也不尽相同;一般应整修的项目有主控制机、电源、显示器和支撑物等安装部分的封闭及油漆状况;定期整修一般每年一次;由于各种机器安装着大量的电子元件,整修时应使用特殊的测定仪器,由专职人员负责进行维修。

(13)部分路段由于路面多次维修、罩面,路面高程有所提高,致使某些标牌的净空已不能满足路上行驶车辆的要求时,应及时调整标志牌高度,具体操作如下:

①升高部件的制造采用与原标牌立柱直径相同的无缝钢管和相适应的法兰盘、筋板焊接而成,表面进行防腐处理。

②吊装原立柱:连接件加松动剂;用吊车拴住立柱,然后拧松连接螺母,调出立柱;对原基础和地脚螺栓进行必要的处理(如除锈、防腐等);将制作好的升高部件安装到位,拧紧地脚螺栓并调平上表面;对原立柱进行清理后吊装到位,调正立柱,拧紧连接螺栓。

(六)交通标志牌的更换作业

公路交通标志牌损坏维修或需要更新时,应对交通标志牌进行更换作业。交通标志牌更换作业施工工艺流程如图5-33所示。

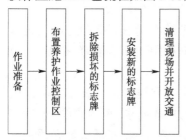

图5-33 交通标志牌更换作业施工工艺流程图

1.作业准备

交通标志牌更换作业前应准备好施工所用的材料,并检查施工机械设备是否正常运行。

2.布置养护作业控制区

按照公路养护安全作业规程的相关规定设置安全设施。

3.拆除损坏的标志牌

用扳手和铁钳拧松螺钉,将损坏的交通标志牌取下,必要时需用电焊机配合作业。如果标志牌悬挂较高应配合移动升降机或高空作业车作业。

4.安装新的标志牌

(1)将新的标志牌按原来的位置复位,拧上螺钉,但此时不要拧紧,用水平尺调校标志牌的倾斜度和方位角,要求标志牌水平、视觉符合行车要求。

(2)待标志牌调校好后再拧紧螺钉固定。

5.清理现场并开放交通

整个更换作业完成后,应将作业现场的损坏件装车运走,并将垃圾清扫干净运离现场,即可逆着交通流方向撤除路面安全设施,开放交通。

三、公路交通标线养护

道路交通标线是由标画于路面上的各种线条、箭头、文字、图案及立面标记、实体标记、突起路标和轮廓标等所构成的交通安全设施,它的作用是向道路使用者传递有关道路交通的规则、警告、指引等信息。可以与交通标志配合使用,也可单独使用。

(一)交通标线分类

1. 按设置方式分类

(1)纵向标线:沿道路行车方向设置的标线。

(2)横向标线:与道路行车方向成角度设置的标线。

(3)其他标线:字符标记或其他形式标线。

2. 按功能分类

(1)指示标线:指示车行道、行车方向、路面边缘、人行道等设施的标线。

①纵向指示标线:包括可跨越对向车行道分界线、可跨越同向车行道分界线、车行道边缘线、潮汐车道线、左转待转区线、路口导向线和导向车道线。

②横向指示标线:包括人行横道线和车距确认线。

③其他指示标线:包括道路出入口标线、停车位标线、停靠站标线、减速丘标线、导向箭、路面文字标记和路面图形标记。

(2)禁止标线:告示道路交通的遵行、禁止、限制等特殊规定,车辆驾驶人及行人需严格遵守的标线。

①纵向禁止标线:包括禁止跨越对向车行道分界线、禁止跨越同向车行道分界线和禁止停放线。

②横向禁止标线:包括停止线、停车让行线和减速让行线。

③其他禁止标线:包括非机动车禁驶区标线、导流线、网状线、专用车道线和禁止掉头(转弯)线。

(3)警告标线:促使道路使用者了解道路上的特殊情况,提高警觉,准备防范应变防范措施的标线。

①纵向警告标线:包括路面(车行道)宽度渐变段标线、接近障碍物标线和近铁路平交道口标线。

②横向警告标线:包括减速标线一种标线。

③其他警告标线:包括立面标记和实体标记。

3. 按形态方式分类

(1)线条:施画于路面、缘石或立面的实线或虚线。

(2)字符:施画于路面上的文字、数字及各种图形、符号。

(3)突起路标:安装于路面上用于标示车道分解、边缘、分合流、弯道、危险路段、路宽变化、路面障碍位置等的反光体或不反光体。

(4)轮廓标:安装于道路两侧,用以指示道路边界轮廓、道路的前进方向的反光柱或反光片。

(二)路面标线

路面标线包括所有的线条和字符类型的交通标线,在高速、一级公路等各级公路应按相关技术标准和规范设置路面标线,如图5-34所示。

1. 路面标线的材料要求

路面标线涂料按照施工温度可分为常温溶剂型,加热溶剂型和热熔型三类。常温溶剂型可在常温条件下作业施工,对环境的要求比较宽松,适用范围较广,有效使用寿命为4~8个月。加热溶剂型涂料,加热温度较低,一般为51~80℃,通过溶剂挥发和树脂在空气中氧化聚合而成膜,干燥速度较快,涂膜厚,使用寿命可达8~15个月,反光效果好。热熔型涂料无溶剂,施工时需要加高温(180~220℃)使粉状涂料熔化,利用专用设备涂敷于路面,冷凝后成标线。这种标线凝固快,耐磨性强,有效寿命可达20~36个月,反光性好,适用于繁忙的城市干道和高速公路上使用。

图5-34 路面标线

交通标线主要设于公路表面,需长时间经受日晒雨淋、风雪冰冻和车辆的冲击磨耗。因此,公路标线涂料的性能应当满足以下几方面要求:

(1)鲜明的确认效果。要求不同类型和颜色的涂料都要鲜明醒目,这样可以给驾驶员和行人以良好的条件反射。如在高速公路上,车道两侧醒目的标线可以帮助驾驶员自然平顺的行驶,既保证行车安全,又提高行车效率。

(2)耐久性好。公路标线涂料应耐磨损、具有较长的使用寿命,这样才能保证标线较长时间内完整清晰。同时,可省去多次施工造成的人力、物力浪费,并减少阻碍正常交通的影响。

(3)良好的夜间反光性能。限度交通不仅要求昼时效应,也要注重夜间效果。夜间反光标线可大大提高夜间行车的安全性,同时也提高夜间行车的效率。

(4)附着力强。为充分保证标线的完整和清晰,要求公路涂料与地面间具有较强附着能力。

(5)施工时干燥迅速。由于公路标线涂料应用环境是不间断的交通流环境,因此要求公路涂料尽可能迅速干燥。

(6)施工便捷,安全性好。在交通标线施工时,一方面要求涂料在使用时容易操作,另一方面要求在具体施工时涂料比较安全稳定,发生意外和危险的可能性小。

交通标线涂料除满足以上的性能要求以外,还需要经济合理,具有良好的耐候性、防滑性、可抗污染、抗变色。

2. 路面标线的养护要求

路面标线的养护应符合下列要求:

(1)具有良好的可视性,边缘整齐、线形流畅,无大面积脱落。

(2)颜色、线形等应符合相关标准要求。

(3)反光标线应保持良好的夜间视认性。

(4)重新画设的标线应与旧标线基本重合。

3. 路面标线的检查

(1) 路面标线形状、线性和设置位置是否符合相关技术标准要求。
(2) 路面标线的老化和磨损情况,有无局部或大面积无剥落。
(3) 路面标线夜间反光性能测定。
(4) 路面标线色泽清晰度、污染程度、有无褪色。

4. 路面标线的养护维修

(1) 路面标线影响辨认时,应结合日常检查进行清扫或冲洗。
(2) 路面标线磨损严重,影响辨认性能时,应重新喷刷或加以修复。
(3) 在路面标线进行重新喷刷油漆时,应注意避免与原标线错位。
(4) 路面进行局部修理,路面标线局部缺损或被覆盖时,应在路面修理完工后予以修补或喷刷。

5. 标线补画作业

当公路原有标线需要翻新或是需增画标线时,可对路面进行标线补画作业。标线补画作业所用材料应符合有关技术标准和规范的要求。标线补画作业的施工工艺流程如图5-35所示。

(1) 作业准备

交通标线补画作业前应准备好施工所用的材料,并检查施工机械设备是否正常运行。

(2) 布置养护作业控制区

按照公路养护安全作业规程的相关规定设置安全设施。

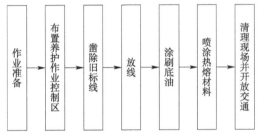

图5-35 标线补画施工工艺流程图

(3) 凿除旧标线

当旧标线需要翻新补画时,用凿除设备配合人工对旧标线进行凿除,凿除时应控制好力度,不得损坏原路面。凿除后的废弃料应及时清理干净。

(4) 放线

标线翻新补画时,应按原标线位置放线,新增标线应按设计图样要求放线,放线应准确、平顺。

(5) 涂刷底油

根据已放好的线性均匀地涂刷底油涂剂,涂布量为150~200g/m²,宽度为150mm。

(6) 清理现场开放交通

标线补画作业完成后,应将作业现场的废料和垃圾全部清扫干净运离现场。待热熔涂料冷却至常温后,即可逆着交通流方向撤除路面安全设施,开放交通。

(三) 突起路标

突起路标是固定于路面上起标线作用的突起标记块。可在高速公路或其他道路上用来标记对向车行道分界线、同向车行道分界线、车道边缘线等;也可用来标记弯道、进出口匝道、导流标线、道路变窄、路面障碍物等危险路段,如图5-36所示。

突起路标可分为反光和不反光两大类。反光突起路标根据不同反光原理有棱镜型、透镜型等结构;不反光的可用瓷片、塑钢等多种材料制作。一般路段的反光玻璃球为白色,危险路段的反光玻璃球为红色和黄色。突起路标一般不超过路面2.5cm,并应符合交通安全的要求。突起路标一般应和路面标线配合使用,它一般应设置在中心双实线的中间位置,或在虚线空档中间位置。突起路标的间隔距离为 6~15m,可根据需要强调的程度选择。突起路标也可以单独使用,以代替路面标线,其布设间距推荐值为 1~1.2m,也可根据实际情况适当加密。

图 5-36　突起路标

1. 突起路标的养护要求

突起路标的养护应符合下列要求:

(1)突起路标应无严重的缺损。

(2)破损的突起路标应不对车辆、人员等造成伤害。

(3)突起路标应无明显的褪色。

(4)突起路标的光度性能应保持其在夜间良好的视认性。

2. 突起路标的养护维修

(1)经常清理突起部位周围的杂物。

(2)清除反光玻璃的污秽,保持路标的反光性能。

(3)对松动的路标应及时加以紧固,保持路标的反射角度。

(4)对损坏或丢失的路标应及时加以修复或更换。

(四)轮廓标

轮廓标是沿公路土路肩设置的,用以指示公路方向、车行道边界的视线诱导设施。轮廓标按设置条件不同可分为柱式轮廓标和附着式轮廓标两类,当路边无构造物时,轮廓标为柱体,独立设置在路边土路肩中,如图 5-37 所示,当路边有护栏、桥梁栏杆等构造物时,轮廓标就附着于构造物的适当位置上,如图 5-38 所示。

图 5-37　柱式轮廓标　　　　　　　　　图 5-38　附着式轮廓标

1. 轮廓标的养护要求

(1)轮廓标应进行表面清洗。

(2)轮廓标应无缺损。

(3)轮廓标应无明显的褪色。

(4)轮廓标的光度性能应保持其夜间良好的视认性。

2. 轮廓标的检查

(1)在日常检查的基础上还应检查设施有无歪斜、松动、缺失、损坏和变形。

(2)轮廓标的污秽程度。

(3)有无油漆剥落、锈蚀。

3. 轮廓标的养护维修

(1)反光色块剥落时,应及时补贴。

(2)清除表面污秽及遮蔽轮廓标的杂草、树枝、杂物等。

(3)油漆剥落,应重新涂刷。

(4)立柱倾斜或松动的应及时扶正或加固,变形、损坏的应尽快加以修复。

(5)丢失轮廓标的部位应及时补充。

四、里程标示养护

(一)里程碑(里程牌)

用于指示公路的里程的沿线设施有两种分别为里程碑和里程牌。一般道路采用里程碑指示公路的里程,设置在公路前进方向的右侧,每隔1km设一个,正、反面均应标识道路编号及里程。里程碑表面为白色,国道编号用红字,省道编号用蓝字,县道编号用黑字。当国道里程数字超过四位数时,可采用大的尺寸,如图5-39所示。当路侧条件无法设置里程碑时,可采用里程牌的形式指示公路里程,可设置在公路两侧的单柱上或者附着在路侧护栏上。里程牌的形状如图5-40a)所示,其版面为蓝底、白图形、白边框、蓝色衬边。

高速公路和城市快速路采用里程牌指示公路里程、编号或名称,其版面为绿底,白字白边框绿色衬边,如图5-40b)所示。一般以单柱形式设置于高速公路两侧或中央分隔带内。

图5-39 里程碑

(二)百米桩(百米牌)

百米桩为方柱体并根据需要在相应表面标识百米序号,柱体为白色,国道用红字,省道用蓝字,县道用黑字,乡道用黑字。设在公路右侧各里程碑之间,每100m设一个,如图5-41所示。

百米牌,形状为圆形,直径一般为10cm,绿底白字,百米数字字高5cm,公里数高1.8cm。设在高速公路或城市快速路两侧各里程牌之间,每100m设一个。百米牌可附设于高速公路两侧的柱式轮廓标上;如路侧设有波形梁护栏,则百米牌也可安装在护栏板上,如图5-42所示。

a) b)

图 5-40 里程牌

图 5-41 百米桩 图 5-42 百米牌

(三)里程标示的养护维修

1. 里程标示的养护要求

(1)里程碑应无歪斜、变形、损坏,表面清洁,字迹规范,颜色艳明。
(2)百米桩应无歪斜、变形、损坏,颜色清晰,油漆无剥落,线形直顺,埋设牢固。
(3)缺损的里程碑和百米桩应及时修复,粉刷一年内不少于两次。
(4)里程牌、百米牌应符合交通标志相应的养护要求。

2. 里程标示的养护维修(图 5-43)

(1)对倾斜、变形的里程碑、百米桩,应及时扶正、加固和维修。
(2)经常清除里程碑、百米桩周围的杂草、杂物等遮挡物。

图 5-43 百米桩、里程碑的日常养护

(3)对缺损或脱漆的里程碑、百米桩,应及时维修或更换。
(4)里程碑、百米桩应经常性清洁,雨后受污染应及时擦洗以保持醒目、美观。
(5)里程牌、百米牌应按交通标志的养护要求进行相应的养护维修。

五、公路绿化养护

(一)公路绿化

公路绿化是指利用绿色的乔木、灌木及花、草等合理的覆盖公路两侧边坡、分隔带及沿线空地等一切可以绿化的公路用地,如图5-44所示。公路绿化可缓解因修建公路给沿线带来的影响,起到提高交通安全性和舒适性,保护自然环境和改善生活环境,美化路容、改善景观,降低噪声和防止环境污染等作用。

图5-44 公路绿化

1. 公路绿化的一般规定

(1)公路绿化应贯彻"因地制宜、因路制宜、适地适树"的方针,科学规划,合理选择绿化植物品种。

公路绿化规划,应根据公路等级、沿线地形、土质、气候环境和绿化植物的生物学特性,以及对绿化的功能要求,结合地方绿化规划进行编制。

(2)新、改建公路的绿化工程应与公路主体工程设计、施工、验收同步进行,由公路养护部门一并接养。

(3)公路绿化栽植成活率、保存率指标,不同类型区应分别符合下列要求:

①平原区:成活率达90%为合格,95%(含)以上为优良;保存率达85%为合格,90%(含)以上为优良。

②山区:成活率达85%为合格,90%(含)以上为优良;保存率达80%为合格,85%(含)以上为优良。

③寒冷草原区及沙、碱、干旱区:成活率达75%为合格,80%(含)以上为优良;保存率达70%为合格,75%(含)以上为优良。

(4)公路绿化植物应定期进行修剪、整形,加强病虫害防治。

2. 公路绿化的主要内容

(1)主线绿化。主线绿化主要是为了提高行车安全性和舒适性,在充分考虑沿线景观、地形和交通特点,保证景观较长距离的连续性的基础上,同时应结合地方特点、人文历史、文化古迹、旅游名胜等强化绿化设计的重点和亮点。主线绿化包括公路路肩绿化、中央分隔带绿化、路口附近绿化和隔离网附近绿化等。

(2)道路外部绿化。在公路两侧建设缓冲绿化带保护环境。其具体形式及作用如下：

①边坡种植植被,可以固土护坡,减少水土流失,提高路基稳定性。

②路侧栽植,可以起到防雪、防风沙等作用。

③与城区过渡带的绿化,具有景观和防护功能。

(3)公路施工和养护中的取(弃)土场、便道等绿化。公路施工和养护中的取土场、弃土场和便道等绿化,即采用喷草籽、种草或植树等措施恢复被破坏的植被,美化环境,保护水土。

(4)生活区绿化。服务区、管理区、收费站和段、站的庭院等是驾乘人员和管理、养护人员工作和休息的场所,生活区的绿化应与当地背景和景观特点相结合,利用树木和花卉来美化环境,增强季节感,为人们提供良好的工作和休息空间。

3. 不同等级和不同路段公路绿化的要求

(1)高速公路、一级公路的中央分隔带宜种植灌木、花卉或草皮。服务区应结合当地环境、景观要求,另行设计,单独实施。

(2)二级及二级以下公路,宜采用乔木与灌木相结合的方式,并充分体现当地特色。

(3)在平面交叉口的设计视距影响范围以内,不得种植乔木;在不影响视线的前提下,可栽植常绿灌木、绿篱和花草。

(4)小半径平曲线内侧不得栽植影响视线的乔木或灌木,其外侧可栽植成行的乔木,以诱导汽车行驶,增加安全感。

(5)立体交叉分隔形成的环岛,可选择栽植小乔木或灌木,实现丛林化。互通式立体交叉的匝道转变处构成的三角区内,应满足通视要求。

(6)隧道进出口两侧30~50m范围内,宜栽植高大乔木,尽可能形成隧道内外光线的过渡段,以利车辆安全行驶。

(7)桥头或涵洞两头5~10m范围内,不宜栽植乔木,以免根系破坏桥(涵)台。

4. 不同类型地区的公路绿化要求

(1)山区:应实施具有防护功能的绿化工程,如防护林带、灌木、草皮护坡等。

(2)平原区:应栽植单行或多行的防护林带。

(3)草原区:应在线路两侧栽植以防风、防雪为主的防护林带。

(4)风沙危害地区:以营造公路防风、固沙林带为主,栽植耐干旱、根系发达、固沙能力强的植物品种。

(5)盐碱区:应选择抗盐、耐水湿的乔木、灌木品种,配栽成多行绿化带。

(6)旅游区:通往名胜古迹、风景区、疗养休闲、湖泊等地的公路,应注重美化,营造风景林带,可栽植有观赏价值的常绿乔木、灌木、花卉以及珍贵树种和果树类。

(二)公路植树及养护

为了达到美化、遮阴和防护等目的,可在公路旁边栽种树木。路树可分为乔木和灌木,乔木又有常青树(多为针叶)和落叶树(多为阔叶)之分,灌木可分为绿篱类和花灌木类。由于地域的不同,水文、地质、气候、土壤等自然条件的差异,树种的选择亦有很大的区别。

1. 树种的选择

(1) 宜载、宜活、宜管。由于公路绿化线路漫长,土壤结构复杂,板结不疏松,并存在碎砖乱石,筑路垃圾,风大干旱无水源等原因,因此,宜选择适应当地自然条件和公路绿化特点的宜载、宜活、宜管的树种。

(2) 耐旱、耐寒。我国北方属于大陆性气候,冬季寒冷,夏季干旱,选择耐旱、耐寒性强的树种可提高成活率,保持正常的生长发育。

(3) 抗病虫、抗污染。病虫害多的树种,不仅养护投资大,亦会造成环境污染,所以要选择能抗病虫害的树种。抗污染树种可消除污染物,有利于改善交通环境。

(4) 生长速度快、成材性好。在有灌溉条件的平坦路段,选择生长速度快、成材性好的树种,不但绿化效果好,而且有一定的经济效益。

(5) 多样性、轮载。公路植树,尤其是大面积营造防风林带时,如果选择单一树种,一旦病、虫害蔓延,就会造成的的损失。

2. 栽植

公路绿化的路树栽植,应按照公路绿化工程设计及任务大小,合理组织和安排劳动力、机具,做好整地、画线、定点、挖坑等工作,及时送苗,做到随起苗随运输,并在春、秋适当时期进行栽植,以获得良好的绿化效果。

(1) 栽植形式。不同的路段不同的绿化目的和用途,可选择不同的栽植形式。我国公路植树多采用有封闭式、半封闭式、开放式和自然式4种栽植形式,每种栽植形式又有单行、双行和多行之分。

(2) 栽植方法。根据不同的树种、树苗大小、栽植环境和栽植条件等因素,可选用灌栽法、浇栽法、浆栽法或带土坨栽植法这4种栽植方法。

(3) 栽植位置。乔木的株行距应根据不同树种、冠幅大小来确定。速生乔木,株距4~6m,行距3~4m;冠大慢生的树种,株距应适当加大,株距8~10m,行距4~6m为宜。灌木株行距以1m为宜,灌木球的株距6~8m为宜。

(4) 栽植坑径。乔木、灌木应采用明坑栽植,坑径比根幅大0.10m,坑深比根号大0.20m以上,使树根充分得到舒展。属于无性繁殖的树种,也可埋干栽植。

3. 绿化树的养护

公路因线路长、沿途地形和自然条件复杂,绿化树的养护包括浇水、施肥、整形修剪和病虫害防治。

(1) 浇水。根据新植树木的需要,以及气候条件,应适当、及时进行人工浇水,促其正常生长。

(2) 施肥。通过施肥可以提高土壤肥力、改良土壤结构、改善树木营养状况、维持树木正常发育生长。对土壤贫瘠、生长不良的绿化植物,尤其是果树和珍贵苗木种类,应予以施肥,促其生长。

(3) 整形修剪。修剪时期应在秋季植物落叶后或春季萌芽前进行,主要将乔木、灌木的枯枝、病枝、弯曲畸形枝、过密枝以及侵入公路建筑界限、遮挡交通标志、影响视距、行车安全的枝条及时剪除。修剪切口应平滑,并与树干齐平,防止损伤树干、高枝突出和树冠大小不一。

(4) 病虫害的防治。树木病害是由病源菌侵入植物体引起的,其主要病菌有真菌、细菌、病毒、类菌质体、线虫、螨类等;虫害是由各种昆虫吸食树木叶片、花器、枝干、根系等营养器官造成的树木受害现象。为使树木能够正常生长发育,必须对树木病虫害进行预防和治疗,贯彻"预防为主、综合防治"的基本原则。加强公路绿化巡查,根据绿化树病虫害发生、发展和传播蔓延的规律,及时采取相应的防治措施。每年春季或秋季,宜在乔木树干上距地面 $1\sim1.5\mathrm{m}$ 的高度范围内刷涂白剂。严格执行苗木检疫制度,消灭越冬虫卵、蛹、烧毁落叶虫婴、虫茧,及时消除衰弱、虫害植株。

(三)草皮种植及养护

草皮在高等级公路及城市道路绿化中应用较多,主要应用于路肩、边坡、路堤、分隔带、交通岛及沿线空地等。公路种植草皮能防尘固沙,防止水土流失,巩固路基,调节气候,吸附有害物质,达到绿化、美化、净化公路环境的效果,从而有助于提供安全、舒适、优美的行车环境。

1. 草种选择

公路绿化草种的选择要因地制宜,一般来说,本地草种适应能力强,故应首选本地草种。公路种植的草种,应具有易繁殖、耐修剪、耐践踏、生长迅速、生长期较长、抗旱、抗热、耐寒、耐潮湿等特点。

2. 种植技术

在我国种植草皮的方法有三种,即播种、播茎和铺植。

(1)播种。在春季或秋季将草皮的种子或种子和细土混合均匀地进行撒播或条播。

(2)播茎。在春季发芽开始时期,将草皮撅起,抖落或用水冲到根部附土,分开根部,用剪刀剪成小段,每段至少具有一节,将茎的小段均匀撒播,覆压1cm厚的细土,稍予填压,及时喷水,以后每天早晚各喷一次,待生根后,可逐渐减少喷水次数。

(3)铺植。铺植草坪在公路绿化中应用较广,主要有密铺、间铺、条铺和点铺。

3. 草坪的养护

草坪从建植起,为了保证其绿化效果,要经常进行养护。草坪的主要养护管理包括浇水、施肥、剪草、清除杂草和防治病虫害等。

(1)浇水。中央分隔带草坪浇水应结合防眩树浇水同时进行,浇水次数根据降水情况每年进行 $3\sim6$ 次;边坡草坪浇水要采用不致引起坡冲刷的喷灌方式;景点草坪浇水要利用喷灌或地面浇水随时进行。

(2)施肥。草坪施肥以化肥为主,每年春季(3~4月份)施一次肥;秋季(8~9月份)施一次肥。施肥方法是将肥料腐熟、过筛,并在草坪干燥时撒放,施完后应拖平浇水。

(3)剪草。剪草有利于刺激草坪草的旺盛生长,提高草坪的致密性和草坪的覆盖度。中央分隔带及景点草坪应在每年4~9月份每月份剪草一次,剪草留茬高度为 $3\sim4\mathrm{cm}$;边坡草坪应在5月和9月各剪草一次,剪草留茬高度为 $6\sim7\mathrm{cm}$。

(4)清除杂草。草坪中杂草的侵入会影响美观和草坪草的正常生长发育,降低草坪的品质,因此,要及时清除杂草。清除杂草的方法有:人工拔草、化学药物除草、物理机械除草及以草制草。

(5)防治病虫害。在草坪的养护管理中,要随时注意病虫害的发生,做到早发现早防治。草坪病虫害发生后的药物防治固然必不可少,但加强生长期的肥水管理仍十分重要,通过适时浇水、施肥、打药,使草坪草生长旺盛,增强自身抵抗能力,可有效抑制草坪病虫害的发生。

练习题

一、填空题

1. 沿线设施的损坏类别有_____、隔离栅损坏、_____、标线缺损和_____ 5种类型。
2. 护栏按刚度分类可分为半刚性护栏、_____和_____。
3. 道路交通标志按其作用不同分为_____和_____两大类。
4. 道路交通标志的支持方式有柱式、_____、_____和附着式四种方式,其中柱式分为_____和_____,附着式分为_____和_____。
5. 交通标线按设置方式可分为_____、_____和_____三类。
6. 路面标线涂料按照施工温度可分为_____、_____和_____三类。
7. 轮廓标按设置条件不同可分为_____和_____两类。
8. 公路绿化应贯彻"_____"的方针,科学规划,合理选择绿化植物种。
9. 在平面交叉口的设计视距影响范围以内,不得种植_____。
10. 每年春季或秋季,宜在乔木树干上距地面_____的高度范围内刷涂白剂。

二、单选题

1. 交通安全设施定期检查的频率不少于( )。
   A. 2次/年   B. 1次/月   C. 1次/年   D. 1次/季
2. 遭遇自然灾害、发生交通事故或出现其他异常情况时,应及时进行检查为( )。
   A. 定期检查   B. 专项检查   C. 特殊检查   D. 专项检查
3. 为防止夜间行车受对向车辆前照灯炫目影响的安全设施为( )。
   A. 声屏障   B. 护栏   C. 隔离栅   D. 防眩设施
4. 为减轻行车噪声对附近居民的影响而设置在公路侧旁的隔声降噪的设施为( )。
   A. 隔离栅   B. 声屏障   C. 道口标   D. 分隔带
5. 警告车辆驾驶人、行人前方有危险,道路使用者需要谨慎行动的标志为( )。
   A. 警告标志   B. 指路标志   C. 禁令标志   D. 告示标志
6. 用于告知路外设施、安全行驶信息以及其他信息的标志为( )。
   A. 作业区标志   B. 告示标志   C. 警告标志   D. 指示标志
7. 柱式标志内边缘不应侵入道路建筑限界,一般距车行道或人行道的外侧边缘或土路肩不小于( )。
   A. 20cm   B. 35cm   C. 30cm   D. 25cm
8. 一般道路设置在公路前进方向的右侧,每隔1km设一个,用于指示公路的里程的沿线设施为( )。
   A. 百米桩   B. 里程碑   C. 里程牌   D. 界碑
9. 小半径平曲线外侧可栽植( ),以诱导汽车行驶,增加安全感。
   A. 乔木   B. 小灌木   C. 花卉   D. 草坪
10. 乔木、灌木应采用明坑栽植,坑径比根幅大( )。

A.0.15m B.0.20m C.0.10m D.0.25m

三、多选题

1. 护栏按设置的位置可分为( )。
   A. 路侧护栏　　B. 桥梁护栏　　C. 中央分隔带护栏　　D. 一般路段护栏
2. 附着式标志按照附着板面所处位置不同分为( )。
   A. 门式附着标志　　　　　　　B. 柱式附着标志
   C. 车行道上方附着式标志　　　D. 路侧附着式标志
3. 交通标线按功能可分为( )。
   A. 指示标线　　B. 禁止标线　　C. 警告标线　　D. 指路标线
4. 绿化树的栽植方法包括( )。
   A. 灌栽法　　B. 浇栽法　　C. 浆栽法　　D. 带土坨栽植法
5. 在我国种植草皮的方法包括( )。
   A. 播种　　B. 撒种　　C. 播茎　　D. 铺植

四、判断题

1. ( ) 防护设施损坏长度为10m为重度损坏。
2. ( ) 标志损坏按处计算，轮廓标和百米标每3个损坏算1处，当累计损坏不足3个，可以忽略不计。
3. ( ) 警告标志的形状为顶角朝下的等边三角形或矩形。
4. ( ) 指示标志的颜色(除个别标志外)为蓝底、白图案，其形状为圆形、长方形和正方形。
5. ( ) 柱式标志板下缘距路面的高度一般为100～200cm。
6. ( ) 突起路标可以单独使用，以代替路面标线，其布设间距推荐值为1～1.2m，也可根据实际情况适当加密。
7. ( ) 百米桩为方柱体并根据需要在相应表面标识百米序号，柱体为白色，国道用红字，省道用黑字，县道用蓝字。
8. ( ) 绿化公路的乔木、灌木、花草及防护林等，应在较长路段内采用一种植物品种，以方便管理。
9. ( ) 桥头或涵洞两头5～10m范围内，不宜栽植乔木，以免根系破坏桥(涵)台。
10. ( ) 公路土路肩上可种植草坪。

五、简答题

1. 简述交通安全实施养护的基本要求。
2. 简述公路交通安全设施有哪些种类，应如何养护。
3. 简述公路交通标志应如何养护。
4. 简述公路交通标线的分类，以及交通标线的养护要求。
5. 简述绿化树和草坪的养护技术要点。

第六章　预防性养护

知识点

●预防性养护的概念及作用。

技能点

●熟悉路基的预防性养护措施。
●掌握沥青路面预防性养护措施。
●掌握水泥混凝土路面预防性养护措施。

实施公路的预防性养护,对延长公路使用寿命、提高公路使用效率具有重要意义。预防性养护实质上是一种周期性的强制保养措施,预防性养护最佳实施时机应该是在路面尚处于良好状态,或者只有某些病害先兆时进行。虽然预防性养护需要投入一些费用,但它是一种效益费用比较高的养护方式。

第一节　预防性养护的理念、概念及作用

一、预防性养护理念

《公路养护技术规范》(JTG H10—2009)明确规定,公路养护应贯彻"预防为主、防治结合"的方针,加强预防性养护,保持公路及其沿线设施良好的技术状况。

预防性养护是交通主管部门或公路管理机构,为防止路面出现病害或轻微病害进一步扩展,延缓路面使用性能的衰减,降低路面全寿命周期费用,在没有出现病害或只有轻微病害的情况下,采取的基本不扰动公路结构、不改变公路结构强度的养护作业。

预防性养护的核心理念是通过"早养护"实现"少养护",通过"早投入"实现"少投入",代表了养护理念的科学发展方向,其实质是采取最佳成本效益的养护措施,强调养护管理的主动性、计划性和合理性。公路不进行预防性养护,虽然可以继续使用,但是后期养护成本较高,性能衰减加速,使用寿命缩短,故公路一般3~5年要做一次预防性养护。

二、预防性养护的定义

道路预防性养护的概念最早是由美国在20世纪90年代初提出。美国AASHTO对预防性

养护最新的定义为:路面预防性养护是一种在路面状况良好的情况下采取的对现有道路系统进行有计划、基于费用—效益的养护策略;预防性养护在没有提高路面结构能力的情况下,延迟路面的损坏,维持或改善路面现有的行车条件,通过延长原有路面的使用寿命来推迟昂贵的大修和重建工程。

图 6-1　路面预防性养护施工现场

预防性养护实质就是在公路发生结构性破坏前,为了保持道路的良好运营状态,延缓道路未来出现的损坏,获取道路寿命周期内的最大效益,在不增加结构承载能力的前提下,针对公路出现或可能出现的病害,在适当的时机,积极采取路基维护、路面维修、桥涵维修加固、附属设施维护等相应的综合技术措施,防止各类公路病害的发生,以改善公路系统的总体功能状况,延长其使用寿命,提升公路的整体服务水平。如图 6-1 所示为路面预防性养护施工现场。

在实施预防性养护的过程中要遵循以下几项原则:
(1)预防性养护所采取的养护措施是在路面使用性能没有失效的情况下进行的。
(2)预防性养护所采取的措施要具有较大的效益费用比。
(3)预防性养护时机选择应与特定的路面状况紧密结合。
(4)预防性养护措施应有计划、周期性地实施。

国外公路发展很快,部分发达国家的高速公路网早已建成,并全面进入了维修养护阶段。近年来在公路的养护维修技术方面取得了显著的发展和进步。但国外预防性养护也存在诸多问题:

(1)对于预防性养护时机的选择存在争议。有的主张在路面处于较好状态时进行预防性养护;有的主张在路面处于较差状态时进行预防性养护;还有的主张在路面处于很差的状态时进行预防性养护。而按照预防性养护的理念,路面预防性养护应在路面状况尚好的情况下进行,当路面状况较差或很差时才进行预防性养护,偏离了预防性养护的主要目标,达不到预防性养护的目的。

(2)影响预防性养护实施的因素很多。公路管理部门普遍面临着养护资金不足的问题,预防性养护与最差优先的养护方式之间的矛盾比较突出。在这种情况下,公路管理部门普遍采用的做法是首先对路况最差的公路进行养护,剩余资金才用于预防性养护。

进入 21 世纪以来,我国早期建设的部分公路已经进入大、中修阶段,且养护观念和养护技术的不断发展,大型养护设备逐步引进,都促使我国的公路养护进入了一个新的纷繁复杂的阶段。预防性养护的观念和技术也逐渐为广大公路工程技术人员所了解和接受,并在全国各地进行了不同程度的尝试,并取得了一定的实际效果。

三、预防性养护的作用

总的来说,预防性养护的作用包括以下几个方面:

1. 养护方法和养护材料的改善

预防性养护方法和常规的养护方法不一样,需要采用改进的养护技术或者材料才有可能起作用。因此,这种需求将促使材料和设备供应商研发新材料、新设备;养护施工单位也会研究新的施工方法和技术来提高预防性养护的整体质量。虽然在某些情况下,采取新设备和新材料进行预防性养护初期费用较高,但是公路的预期寿命远远大于传统养护方法,而且从长远角度来看,总的养护成本也会有很大程度的降低。

2. 路况整体得到改善

采用预防性养护方法,可以在公路破损前保持公路良好的使用性能,延长整个路网的生命周期,如图6-2所示为采取预防性养护与不采取预防性养护两种情况下路面性能的对比情况。

3. 节约养护费用

从养护单位的角度来看,预防性养护的优点是节约养护资金,延迟或减缓路面出现大的破损,延长道路的使用寿命。节约养护费用是以同时期养护费用的减少和良好的路况等形式表现出来的。

4. 增加道路使用的安全性

从道路使用者的角度来看,安全是第一位的。预防性养护提供的路面安全保障是很明显的,如路表摩擦系数增大、路表水分散能力增强、噪声降低等。

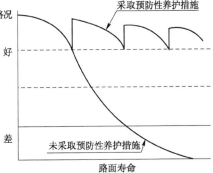

图6-2 采取和不采取预防性养护的路面性能对比曲线

第二节 预防性养护措施

一、路基预防性养护措施

路基是路面的基础,承受路面结构自重以及由路面传递下来的行车荷载,并承受自然因素的作用。路基一旦发生沉陷、滑坡等病害,会造成路面开裂,从而引发更为严重的路面病害,如图6-3所示。因此,必须重视路基的预防性养护,防止或延缓路基病害的出现。

图6-3 路基沉陷引发路面破坏

1. 路肩

路肩是保证路基路面有整体稳定性和排除路面水的重要结构。路肩的预防性养护可参照第二章路基养护的相关内容。

2. 边坡

边坡的预防性养护可参照第二章路基养护的相关内容。

3. 挡土墙

挡土墙的预防性养护可参照第二章路基养护的相关内容。

4. 排水设施

保持边沟、截水沟、排水沟等无淤塞,纵坡适度,水流畅通,进出口无蒿草。在每年春融前,特别是汛前和雨中,应进行全面检查疏通;暴雨后重点检查,如有冲刷、损坏,需及时修复加固,如有堵塞应及时清除。

对地下排水设施要经常进行检查,如发现堵塞、淤积,应及时进行冲洗清除。特别是雨水季节,应保证暗沟、渗沟排水畅通。如碎石反滤层(图6-4)淤塞失效,应进行翻修,并剔除其中颗粒较小的砂石,补充大颗粒碎(砾)石,以保持其孔隙,利于排水。如位置设置不当,则应根据情况另行修建。

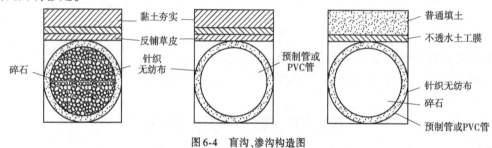

图6-4 盲沟、渗沟构造图

5. 边坡绿化

路基边坡绿化应定期进行修剪整形,如图6-5所示。绿化种植应贯彻"因地制宜、因路制宜、适地适树"的原则,积极开展生态养护,在水毁抢修、养护作业中不随意砍伐树木、填没铲除草坪等。

图6-5 边坡绿化

二、沥青路面预防性养护措施

由于沥青路面使用沥青结合料,因而增强了矿料间的黏结力,提高了混合料的强度和稳定性,沥青路面的优点包括:沥青路面表面平整,无接缝,行车舒适,耐磨、振动小、噪声低;沥青路面晴天无尘土,雨天不泥泞;在烈日照射下不反光,便于行车;沥青路面适宜于机械化施工,质量较易得到控制,并且施工期短,养护维修简便;现行的沥青再生技术可有效地提高资料利用率。因此,沥青路面在国内外获得了广泛的应用。国外沥青路面发展很快,并全面进入了维护养护期。近年来国外沥青路面预防性养护技术得到了快速发展,也积累了大量成熟的经验。

我国早期建成的沥青路面部分已进入了维修养护期。我国从进入21世纪以来也开始重视公路的预防性养护工作,加强养护观念和养护技术方面的国际交流与合作,引进大型养护设备,使我国的公路养护进入了一个新的发展时期。目前,我国在部分省份的沥青路面上开展了预防性养护,并取得了较好的技术和经济效益。

沥青路面预防性养护就是通过一些前置的措施方法,使沥青路面的病害隐患与不利条件得到遏制、改善,保证其在正常的运营条件下,实现或延长其设计使用寿命。通过预防性养护技术措施,可以封闭沥青路面表面细小裂缝;提高路面的防水性能;防止路面表面松散;减缓原路面的老化;提高路面的抗滑性能;提供表面磨耗层,提高路面的耐磨性能;改善路面外观状态。

沥青路面常用的预防性养护技术主要有雾封层、稀浆封层和微表处、碎石封层、复合封层、薄层罩面、复合薄层罩面等,其中最为常用的是稀浆封层和微表处。在选择沥青路面预防性养护技术措施时,应综合考虑路面的主导损坏类型及程度、路面结构类型和路龄、公路等级和交通量、路面的性能指标、环境因素、费用、公路预期寿命、当地材料供应情况等,同时还需要考虑管理部门和使用者所期望的性能变化等。

(一)雾封层

雾封层是将雾状的乳化沥青或专门的防护再生剂喷洒在旧的沥青混凝土路面上,其目的是封闭路面微裂缝,防止石料松散脱落,阻止水分下渗,延缓沥青路面老化,降低沥青面层温度,保持路面抗滑性能,达到显著改善路面外观、延长路面大中修周期的效果。

雾封层技术的发展经历了普通雾封层、还原剂雾封层和含砂雾封层三个阶段。其中,含砂雾封层是近年来新兴的一种养护效果较好的雾封层技术。

含砂雾封层是由改性乳化沥青(或煤沥青基)、陶土、聚合物添加剂、细粒砂组成的混合料,采用专用的含砂雾封层高压喷洒车,如图6-6所示,在沥青路面上喷洒形成一薄层,如图6-7所示。含砂雾封层按其使用材料的不同可分为两种:一种是乳化沥青基含砂雾封层,材料为乳化沥青稀释液;另一种是煤沥青基含砂雾封层,材料为煤沥青稀释液。

图6-6 含砂雾封层施工

图6-7 含砂雾封层效果图

雾封层一般应用于无结构性病害,松散脱落、微细裂缝、渗水较严重的路段。在我国,雾封层被大量用作新建公路的透层油和黏层油。但雾封层施工后需要较长的时间才能开放交通,而且必须严格控制单位面积的喷洒量,因为喷洒量过多会在路表面形成一层薄膜,以至路面表层丧失摩擦阻力。

雾封层的施工质量控制要点如下:

(1)原路面的病害处治。雾封层施工前,应对原路面的病害进行处治,使其具有足够的结构强度,破损率、抗滑性能等维持在较高的技术水平;表面洁净、干燥,不含粉尘和杂物。

(2)喷洒过程中应确保喷洒车的车速稳定,喷洒管路畅通,喷洒后的材料应均匀分布,喷洒过程中有局部不均匀处,应及时补漏。

(3)施工完成后,应确保有足够的养护成型时间。开放交通时间应至少保证施工后路面在常温、空气湿度小于70%的条件下养护4h。

(二)稀浆封层

稀浆封层是采用机械设备将由乳化沥青、粗细集料、填料、水和添加剂等按照设计配合比拌和而成的混合料摊铺到原沥青路面上形成的薄层,如图6-8所示。稀浆封层是一种养护效果较好的预防性养护措施,在许多地区已经得到广泛应用。稀浆封层可以用于二、三、四级公路沥青路面的预防性养护及新建或改扩建各等级公路路面的下封层。

a)稀浆封层施工现场

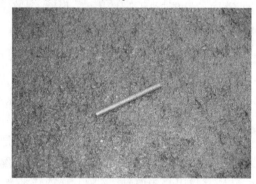
b)稀浆封层效果图

图6-8 稀浆封层

1.稀浆封层的作用

稀浆封层是由连续级配集料、填料、乳化沥青、水拌匀后摊铺在路面上的一层封层,具有以下几个作用。

(1)防水

稀浆封层混合料的集料粒径较小,并且具有一定的级配,在路面上铺筑成型后,能与路面牢固地黏结在一起,形成一层密实的表层,可防止雨水和雪水渗入基层,保持基层和土基的稳定。

(2)防滑

由于乳化沥青稀浆封层混合料摊铺厚度薄,并且其级配中的粗料分布均匀,沥青用量适当,不会产生路面泛油的现象,路面具有良好的粗糙面,摩擦系数较大,抗滑性能良好。

(3)耐磨耗

由于阳离子乳化沥青对酸、碱性矿料都具有良好的黏附性,因此稀浆封层混合料选用坚硬耐磨的优质矿料,可获得很好的耐磨性能,延长路面使用寿命。

(4)填充

乳化沥青稀浆封层混合料中有较多的水分,拌和后呈稀浆状态,具有良好的流动性。这种稀浆可以填充路面上的细小裂缝和路面松散脱落造成的路面不平,从而改善路面的平整度。

2.稀浆封层的适用范围

(1)旧沥青路面的预防性养护

沥青路面由于长期暴露在自然环境下,受到日晒、风吹、雨淋和冻融的作用,同时还要承受车辆荷载的反复作用。经过一段时期的使用之后,会出现疲劳破坏,呈现开裂、松散、老化和磨损等现象。如不及时进行维修处理,破损路面受地表水的侵蚀,路面整体强度下降。如果沥青路面在没有破坏前就采取必要的预防性养护措施——乳化沥青稀浆封层,在原路面上形成一层保护层,将会使旧路面焕然一新,并使维修后的路面具有防水、抗滑、耐磨等优点,起到延长路面使用寿命的作用。

(2)新铺沥青路面的封层

在新铺筑的粗粒式沥青混凝土路面上,为了增强其防水和磨耗性能,可在其上加铺一层乳化沥青稀浆封层,其厚度为5mm,仅为热沥青砂厚度的一半,可以节省资金,并具有施工简便和工效高的特点。

(3)砂石路面的磨耗层

在砂石路面上铺筑乳化沥青稀浆封层,可使砂石路面外观具有沥青路面的特征,提高砂石路面的抗磨耗性能,防止扬尘、改善行车条件。在县、乡级农村公路改造中具有广泛的应用前景。

(4)水泥混凝土路面和桥面的维修养护

乳化沥青稀浆封层对水泥混凝土具有良好的附着性,当水泥混凝土路面因多年行车产生裂缝、麻面或轻微不平时,采用乳化沥青稀浆封层可改善路面的外观,提高路面的平整度,延长水泥混凝土路面的使用寿命。

3.稀浆封层分类

(1)按矿料级配分类

按照矿料级配的不同,稀浆封层可以分为细封层(Ⅰ型)、中封层(Ⅱ型)和粗封层(Ⅲ型),分别以ES-1、ES-2、ES-3表示。

①ES-1细粒式乳化沥青稀浆封层。ES-1细粒式乳化沥青稀浆封层矿料级配非常细,其最大用处是填补裂缝。拌制ES-1细粒式乳化沥青稀浆封层混合料时,沥青用量要多些,以增强它们的黏结力。这种稀浆封层混合料可用于有裂缝路面的第一层封层,以填补裂缝,然后再铺第二层中粒式稀浆封层,或在中粒式稀浆封层上作第二层磨耗层。ES-1细粒式乳化沥青稀浆封层还可用于粒料基层的上封层,这样可以在通行施工车辆时保护基层,同时还是一层很好的隔水层,这对于有交替冻融地区的道路非常有利。ES-1细粒式乳化沥青稀浆封层混合料的摊铺量为$3.2 \sim 5.4 kg/m^2$。

②ES-2中粒式乳化沥青稀浆封层。ES-2中粒式乳化沥青稀浆封层是一种应用最普遍的稀浆封层。这种稀浆封层混合料中有足够的细料可以填补裂缝,同时又有较粗的集料可承受车轮荷载,因此其应用范围很广。ES-2中粒式乳化沥青稀浆封层可以在粗粒式封层上做上封层,也可以作开级配沥青碎石的下封层。这类乳化沥青稀浆封层混合料的摊铺量为5.4~

8.1kg/m²。

③ES-3粗粒式乳化沥青稀浆封层。ES-3粗粒式乳化沥青稀浆封层一般用于重交通道路的上封层,它适用于温度变化大的地区,也可用于粒料基层上的多层封层,一般在多层封层中用于下面的一层。还可用于乡村公路及公园支路等的表层。ES-3粗粒式乳化沥青稀浆封层混合料的摊铺量为8.1kg/m²以上。

(2)按凝结时间分类

乳化沥青稀浆封层混合料拌和摊铺后,根据稀浆破乳或凝固的快慢和开放交通所需的养护时间分为不同的类型。国际稀浆封层协会按照乳化沥青稀浆封层混合料的特性和试验室评价将其分为慢凝/慢开放交通型、快凝/慢开放交通型、快凝/快开放交通型三种类型。而我国按照开放交通的快慢,将稀浆封层分为快开放交通型和慢开放交通型。

4. 施工过程质量控制要点

(1)原路面的病害处治。稀浆封层施工前,应对旧路面施工路段做详细调查,并对原路面的病害进行处治,使其具有足够的结构强度,裂缝、坑槽、隆起等病害应提前进行处理,清除路面的垃圾,并使用强力吹尘设备清除路面的浮土。

(2)设备检修标定。稀浆封层施工前,应对摊铺车进行检修和标定,以保证设备正常运转,材料计量准确。

(3)稀浆封层的施工应在干燥状态下进行,严禁在雨天施工。最低施工温度不得低于10℃,摊铺后尚未成型的混合料遇雨时应予铲除。

(4)稀浆封层两幅纵缝搭接宽度不宜超过80mm,横向接缝宜做成对接缝。分两层摊铺时,第一层摊铺后至少应开放交通24h后方可进行第二层摊铺。

(5)人工修整。稀浆封层混合料摊铺后的局部缺陷,应及时使用橡胶耙等工具进行人工修整,修整后的表面不得出现超粒径料拖拉的严重划痕,横向接缝和纵向接缝处不得出现余料堆积或缺料现象。

(6)养护。稀浆封层施工结束后,应封闭交通2~3h,具体时间根据天气情况而定,在开放交通前禁止一切车辆和行人通过。

(三)微表处

1. 微表处

微表处是采用专用机械设备将由聚合物改性乳化沥青、粗细集料、填料、水和添加剂等按照设计配合比拌和而成的流动状态的混合料均匀摊铺到原路面上,并能很快开放交通的薄层。按照矿料级配的不同,微表处可以分为Ⅱ型和Ⅲ型,分别以MS-2和MS-3表示。微表处施工如图6-9所示。

微表处开放交通时间的早晚依工程所处环境的不同而有所不同。通常在气温为24℃,湿度为50%(或更小)的状况下可以在1h内开放交通。微表处可用于高速公路、一级公路、二级公路沥青路面的罩面(预防性养护)或车辙修复,以及水泥混凝土路面、桥面、隧道路面的罩面;还可以用于新建或改扩建高速公路、一级公路、二级公路路面和桥面的表面磨耗层。

2. 微表处技术的优点

微表处预防性养护技术具有以下优点:

(1)可以提高路面的构造深度和摩擦系数。

a) 微表处罩面施工　　　　　　　　　b) 微表处车辙填补施工

图 6-9　微表处

(2) 降低噪声效果明显。

(3) 减轻或防止路面的水损坏。

(4) 在面层不发生塑性变形的条件下，可修复深达 38mm 的车辙而无须碾压，且十分稳定，与原路面黏结牢固，是一种不用铣刨就可解决车辙问题的独特方法。

(5) 可快速开放交通，一般可在施工后 1h 之内开放交通，减少对高速公路正常通车的影响。

(6) 改善路面性能，延长路面使用寿命。

(7) 造价比一般热沥青罩面低，其价格一般为 15 元/m^2 左右。而采用其他工艺修复路面，维修费用可能是微表处的 2~5 倍。

(8) 由于采用改性乳化沥青，施工过程中不需要加热，污染物排放符合环保要求。

3. 微表处施工过程质量控制要点

(1) 原路面的病害处治。微表处施工前，应对旧路面施工路段做详细调查，并对原路面的病害进行处治，使其具有足够的结构强度，裂缝、坑槽、隆起等病害应提前进行处理，清除路面的垃圾，并使用强力吹尘设备清除路面的浮土。

(2) 设备检修标定。微表处施工需采用专用摊铺机，如图 6-10 所示，拌和箱必须为大功率双轴强制搅拌式。微表处施工前，应对摊铺车进行检修和标定，以保证设备正常运转，材料计量准确。

(3) 采用微表处填补车辙时，应调整摊铺厚度，使填充层横断面的中部隆起 3~5mm。采用双层微表处填补车辙后再做微表处罩面时，先摊铺的一层应至少

图 6-10　微表处摊铺车

在行车作用下成型 24h，确认已经成型后方可进行第二层摊铺。如果采用压路机碾压，可根据实际情况缩短第一层的成型时间。

(4) 微表处的施工应在干燥状态下进行，严禁在雨天施工。最低施工温度不得低于 10℃，摊铺后尚未成型的混合料遇雨时应予以铲除。

(5) 微表处两幅纵缝搭接宽度不宜超过 80mm，横向接缝宜做成对接缝。

(6) 人工修整。微表处混合料摊铺后的局部缺陷，应及时使用橡胶耙等工具进行人工修

整,修整后的表面不得出现超粒径料拖拉的严重划痕,横向接缝和纵向接缝处不得出现余料堆积或缺料现象。

(7)养护。微表处施工结束后,应封闭交通 2~3h,具体时间根据天气情况而定,在开放交通前禁止一切车辆和行人通过。

(四)碎石封层

碎石封层是在道路表面洒布一定量的胶结料后,再在其表面撒布一定量的单粒径碎石,并通过碾压使碎石 2/3 嵌入胶结料而形成的一种耐久、抗滑的道路表面处治方法。

1. 碎石封层类型

(1)按使用的胶结料类型分类

按使用的胶结料类型不同,碎石封层可分为(改性)热沥青碎石封层和(改性)乳化沥青碎石封层。

(2)按采用的施工工艺与设备分类

碎石封层按采用的施工工艺与设备不同,可分为异步碎石封层(图 6-11)和同步碎石封层(图 6-12)。采用(改性)热沥青作为胶结料的碎石封层应采用同步摊铺工艺与设备。

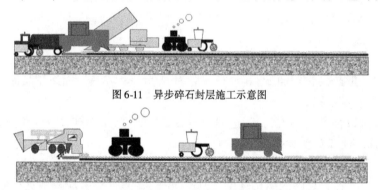

图 6-11 异步碎石封层施工示意图

图 6-12 同步碎石封层施工示意图

异步碎石封层是采用胶结料洒布机对胶结料进行洒布,之后采用碎石撒布机撒布碎石。由于胶结料的洒布与碎石的撒布之间存在一定的时间间隔,使得胶结料与碎石之间黏结力降低,开放交通后易产生掉粒现象。

同步碎石封层是采用专用设备即同步碎石封层车将碎石及胶结料同时撒铺在路面上,在自然行车的碾压下,形成保护原有路面的沥青碎石磨耗层。

(3)按铺筑的层数分类

碎石封层按铺筑的层数不同,可分为单层碎石封层和多层碎石封层。

单层碎石封层只洒布一层胶结料,然后撒布一层碎石集料。这种方法常作为一种路面养护方法,为路面提供一种新的抗滑表层,防止松散,并封闭微裂缝。

多层碎石封层是由多层胶结料和多层集料形成的表面封层结构。例如,双层碎石封层结构,先喷洒一层胶结料,撒布一层碎石,碾压使碎石嵌入胶结料,然后再洒布另一层胶结料,撒布另一层碎石(其粒径约为第一层碎石最小粒径的 1/2),再进行碾压。在每次碎石撒布完成并进行碾压之后,均需要进行清扫。为使路面边缘成型良好,必要时这项工作可以重复进行。当需要得到持久、坚实的道路表面时,一般采用多层碎石封层结构。

2.同步碎石封层技术

同步碎石封层是用同步碎石封层车将碎石及沥青胶结料同时撒铺在路面上,在胶轮压路机或自然行车碾压下,使胶结料与碎石之间有最充分的表面接触,使喷洒到路面上的高温黏结料在不降温的条件下即时与碎石结合,从而确保黏结料和碎石黏结牢固。同步碎石封层施工及效果如图6-13所示。

a)同步碎石封层施工

b)同步碎石封层效果

图6-13 同步碎石封层

(1)同步碎石封层的优点

传统的异步碎石封层是先洒沥青结合料、后撒布碎石的技术。在施工过程中需要用到两种设备:一辆沥青结合料洒布车和一辆碎石撒布车。这种技术会使集料流失而导致低劣的养护效果。而同步碎石封层技术是使用同一设备(同步碎石封层车)同时撒布沥青结合料和集料,用料准确,施工简便,是一种先进有效的公路预防性养护技术。

同步碎石封层技术的优点包括以下几个方面:

①具有良好的防水性。同步碎石封层是唯一能使摊铺到公路表面的低能量沥青结合料顺利渗入表面微裂缝的技术。这种特性可以满足公路表面防水性能的要求,提高公路的持久性。适当温度的沥青结合料喷洒具有双重防水的功能:顺利渗入路面表面微裂缝的部分弥补了微裂缝;喷洒在路面表面的沥青结合料薄层部分,形成一层严密的沥青结合料防水层。

②具有较好的防滑性。同步碎石封层中被沥青结合料黏结到公路上的集料直接接触轮胎,这种集料镶嵌的粗糙度将提供较大的摩擦力,极好地满足路面防滑性的要求。

③沥青结合料与集料间黏结牢固。同步碎石封层沥青结合料的喷洒与集料撒布两道工序集中在一台设备上同步完成,可以使碎石颗粒立即与刚喷洒的沥青结合料相接触。由于热沥青或乳化沥青流动性较好,能在碎石表面形成较好的裹覆层。

④适用范围广。同步碎石封层可使用各种沥青结合料(如沥青乳液、高性能沥青结合剂、橡胶沥青、再生乳液等);可以在其他养护技术不宜实施的恶劣气候下进行作业。

⑤有良好的经济效益。同步碎石封层施工作业效率高、设备配置少、能耗较低,沥青结合料喷洒与集料撒布之间的时间间隔缩短,用料比例容易控制,施工成本低。

(2)同步碎石封层施工过程质量控制要点

①碎石的质量。碎石必须有足够的硬度和洁净度,宜选择立方体形状的石料,针片状碎石含量严格控制在15%以内,几何尺寸要好,不含杂质和石粉。

②胶结料和碎石洒(撒)布应均匀,胶结料洒布不均匀处,可人工补喷,碎石撒布应厚度一致,不重叠。

③同步碎石封层车前进10~15m时,立即用胶轮压路机碾压。相邻两幅初压完成后,即可进行错轮碾压,碾压时每次轮迹应重叠30cm,避免每次折回的位置在同一横断面上。

④同步碎石封层施工结束后,使用热沥青的可限速开放交通,保证行车速度40km/h以下。

(五)复合封层

复合封层是以碎石封层为底层,其上加铺稀浆封层或微表处作为表层的预防性养护技术。碎石封层可以提高路面的抗滑性能,延缓沥青的老化,提高路面的防水性能,但集料容易脱落,噪声比较大。碎石封层铺筑完成后再摊铺一层稀浆封层或微表处,可以有效解决碎石封层的石料脱落、高噪声、外表缺陷等问题。常用复合封层结构组合及复合封层效果分别如图6-14、图6-15所示。

代 号	结构层	结构图示	代 号	结构层	结构图示
C1	稀浆封层 单层碎石封层 碎石联结层 原路面	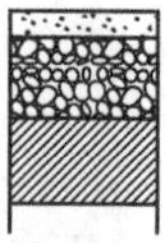	C4	微表处 双层碎石封层 原路面	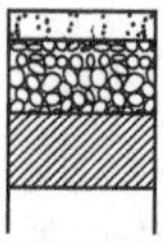
C2	微表处 单层碎石封层 碎石联结层 原路面	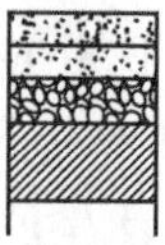	C5	稀浆封层 双层碎石封层 原路面	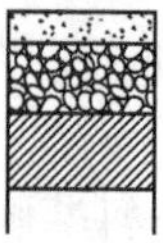
C3	微表处 稀浆封层 碎石联结层 原路面	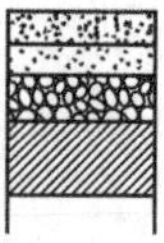	C6	双稀浆封层 碎石联结层 原路面	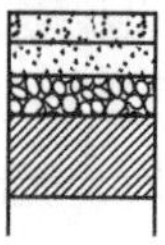

图6-14 复合封层常用结构组合

复合封层的施工工艺分为五个过程:施工准备、下承层清理、碎石封层铺筑、稀浆封层或微表处摊铺、养护,其施工过程质量控制参照碎石封层和稀浆封层或微表处施工质量控制。

图6-15 复合封层效果

(六)薄层罩面

薄层罩面作为一种预防性养护技术,给沥青路面提供一个崭新的表面,平整度的改善提高了行车的舒适性,抗滑能力的提高增加了行车的安全性,使路面原有的许多表面破坏,如坑洞、裂缝、车辙等都得到有效改善,延长了道路的使用寿命,如图6-16所示。

薄层罩面按施工工艺的不同分为冷薄层罩面、热薄层罩面和温薄层罩面三种。

a)薄层罩面施工

b)施工完毕效果

图6-16　薄层罩面

1. 冷薄层罩面

冷薄层罩面是将乳化沥青或改性乳化沥青和砂石材料在常温下均匀拌和、摊铺、碾压的一种工艺，它具有以下优点：

(1) 节约能源。生产乳化沥青只需加热沥青和水，所消耗的热能与加热沥青混合料相比明显减少。由于阳离子乳化沥青与石料有良好的黏附性，沥青用量可减少10%～20%。

(2) 延长施工季节。冷薄层罩面对施工温度要求低，可在雨季和秋冬季节用来处理路面病害。

(3) 施工无烟尘等污染，保护环境。但是，由于冷薄层罩面混合料相对于热拌沥青混合料来说品质较差，因此不能用于高等级公路面层罩面。

2. 热薄层罩面

热薄层罩面是一种传统的预防性养护技术，广泛应用于沥青路面的预防性养护，同时也可用于新建的沥青路面表面的抗滑磨耗层。热薄层罩面具有以下优点：

(1) 服务寿命长。

(2) 使用性能好，能承受重载交通。

(3) 路面表面平整性、抗滑性好。

(4) 铺筑厚度、纵坡度和横坡度可以根据需要随时调整。

(5) 改善了原路面的外观。

3. 温拌薄层罩面

温拌薄层罩面是一种拌和温度介于热拌(150～180℃)薄层罩面和冷拌(10～40℃)薄层罩面之间，性能达到或接近热拌薄层罩面的新型罩面。温拌薄层罩面具有以下优点：

(1) 温拌薄层罩面与热拌薄层罩面相比，减少燃料消耗，节省资源30%左右。

(2) 减少沥青烟的排放，降低施工对环境的污染和对人体健康的损害。

(3) 减轻热拌过程中的沥青老化，延长沥青路面的使用寿命。

4. 薄层罩面施工过程质量控制要点

薄层罩面施工过程质量控制要点如下：

(1) 原路面病害处治。薄层罩面施工前，应对原沥青路面出现的裂缝、坑槽、轻微车辙、局部松散、局部啃边等病害进行处治。

(2)黏层油洒布。在原路面与薄层罩面之间喷洒黏层油,黏层油可采用快裂或中裂乳化沥青、改性乳化沥青,也可采用快、中凝液体石油沥青,其规格和质量应符合规范的技术要求,用量一般为 $0.3 \sim 0.6 L/m^2$,当铺筑大空隙排水薄层罩面磨耗层时,黏层油的用量宜增加到 $0.6 \sim 1.0 L/m^2$。

(3)薄层罩面铺筑质量。薄层罩面施工过程中应严格控制工程质量,对路面外观、接缝、施工温度、厚度、平整度、压实度、纵断面高程、横坡度、渗水系数等项目和指标进行检查。

三、水泥混凝土路面预防性养护措施

水泥混凝土路面是一种高级刚性路面结构形式,其优点包括:刚度大、承载能力强;耐水性好;耐久性优良;耐高温性能强;抗疲劳寿命长、使用寿命长、维修费用低;粗集料磨光值和磨耗值的要求低、集料易得;运营油耗低、经济性好。因此水泥混凝土路面在我国公路网中占据相当大的比重。然而,水泥混凝土路面一旦发生结构性损坏,路面维修需要封闭交通。由于混凝土强度达到设计强度需要一定的龄期,因而维修时间较长,对道路交通往往造成严重影响。因此,必须在对水泥混凝土路面进行经常性、周期性认真检查的基础上,及时发现存在的问题和隐患,并针对水泥混凝土路面的常见病害,采取相应的技术措施,认真做好预防性、经常性的养护,保证水泥混凝土路面处于完好状态,充分发挥其良好的路用性能。

1. 水泥混凝土路面预防性养护的内容

水泥混凝土路面必须按照《公路养护技术规范》(JTG H10—2009)规定的养护内容做好日常养护,同时要做好预性养护,以达到延长水泥混凝土路面使用寿命的目的。

水泥混凝土路面预防性养护的内容包括:

(1)经常检查行车道和路肩,如发现存在泥土、杂物,应清扫干净;当设有中间带、变速车道、爬坡车道、应急车带时,其上的泥土和杂物也应清扫干净;要经常检查水泥混凝土路面和其他粒料路面连接的部位及路肩未加固的路段,并经常清扫存在的杂物。

(2)检查时发现水泥混凝土路面存在接缝填缝料缺损或溢出,应及时填补或扫除,以防硬物和路面水进入接缝,引起路面接缝处破坏。

(3)经常检查和疏通路基路面(包括路肩、中央分隔带)排水设施,保持排水畅通,防止积水,使路面免遭地面水和地下水的损害。

(4)冬季降雪时,应注意把路面和路肩上的积雪及时清除,特别是在融雪期间,更应注意将雪水和薄冰清除干净,防止水分渗进基层或造成滑车现象。

(5)对路面、路肩和路缘石等的局部损坏,应查清原因,采取合适的材料和相应的措施进行修复。

2. 水泥混凝土路面的预防性养护措施

用于水泥混凝土路面预防性养护的主要措施有路面裂缝与接缝灌缝、压浆和改性乳化沥青稀浆封层等。

(1)路面裂缝与接缝灌缝

水泥混凝土路面接缝是薄弱部位,也是最容易引起损坏的部位。而水泥混凝土路面裂缝的出现会引起钢筋的锈蚀、水泥混凝土的碳化、水泥混凝土的抗冻融、抗疲劳及抗渗能力降低。因此,对水泥混凝土路面裂缝和接缝都应及时灌注,具体施工参照第四章。

(2)压浆

水泥混凝土路面使用到中后期,面板与基层之间会出现脱空,从而造成水泥混凝土路面产生唧泥、沉陷等病害。为防止行车不适以及此类病害进一步扩大,采取对面板底部压浆的方式来修复板底基层,改善板底局部应力集中现象,使板底受力均匀,通过提高板底强度来支撑路面车辆荷载。压浆是解决水泥混凝土路面唧泥和板底脱空病害的有效方法,也是常用的预防性养护措施之一,具体施工参照第四章。

需要注意的是,压浆不能矫正水泥混凝土板的沉降,也不能提高结构的整体承载能力,更不能消除因温度变化和交通荷载而引起的垂直错台。因此,只有在路面结构支撑能力丧失程度有限的情况下才能采用压浆这种预防性养护措施对损坏部位进行处理。水泥混凝土路面板进行压浆处理后,还应及时对接缝进行灌缝处理。

3.改性乳化沥青稀浆封层

当水泥混凝土路面板出现轻微的麻面、磨光、露骨等早期病害时,可采用乳化沥青进行封层处理,从而形成薄层磨耗层,将病害消灭在萌芽状态,并且能够增强路面的防水、防滑、耐磨性能。改性乳化沥青稀浆封层的施工要求同沥青路面预防性养护中的稀浆封层施工。

练习题

一、填空题

1.公路养护应贯彻"_____、_____"的方针,加强预防性养护,保持公路及其沿线设施良好的技术状况。

2.道路预防性养护的概念最早是由_____在20世纪90年代初提出的。

3.绿化种植应贯彻"_____、_____、_____"的原则。

4.雾封层是将雾状的乳化沥青或专门的防护再生剂喷洒在旧的沥青混凝土路面上,其目的是封闭路面微裂缝、防止石料松散脱落。

5._____是采用机械设备将由乳化沥青、粗细集料、填料、水和添加剂等按照设计配合比拌和而成的混合料摊铺到原沥青路面上形成的薄层。

6._____是采用专用机械设备将由聚合物改性乳化沥青、粗细集料、填料、水和添加剂等按照设计配合比拌和而成的流动状态的混合料均匀摊铺到原路面上,并能很快开放交通的具有高抗滑和耐久性能的薄层。

7._____是采用专用设备即同步碎石封层车将碎石及胶结料同时撒铺在路面上,在自然行车的碾压下,形成保护原有路面的沥青碎石磨耗层。

8.薄层罩面按施工工艺的不同分为冷薄层罩面、_____和_____三种。

二、多选题

1.沥青路面常用的预防性养护技术主要有( )。

A.雾封层　　　B.稀浆封层和微表处　　　C.碎石封层、复合封层

D.薄层罩面　　E.复合薄层罩面

2.微表处预防性养护技术的优点包括( )。

A.提高路面的构造深度和摩擦系数　　　B.有较好的降低噪音效果

C.减轻或防止路面的水损坏　　　D.可快速开放交通

三、判断题

1.（   ）预防性养护所采取的预防性养护措施是在路面使用性能没有失效的情况下进行的。

2.（   ）预防性养护措施选择的时机应与特定的路面状况紧密结合。

3.（   ）采用预防性养护方法,可以在公路破损前保持公路良好的使用性能,延长整个路网的生命周期。

4.（   ）从养护单位的角度来看,预防性养护可以节约养护资金。

5.（   ）雾封层施工前,应对原路面的病害进行处治,具有足够的结构强度,破损率、抗滑性能等应维持在较高的技术水平。

6.（   ）稀浆封层的施工应在干燥状态下进行,严禁在雨天施工。最低施工温度不得低于10℃,摊铺后尚未成型的混合料遇雨时应予铲除。

7.（   ）异步碎石封层是采用胶结料洒布机对胶结料进行洒布,之后采用碎石撒布机撒布碎石。

8.（   ）在原路面与薄层罩面结构层之间需喷洒黏层油。

四、简答题

1.简述预防性养护的概念及作用。

2.路基的预防性养护措施有哪些？

3.沥青路面预防性养护措施有哪些？

4.水泥混凝土路面预防性养护有哪些？

第七章　应急工程的组织与管理

知识点

●公路应急事件的处理原则。
●应急工程的概念、使用范围。

技能点

●应急工程的组织。

第一节　公路应急事件

一、公路应急事件的危害

公路应急事件,是指在公路或邻近区域发生的,影响公路交通流正常进行,需要相应主体立刻做出反应,使之得到有效控制的危害性事件。应急事件有广义和狭义之分。狭义的应急事件指不可预测的,导致公路通行能力下降或交通需求不正常变化的非周期事件;广义的应急事件则涵盖了影响交通的自然灾害、治安刑事案件、恐怖事件、群体事件、传染病疫情等。

(一)引发应急状态的原因

引发应急状态的原因众多,可大致归纳为四类:

1.自然灾害

主要包括水旱灾害、气象灾害、地震灾害、地质灾害、海洋灾害、生物灾害和森林草原火灾等,如图7-1所示。

2.公路交通运输生产事故

主要包括交通事故、公路工程建设事故、危险货物运输事故,如图7-2所示。

3.公共卫生事件

主要包括传染病疫情、群体性不明原因疾病、动物疫情,以及其他严重影响公众健康和生命安全的事件。

4.社会安全事件

主要包括恐怖袭击事件,经济安全事件和涉外突发事件。

a)地震灾害

b)水旱灾害

图7-1 自然灾害

a)交通事故

b)桥梁工程建设事故

图7-2 公路交通运输生产事故

(二)公路应急事件的危害

公路应急事件的发生会造成极大的危害:

(1)破坏道路基础设施,对路网结构和交通控制产生不良影响,造成财产损失,严重的甚至会影响生命安全。

(2)应急事件的频繁发生还极易引发二次事故。一起事故的持续时间越长,二次事故发生的可能性就越大,且二次事故的影响程度和范围往往比首发事故影响更加严重,对正常城市交通通行造成更大危害,甚至影响周边地区的社会稳定。

为了应对公路应急事件,控制、减轻和消除公路交通应急事件引起的社会危害,及时恢复公路交通正常运行,保障公路畅通,应指导地方建立应急预案体系和组织体系,增强应急保障能力,采取科学有效的应急处理措施,保证在公路应急事件处置过程中做到快速处置、应急有方、高效协作,以最大限度地减少损失,保障人民的生命财产安全。

二、公路应急事件的处理

(一)应急预案

公路应急事件处理,应该遵守国家相关法律和规范,采取科学的处理方法。相关的法律包括:《中华人民共和国公路法》、《中华人民共和国公路管理条例》、《中华人民共和国公路管理条例实施细则》、《中华人民共和国职业防治法》、《中华人民共和国安全生产法》、《国家突发公共事件总体应急预案》、《国家安全生产事故灾难应急预案》、《国家突发地质灾害应急预案》、《中华人民共和国突发事件应对法》等。

为切实加强公路交通突发事件的应急管理工作,建立完善应急管理体制和机制,提高应急事件预防和应对能力,控制、减轻和消除公路交通应急事件引起的严重社会危害,及时恢复公路交通正常运行,保障公路畅通,增强应急保障能力,满足有效应对公路交通突发事件的需要,应制定应急预案。

应急预案应当根据公路交通的实际特点,并结合地震、洪水、雪灾、泥石流、沙漠风暴、疫情、交通事故、安全事故、社会治安事故等的实际特点来制定。

制定应急预案,应遵循以下原则:

1. 以人为本、平急结合、科学应对、预防为主

切实履行政府的社会管理和公共服务职能,把保障人民群众生命财产安全作为首要任务,高度重视公路应急事件急处置工作,提高应急科技水平,增强预警预防和应急处置能力,坚持预防和应急相结合,常态与非常态相结合,提高防范意识,做好预案演练、宣传和培训工作,做好有效应对公路交通应急事件的各项保障工作。

2. 统一领导、分级负责、属地管理、联动协调

应急预案的制定工作在人民政府的统一领导下,由交通运输主管部门具体负责,分级响应,条块结合、属地管理、上下联动,充分发挥各级公路交通应急管理机构的作用。

3. 职责明确、规范有序、部门协作、资源共享

明确应急管理结构职责,建立统一指挥、分工明确、反应灵敏、协调有序、运转高效的应急工作机制和相应程序,实现应急管理工作的制度化、规范化。加强与其他部门密切协作,形成优势互补、资源共享的公路交通应急事件联动处置机制。

(二) 加强预警、预测

涉及公路交通应急事件的预警及相关信息包括:

1. 气象监测、预测、预警信息

实时监测降水实况,并关注区域降水、温度、湿度等天气要素;实时短时天气预报;重大交通事件,如黄金周、大型活动等对交通有较大影响的活动,要提前进行中长期天气预测;对主要的气象灾害(包括台风、暴雨、雪灾、大雾、道路积冰、沙尘等),需要重点监测预报,包括其预计发生时间、预计持续时间、影响范围、预计强度等。

2. 强地震(烈度5.0以上)监测信息

地震强度、震中位置、预计持续时间、预计影响范围、预计受灾人口与直接经济损失数量、预计紧急救援物资运输途经,公路线路和需交通运输主管部门配合的运力需求。

3. 突发地质灾害监测信息

包括公路沿线地区的滑坡、泥石流等可能影响公路交通的灾害,要监测的信息包括突发地质灾害发生时间、发生地点、强度、预计持续时间、受影响道路名称与位置、受灾人口数量、疏散(转移)出发地、目的地、途经公路路线和需交通运输主管部门配合的运力需求。

4. 洪水、堤防决口与库区垮坝信息

在强降雨和地质等条件下,公路沿线的汇水区、堤防、库区等可能发生灾害并威胁公路交通。所以需要监测洪水的等级、发生流域、发生时间、洪峰高度和当前位置、泄洪区位置、已经和预计影响区域(含图示)、预计受灾人口与直接经济损失数量、需疏散(转移)的人口数量、出

发地、目的地、途经路线、需交通运输主管部门配合的运力需求。

5. 重大突发公共卫生事件信息

突发疾病的名称、发现时间、发现地点、传播渠道、当前死亡和感染人数、预计受影响人数、需隔离、疏散(转移)的人口数量、该疾病对公路交通运输的特殊处理要求、紧急卫生和救援物资运输途经公路线路、需交通运输主管部门配合的公路干线、枢纽交通管理手段和运力需求。

6. 重大恶性交通事故影响信息

重大恶性交通事故的原因、发生时间、发生地点、已造成道路中断、阻塞情况、已造成道路设施直接损失情况、预计处理恢复时间。

7. 公路损毁、中断、阻塞信息和重要客运枢纽旅客滞留信息

公路损毁、中断、阻塞的原因、发生时间、起止位置和桩号、预计恢复时间、已造成道路基础设施直接损失、已滞留和积压的车辆数量和排队长度、已采取的应急管理措施、绕行路线等。重要客运枢纽车辆积压、旅客滞留的原因、发生时间、当前滞留人数和积压车辆数及其变化趋势、站内运力情况、应急运力储备与使用情况、已采取的应急管理措施等。

(三)公路应急事件的处理

公路应急事件处理工作遵循"统一领导、分级管理、分工负责、协调一致"的原则;坚持平战结合,服务于经济建设和国防建设的需要,全面提高公路的整体抗灾能力和应急抢修能力。

1. 建立组织机构,并明确各个机构的职责,分工负责

①成立应急指挥部。实施对应急工作的统一领导和指挥,调动、整合救援力量和资源,启动应急预案,并根据受灾情况向上级请示部队或系统内相关单位的援助。

②成立搜集评估组。负责搜集应急事件信息的收集、整理和上报工作;负责对应急事件造成的损失和对人民群众正常生活造成的影响进行科学、准确的评估。

③成立应急抢险和恢复重建组。负责基础设施的应急抢险和抢修工作,把应急事件造成的损失降低到最低程度,并负责恢复重建工作。

④成立协调组。负责协调、通信联络、车辆调度及宣传报道工作。

2. 人员、设备和物资准备

各级公路管理部门要组织成立应急抢险救援队伍,并与当地水利、卫生等部门建立抢险救援的协调机制。各级公路应急指挥部要定期组织抢险队伍的培训和演练工作,提高其快速反应能力。同时,各级公路应急指挥部应储备适量的救援物资和设备,建立应急情况下救援物资采购和调运制定。

3. 应急反应

①灾情收集、报告与评估。为满足公路应急抢险救援工作的需要,应根据公路所在区域存在的多发性公路灾害类型以及所管养公路可能发生的灾害类型建立基本情况数据库,并及时对各条路线进行险情调查、收集资料,评估可能发生的灾害类型以及灾害发生后可能造成的经济损失。对较大的应急事件,要马上上报应急指挥部。

②抢险和应急保障。应急预案启动后,应急指挥部应根据实际需要,组织调动救援物资,并实施应急抢险救援工作,通过抢修、维护和加固等措施,最大限度地减小应急事件造成的损失,尽快恢复交通。相关部门要积极组织必要的专用物资,为应急救援队伍提供必要的生活保障以及车船等必要的交通运输工具。

应急预案启动后,应急指挥部应协调交警、卫生、水利等部门及时组织人员做好交通指挥、医疗保障和社会治安保障等工作,确保及时抢救灾民和伤员。

遇到较大灾害时,指挥部应向政府汇报险情,提出紧急支援请求。

应急抢险工作结束后,指挥部要组织修复因灾害损毁的公路设施,恢复公路正常通行,确保车辆通行顺畅和通行安全。

第二节　公路应急工程

一、应急工程

在紧急情况下,公路交通是救灾的生命线,但公路交通自身也会受到应急事件的影响,造成交通不畅甚至中断,尤其在严重自然灾害条件下,道路桥梁设施很可能也遭到破坏,必须在短时间内恢复通行能力。

公路应急工程主要是指对由于水毁、地震、恶劣气候、交通事故、环境污染等突发紧急情况造成的公路及其沿线设施发生重大损坏或功能性障碍而进行的及时修复,以保证其正常使用的作业活动,包括应急抢险工程和年度计划外专项工程。

应急工程有几个特点:

(1)时效性,必须及时处理;

(2)一般以政府为主导,采取特事特办,不再遵循常规的建设程序,如不再按部就班地招投标等。

二、应急工程的实施

应急工程具有明显的突发性和时效性,主要由一线基层公路管理机构负责实施。一线基层单位通过日常巡查或其他渠道获取应急事件信息,立即上报上一级主管部门,启动应急预案,并应第一时间赶赴现场,详细了解应急事件情况,并做好现场的交通维护和安全防护设施,避免安全事故的发生。

1. 水毁

水毁是指因暴雨、洪水造成路基、路面、桥涵及其他设施的损毁。水毁的危害包括:

(1)边坡坍塌、路基边坡滑移、路基沉陷、路基整体坍塌和路基冲断;

(2)桥梁构造物桥台破坏、桥墩破坏、拱圈开裂、桥梁上部附属结构物破坏和桥梁整体滑移或坍塌;

(3)涵洞构造物拱涵拱脚、拱圈破裂、盖板涵进口处沟床基础裸露、盖板涵出口处垂裙裸露以及涵洞整体倒塌等。

公路水毁涉及区域地质条件、地形地貌特征、工程地质条件、水文气象和水文地质条件、公路设施与河流、边坡、冲沟之间的关系以及公路水毁防治结构物的设置等诸多因素。公路因水毁破坏后进行的重新修建的工程就称为水毁工程,如图7-3所示。

发生水毁,公路养护部门应立即向上级报告,并通知有关运输部门;组织路政人员上路执勤,并在交通阻断路口设立绕道提醒牌,提醒过往车辆。及时组织人员对水毁路段进行修复,对过水路段留下的淤泥杂物进行及时清理,对塌方路段进行及时清理和加固,对水毁桥面进行及时的挖补,对淤积的水沟、涵管进行疏通,确保公路畅通的及时恢复。

a)水毁现场

b)水毁抢修

图7-3 水毁

2. 雾

在水汽充足、微风及大气层稳定的情况下,气温接近零点,相对湿度达到100%时,空气中的水汽便会凝结成细微的水滴悬浮于空中,使地面水平的能见度下降,这种天气现象称为雾。雾是影响高速公路正常运营的灾害性天气。雾的产生具有突发性、波动性、路段分布特性等,会使视野不清,难以正确辨识路上标志、标线或其他信号,能见度降低,影响汽车行驶在公路上的速度与安全,造成交通阻塞,甚至发生交通事故,造成财产损失和人员伤亡,迫使高速公路暂时封闭,严重影响高速公路的正常运营。

为了保证雾天行车安全,应在高速公路的不同路段设置红外线雾感应器,根据反射接收信号的强弱来判断所测定路段内雾的密度、能见度及分布情况,再反馈到中央监控室,汇总整理后,自动在可变情报板上显示相关路段天气情况、行车注意事项及建议行车速度等,以便提醒驾驶员注意。

3. 雪害

雪害是指因积雪或雪崩而阻碍交通或造成行车事故的现象。雪害由积雪和雪崩两种形式。积雪对公路的危害主要是影响行车安全,严重时会阻断交通。山上大量的积雪突然沿山坡或山沟崩落下来,称为雪崩,在我国新疆及西藏地区多有发生。大量的雪崩不仅会掩埋路基、阻断交通,还能击毁路上的行车及周围建筑物。

当降雪厚度超过10mm时,应进行清雪工作。除辅助人员清雪外,应采用机械除雪方式,主要是采用雪铲和除雪机等除雪设备,如图7-4所示。除雪方向与行车方向相同。桥梁以及桥头两侧引道纵坡大于2.5%的范围以及匝道转弯处,可撒盐除雪,以保证行车安全。当降雪过后,在靠近中央分隔带的部位,超车道除雪可进入绿化带,存雪量要以积雪融化后不流入路面为宜。当清除至最右侧积雪时,最后一铲的行进速度要适当加快,以便把积雪排出路肩外侧,保证路面无积雪。

a)除雪机

b)除雪机除雪实例图

图7-4 除雪

4. 山体滑坡、泥石流

山体滑坡、泥石流发生后,会摧毁公路、城乡建筑、工厂矿山、铁路桥梁,造成人员伤亡。山体滑坡、泥石流"发作时"借着洪水之势汹涌而下,无坚不摧,毁坏力比地震有过之而无不及。肆虐的山体滑坡、泥石流给城镇、农田、工矿企业、交通运输、能源和水利设施、国防建设工程等带来极大的危害,每年都要造成数亿元的经济损失和几百甚至上千人的伤亡,如图7-5所示。其中铁路部门,由于其跨越的区域甚广,是受山体滑坡、泥石流危害最严重的部门之一。

图7-5 山体滑坡、泥石流危害

当发生山体滑坡、泥石流等路基病害,造成路面垮塌、桥梁断裂阻碍交通或者山体滑坡、泥石流堵塞道路桥梁时,公路应急抢险指挥部应立即封闭道路,并在事故现场设置警示标志和安全标志,抢救受伤伤员、疏散被困人员及车辆。对现场情况进行详细记录并录制影像资料。组织救援用特种工程车和运送物资的普通货车尽快进场。根据现场情况,可以设置临时便道,公路应急指挥部应组织抢险人员在事故现场周围架设车辆临时便道,疏散交通拥堵,保证车辆通行及抢险物资的运输。

抢险施工机械和物资进场后,应立刻组织抢险救援修复重建工作。组织人员机械清理堵塞交通的障碍物。检查公路破损情况,之后对塌陷公路采用石料分层进行回填碾压,对可以通车的恢复临时通车;特殊情况下,需对地下构造物采取其他措施防护后,方可恢复通车;桥梁被障碍物堵塞后,需清理障碍物并经由专业部门安全鉴定合格后方可继续通车;对地基塌陷造成桥梁无法通行的,应封闭桥梁,加固地基,修复桥梁达到安全标准后,方可开放交通;公路桥梁遇洪水冲击,造成大面积积水,排水不畅影响正常通行时,应紧急调运排水设备组织排水,待水排空时检查公路桥梁有无地基下陷以及作出可以继续行车论断后,采取必要措施后方可恢复正常通行。

练习题

一、填空题

1. 公路交通运输生产事故包括_____、公路工程建设事故、危险货物运输事故。
2. 制定应急预案应遵循"_____、平急结合、_____、_____"的原则。
3. 公路应急事件处理工作遵循"统一领导、_____、_____、协调一致"的原则。
4. _____实施对应急工作的统一领导和指挥,调动、整合救援力量和资源,启动应急预案,并根据受灾情况向上级请示部队或系统内相关单位的援助。
5. _____负责协调、通信联络、车辆调度及宣传报道工作。
6. _____主要是指对由于水毁、地震、恶劣气候、交通事故、环境污染等突发紧急情况造成的公路及其沿线设施发生重大损坏或功能性障碍而进行的及时修复,以保证其正常使用的作业活动。
7. 公路应急工程包括_____和年度计划外专项工程。
8. 公路因水毁破坏后进行的重新修建的工程就称为_____。
9. 为了保证雾天行车安全,应在高速公路的不同路段设置_____。

二、判断题

1. (　　)公路应急事件的发生会破坏道路基础设施,对路网结构和交通控制产生不良影响,造成财产损失,严重的甚至会影响生命安全。
2. (　　)应急抢险工作结束后,指挥部要组织修复因灾害损毁的公路设施,恢复公路正常通行,确保车辆通行顺畅和通行安全。
3. (　　)应急工程具有时效性,必须及时处理。

三、简答题

1. 什么是公路应急事件?其产生原因有哪些?
2. 公路应急事件会产生哪些危害?
3. 应急预案编制应遵循哪些原则?
4. 什么是公路应急工程?

第八章　公路养护安全作业管理

知识点

● 掌握养护安全作业的要求。

技能点

● 能组织养护安全作业。

第一节　路面养护安全作业的目的、意义

一、养护安全作业的目的

随着我国公路交通运营里程以及路面使用年限的不断增加,公路养护维修的数量也将逐年增长,因此由养护作业诱发的事故的概率也随之增长。在路面养护作业中,安全性至关重要,路面养护安全作业的目的就是在最大限度地延长公路设施的使用寿命的同时,尽可能地使公路养护安全作业规范化,避免由于养护维修作业原因导致的交通事故发生,保障养护作业人员和设备的安全(图8-1),并保障车辆安全顺利地通过养护作业路段(图8-2),减少不必要的经济损失。它的核心工作是保障通行车辆安全,为社会和人民造福,因此养护作业要更注意安全。

图8-1　保障作业安全

图 8-2 保障交通通畅

二、养护安全作业的意义

养护作业的安全管理包括生产安全管理和交通安全管理两部分。由于公路养护是在车辆高速行驶、不封闭或不完全封闭交通的情况下作业,所处的环境复杂,出现安全事故的概率大,养护作业涉及的面比较广,对驾乘人员、作业人员、通行车辆、养护作业设备及作业现场附近的公路设施的安全都有影响,不仅关系到养护作业能否顺利进行,也关系到人民生命和国家财产安全,因此,养护安全比其他安全工作显得更为重要。加强养护作业安全管理有着极其重要的意义。

第二节 路面养护安全作业的要求

一、公路养护作业划分

公路养护作业按照作业时间可划分为长期养护作业、短期养护作业、临时养护作业和移动养护作业,如图 8-3 所示。

图 8-3 公路养护作业划分

长期养护作业是指定点作业时间大于 24h 的各类养护作业,如大范围的大中修、改建等;短期养护作业是指定点作业时间大于 4h 且小于或等于 24h 的各类养护作业,如预防性养护、中修罩面等;临时养护作业是指定点作业时间大于 30min 且小于或等于 4h 的各类养护作业,如局部挖补、坑槽修补等;移动养护作业是指连续移动或停留时间不超过 30min 的动态养护作业,如清扫、检测、裂缝修补等,移动养护作业分为机械移动养护作业和人工移动养护作业。

二、养护作业控制区

(一)养护作业控制区的划分

养护作业控制区是指公路养护安全作业所设置的交通管控区域,由警告区、上游过渡区、纵向缓冲区、工作区、下游过渡区和终止区等六个区域组成。在保障行车道宽度前提下，工作区和纵向缓冲区宜布置横向缓冲区，如图8-4和图8-5所示。

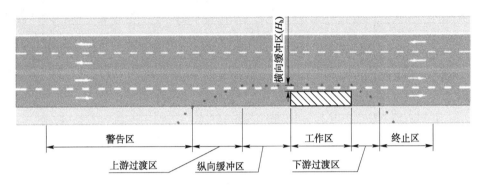

图8-4 车道封闭时的作业控制区

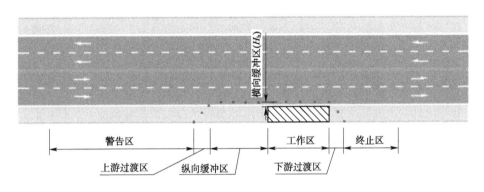

图8-5 路肩封闭时的作业控制区

1. 警告区

警告区是从作业控制区起点到上游过渡区之间的区域，用以警告车辆驾驶员已经进入养护维修作业区路段，应按交通标志调整行车状态。驶入警告区的车辆不需要采取非常措施，只需驾驶人员有思想准备，顺利调整车速，逐步调整位置，与前方车辆保持有足够的安全距离，避免强行超车。警告区的最小长度按表8-1和表8-2选取。当交通量 Q 超出表中范围时，宜采取分流措施。

高速公路及一级公路警告区的最小长度 s　　　　表8-1

公路等级	设计速度(km/h)	交通量 $Q[\mathrm{pcu}/(\mathrm{h}\cdot\mathrm{ln})]$	警告区最小长度(m)
高速公路	120	$Q\leqslant 1400$	1600
		$1400<Q\leqslant 1800$	2000
	100	$Q\leqslant 1400$	1500
		$1400<Q\leqslant 1800$	1800
	80	$Q\leqslant 1400$	1200
		$1400<Q\leqslant 1800$	1600
一级公路	100,80,60	$Q\leqslant 1400$	1000
		$1400<Q\leqslant 1800$	1500

二、三、四级公路警告区的最小长度 s   表 8-2

设计速度 (km/h)	平曲线半径 (m)	下坡坡度 (%)	交通量 Q [pcu/(h·ln)]	警告区最小长度(m)	
				封闭路肩双向通行	封闭车道交替通行
80,60	≤200	0~3	Q≤300	600	800
			300<Q≤700		1000
		>3	Q≤300	800	1000
			300<Q≤700		1200
	>200	0~3	Q≤300	400	600
			300<Q≤700		800
		>3	Q≤300	600	800
			300<Q≤700		1000
40,30	≤100	0~4	Q≤300	400	500
			300<Q≤700		700
		>4	Q≤300	500	600
			300<Q≤700		800
	>100	0~4	Q≤300	300	400
			300<Q≤700		600
		>4	Q≤300	400	500
			300<Q≤700		700
20	—			200	

2. 上游过渡区

上游过渡区是指保证车辆从警告区终点封闭车道平稳地横向过渡到缓冲区起点侧面非封闭车道之间的区域。当需要封闭车道或(紧急停车带)时,必须设置过渡区。过渡区的设置可使车流的变化平缓。在上游过渡区中,包括车道封闭和路肩封闭两种情况。上游过渡区的最小长度按表 8-3 选取,封闭路肩养护作业的上游过渡区长度不应小于表 8-3 中数值的 1/3。

上游过渡区的最小长度 L_s 表 8-3

最终限速值 (km/h)	封闭车道宽度(m)			
	3.0	3.25	3.5	3.75
80	150	160	170	190
70	120	130	140	160
60	80	90	100	120
50	70	80	90	100
40	30	35	40	50
30	20	25	30	
20	20			

上游过渡区长度设置是否合理,也可以通过现场观察得知,若车量在通过过渡区时经常紧急刹车或在过渡区附近车辆拥挤较为严重时,则可能是前方的交通标志设置不当或上游过渡区长度过短。

3. 缓冲区

缓冲区包括纵向缓冲区和横向缓冲区。纵向缓冲区是指上游过渡区终点到工作区起点之间的安全缓冲区域。它的设置主要考虑到假设行车驾驶员判断失误,有可能直接从过渡区闯入工作区,造成人员伤害和设备损坏,所以缓冲区可以提供一个缓冲路段,给失误车辆有调整行车状态的余地,避免发生严重的事故。因此,在缓冲区内一般不准堆放东西,也不准养护维修作业人员在其中活动或工作。为了更有效地保护养护维修作业人员,在过渡区与纵向缓冲区之间,可以设置防冲撞装置,以加强防护作用。纵向缓冲区的最小长度按表8-4选取,当工作区位于下坡路段时,纵向缓冲区的最小长度应适当延长。

不同下坡坡度的纵向缓冲区最小长度　　　　　表8-4

最终限速值	下坡坡度	
(km/h)	≤3%	>3%
80	120	150
70	100	120
60	80	100
50	60	80
40	50	
30,20	30	

横向缓冲区是布置在工作区和纵向缓冲区与非封闭车道之间,保障养护作业人员和设备横向安全的区域。在布置横向缓冲区时,应优先保证行车道的宽度,在两者冲突的情况下,则不设横向缓冲区。如果作业区采取硬隔离时,横向缓冲区一般取0.5m,采取锥形交通路标隔离时,横向缓冲区的宽度应该在硬隔离基础上增加20~30cm。

4. 工作区

工作区是从纵向缓冲区终点到下游过渡区起点之间的施工作业区域。为了保证安全,在工作区与开放交通的车道之间要有明确的隔离装置。工作区长度应符合下列规定:

(1)除借用对向车道通行的高速公路及一级公路养护作业外,工作区的最大长度不宜超过4km。

(2)借用对向车道通行的高速公路及一级公路养护作业,工作区的长度应根据中央分隔带开口间距和实际养护作业而定,工作区的最大长度不宜超过6km。当中央分隔带开口间距大于3km时,工作区的最大长度应为一个中央分隔带开口间距。

5. 下游过渡区

下游过渡区是指保证车辆从工作区终点非封闭车道平稳地横向过渡到终止区起点的区域。若下游过渡区设置得当,将有利于交通流的平滑。下游过渡区的长度一般只要保证车辆有足够的路程来调整行车状态即可,一般下游过渡区的最小长度取30m。

6. 终止区

终止区是指设置在下游过渡区后调整车辆行车状态的区域。在终止区的末端应设有关解除限速或超车的交通标志,这样可使驾驶员明白已经通过了养护维修作业地段,并恢复正常的行车状态。终止区的最小长度宜取 30m。

7. 养护作业控制区限速

养护作业控制区限速管理应规范化,宜采用逐级限速或重复提示限速的方法,以提高警告区的安全性和畅通性,重复提示限速主要应用于限速值较小的路段、隧道等。为避免养护作业控制区内出现限速混乱现象,养护作业控制区限速应符合以下规定:

(1)限速应采用逐级限速或重复提示限速方法。逐级限速宜每 100m 降低 10km/h,相邻限速标志的间距不宜小于 200m。

(2)逐级限速过程应在警告区内完成。

(3)最终限速值不应大于表 8-5 的规定,当最终限速值对应的预留行车宽度不符合要求时,应降低最终限速值。

(4)高速公路和一级公路封闭路肩进行养护作业时,最终限速值可将表 8-5 中的限速值提高 10km/h 或 20km/h。

(5)在二、三级公路不满足超车视距的弯道或纵坡路段进行养护作业时,最终限速值宜取 20km/h。

(6)隧道养护作业,最终限速值可将表 8-5 中的限速值降低 10km/h 或 20km/h,但不宜小于 20km/h。

公路养护作业限速值 表 8-5

设计速度(km/h)	限速值(km/h)	预留行车宽度(m)
120	80	3.75
100	60	3.50
80	40	3.50
60	30	3.25
40	30	3.25
30	20	3.00
20	20	3.00

(二)养护安全设施

养护安全设施是警告、提醒和引导车辆和行人通过养护作业控制区域,保护养护维修作业人员和设备的设施。养护安全设施主要由临时性交通标线、临时性交通标志和其他安全设施等组成,各类安全设施应组合使用。

1. 临时性交通标线

临时性交通标线是为满足养护维修作业安全需要而临时施画的交通标线。临时性交通标线包括渠化交通标线和导向交通标线,如图 8-6 和图 8-7 所示,在长期养护作业中应有的渠化交通或导向交通标线,宜为易清除的临时反光标线。渠化交通标线应为橙色虚、实线;导向交通标线应为醒目的橙色实线。在养护维修作业期间,原先与临时性标线有矛盾的路面标线在不能用其他方式加以区分时,必须除去或覆盖。

图 8-6 渠化交通标线　　　　　　　　图 8-7 导向交通标线

2. 临时性交通标志

临时性交通标志是指为满足养护维修作业安全需要而临时设置的交通标志。主要有警告标志、禁令标志、指示标志和施工区标志。临时性交通标志的选用以《道路交通标志和标线》（GB 5768—2009）为基础上选择了若干种适用于公路养护的标志，并根据养护作业的需要，在国标的基础上进行了丰富补充，如表 8-6 所示。

临时性交通标志　　　　　表 8-6

标志名称	标志图案	标志名称	标志图案
施工标志		施工距离标志	
施工长度标志		慢行标志	
车道数较少标志		改道标志	
		导向标志	

续上表

标志名称	标志图案	标志名称	标志图案
出口指示标志	 出口 ↗	重车靠右行驶标志	 重车靠右行驶
重车靠右停靠区标志	 重车靠右停靠区	减速让行标志	 让
限速标志	 80	解除限速标志	 60
禁止超车标志		解除禁止超车标志	

临时交通标志在设置时应符合下列规定：
(1)施工标志宜布置在警告区的起点。
(2)限速标志宜布置在警告区的不同断面处。
(3)解除限速标志宜布置在终止区末端。
(4)"重车靠右停靠区"标志应用于控制大型载重汽车在特大、大桥和特殊结构桥梁上的通行。

3.其他安全设施

其他安全设施包括车道渠化设施、移动式标志车、临时交通控制信号设施、闪光设施、夜间照明设施、语音提示设施、移动式护栏和车载式防撞垫等。

(1)车道渠化设施

车道渠化设施是用于警告、提醒和引导车辆和行人通过养护维修作业区域，隔离车流、人流与工作区的设施。在养护维修作业中，可用作渠化交通的安全设施有锥形交通路标、水马、防撞桶(墙)、施工隔离墩和附设警示灯的路栏等。

①锥形交通路标。锥形交通路标宜由橡胶等柔性材料制成，底部有一定的摩阻性能。锥

形交通路标设在需要临时分隔车流、引导交通、指引交通、指引车辆绕过危险路段的地方,起保护作业的作用。锥形交通路标用于夜间作业时应有反光功能,并配施工警告灯号,其形状、颜色和尺寸应符合《道路交通标志和标线》(GB 5768—2009)的有关规定,如图 8-8 所示,宜布设在上游过渡区、缓冲区、工作区和下游过渡区。布设间距不宜大于 10m,其上游过渡区和工作区布设间距不宜大于 4m。

②水马。水马颜色为橙色或红色,高度不得小于 40cm,使用前应灌水(达内部容积 90%),在冰冻季节,可采用灌砂(达内部容积90%)的方法,如图 8-9 所示。水马可用于三级及三级以上公路下坡路段养护作业,宜布设在工作区或上游过渡区与缓冲区之间。

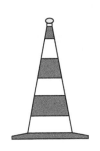

图 8-8　配有施工警告灯号的锥形交通路标

图 8-9　水马

③防撞桶(墙)。防撞桶(墙)为半刚性装置,由线性低密度聚乙烯等高强合成材料制成的空心装置,其上有黄、黑相间色,顶部可安装施工警告灯号,使用前内部应灌水(达内部容积 90%),在冰冻季节,可采用灌砂(达内部容积90%)的方法,如图 8-10 和图 8-11 所示。防撞桶(墙)可用于三级及三级以上公路下坡路段养护作业,宜布设在工作区或上游过渡区与缓冲区之间。防撞墙宜组合使用。

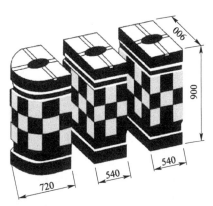
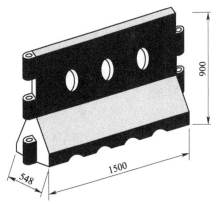

图 8-10　防撞桶(尺寸单位:mm)

图 8-11　防撞墙(尺寸单位:mm)

④施工隔离墩。施工隔离墩颜色为黄、黑相间,由线性低密度聚乙烯等高强合成材料制成的半刚性装置,如图 8-12 所示。施工隔离墩可用于三级及三级以上公路下坡路段养护作业,宜布设在工作区或上游过渡区与缓冲区之间,并宜组合使用。

⑤路栏。路栏用于阻拦车辆和行人前进或指示改道设施,设在道路施工、养护、落石、塌方导致交通阻断路段的两端或周围。路栏由刚性材料制成,颜色为黄、黑相间,用于夜间作业时

应有反光功能,如图 8-13 所示。路栏常以拦截式的方式设置,因此,经常面临被撞的危险。为了减少损坏,提高路栏的可维修性,框架杆件之间的连接以及板面与框架的连接都采用螺栓连接的方式,各种部件避免采用尖锐的或突起的构件。路栏采用了结合处比较薄弱的设计,从维修的方面着想,损坏的方式往往是最理想的,一旦损坏,大部分杆件可以重新使用,同时,对于车辆和人员也是可避免发生严重的伤害。路栏宜布设在工作区或上游过渡区与缓冲区之间。

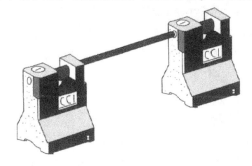

图 8-12 施工隔离墩

图 8-13 配有施工警告灯号的路栏

(2)移动式标志车

带有动力装置或可移动装置(拖车)的安全防护设施,颜色为醒目的黄色,顶部装有黄色警告灯号,其后部有醒目的标志牌,图案和显示形式可按实际需要改变,如图 8-14 所示。使用时其尾部应面向交通流方向,可用于临时养护作业或移动养护作业,设置于上游过渡区内或缓冲区内。

(3)临时交通控制信号设施

临时交通控制信号设施灯光颜色为红、绿两种,可交替发光,如图 8-15 所示。用以双向交替通行的养护作业,宜布设在上游过渡区和下游过渡区。

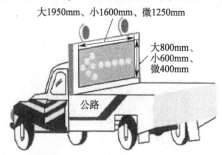

图 8-14 移动式标志车

图 8-15 临时交通控制信号设施

(4)闪光设施

闪光设施包括闪光箭头、警示频闪灯和车辆闪光灯,如图 8-16 所示。闪光箭头宜布设在上游过渡区;警示频闪灯为黄、蓝色相间闪光,宜布设在需较强警示作用的区域;车辆闪光灯为360°旋转黄闪灯,用于养护车辆或移动式标志车。

(5)夜间照明设施和语音提示实施

当夜间进行养护维修作业时,必须设置照明设施,其照明效果必须满足作业要求,并要覆盖整个工作区域。照明设施应布设在工作区侧面,照明方向应背对非封闭车道。养护维修作业期间和结束后应派专人看护照明设施。语音提示设施宜根据需要布设在远离居民生活区的养护作业控制区。

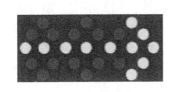 

图 8-16　施工闪光设施

(6)移动式护栏和车载式防撞垫

移动式护栏应符合现行《公路交通安全设施设计规范》(JTG D81—2017)中的有关防护等级规定,可用于三级及三级以上公路下坡路段养护作业,如图 8-17 所示。

车载式防撞垫为黄、黑相间色,可安装在养护作业车辆或移动式标志车尾部,如图 8-18 所示。

图 8-17　移动式护栏　　　　　　　　　　图 8-18　车载式防撞垫

(三)养护作业服饰

养护作业服饰分为日常作业服饰、反光作业服饰、防雨作业服饰、盔式安全帽。日常作业服饰主要用于白天视线良好,从事高速公路清扫、绿化、美化、维修、保养等作业项目的人员穿着。日常作业服饰视季节的不同采用不同的式样,其面色为橘红色,要符合《安全色》(GB 2893—2008)的规定,起到醒目作用。一般穿着上装或上装和帽子同时佩戴,作业服装要保持颜色鲜明,对油污或褪色严重的要及时更换。反光作业服饰主要用于夜间等视线不良期间所从事养护作业的人员穿着,如夜间必须进行作业、设备看护等。反光作业服的反光部分面积应尽量大,其最小宽度不小于 5cm,反光部分与不反光部分交替配置。防雨服饰主要用于雨天从事的养护作业项目,既能有明显的标识作用,又能起到防雨的作用。盔式安全帽的颜色采用橘红色,要求有一定的强度,主要用于用高空或起重作业的现场工作人员佩戴。

三、长、短期养护作业

(一)基本要求

(1)长期养护作业应加强交通组织,必要时修建便道,宜采用稳固式安全设施并及时检查维护,加强现场养护安全作业管理;短期养护作业应按要求布置作业控制区,可采用易于安装拆除的安全设施。

(2)公路长期养护作业应组织制订养护安全作业应急预案。当发生突发事件时,应及时启动应急预案。

(3)三级及以上公路养护作业控制区应布置警告区、上游过渡区、缓冲区、工作区、下游过渡区和终止区,其中二、三级公路,在进行车道养护作业时,对向车道应布置警告区和终止区。四级公路养护作业控制区可仅布置警告区、上游过渡区、工作区和下游过渡区。

(4)同一方向不同断面而同时养护作业时,高速公路及一级公路相邻两个工作区净距不宜小于5km,二、三级公路不宜小于3km。

(5)高速公路及一级公路封闭车道养护作业控制区与被借用车道上的养护作业控制区之间的净距不宜小于10km。

(6)养护作业控制区设置工程车辆专门的出、入口,并宜设在顺行车方向的下游过渡区内。当工程车辆需经上游过渡区或工作区进入时,应布设警告标志并配备交通引导人员。

(二)养护作业控制区布置

养护作业控制区控制区布置图图例如表8-7所示。

养护作业控制区布置图图例　　　　　　　表8-7

图例名称	图 例	图例名称	图 例
养护安全实施通用符号		附设警示灯的路栏专用符号	
锥形交通路标或其他车道渠化设施专用符号		收费站栏杆	
工作区专用符号		交通引导人员专用符号	
夜间照明设施专用符号		夜间语音提示设施专用符号	

1.高速公路和一级公路养护作业控制区布置

高速公路和一级公路的车道进行养护作业时,在封闭车道一侧的警告区应布设施工标志和限速标志,在非封闭车道一侧的警告区应布设施工标志,并宜布设警示频闪灯。八车道及以上公路,在非封闭车道一侧的警告区尚应增设限速标志。控制区内其他安全设施可视具体情况而定。

(1)主线车道封闭(不改变交通流方向)的布置

①四车道公路封闭车道的养护作业,以设计速度100km/h为例,作业控制区布置如图8-19、图8-20所示。

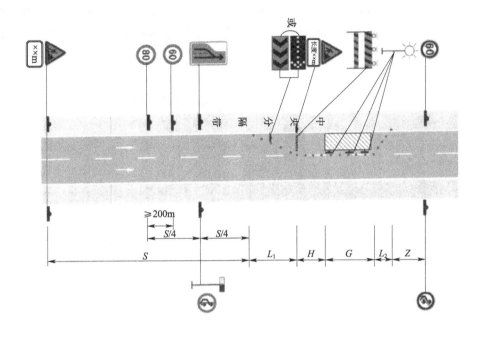

图 8-19　四车道高速公路及一级公路封闭内侧车道养护作业

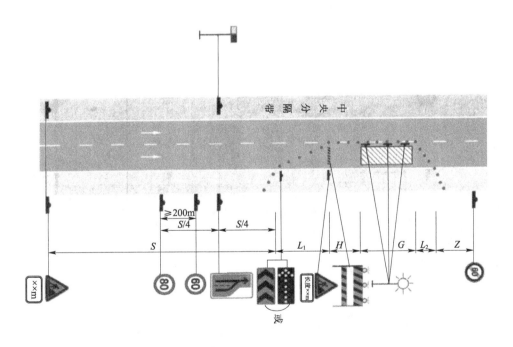

图 8-20　四车道高速公路及一级公路封闭外侧车道养护作业

227

②六车道及以上公路养护作业封闭中间车道时,宜同时封闭相邻一侧车道,并应布置两个上游过渡区,其最小间距不应小于200m。而在交通量大路段养护作业,不能同时封闭相邻车道时,宜采取必要措施加强现场交通管控。以设计速度120km/h 为例,作业控制区布置如图8-21、图8-22所示。

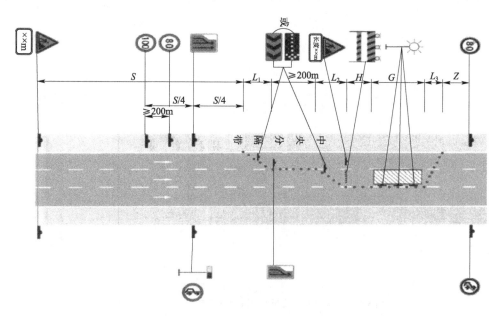

图8-21 六车道高速公路及一级公路养护作业

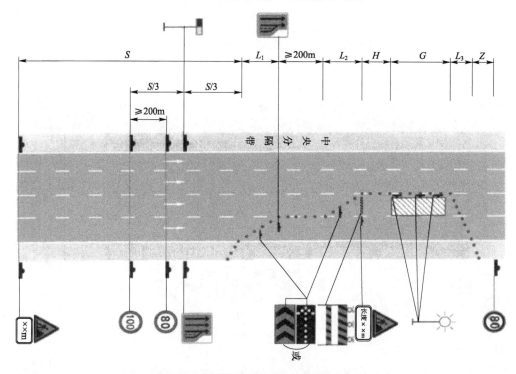

图8-22 八车道高速公路及一级公路养护作业

(2）主线车道封闭（改变交通流方向）的布置

当需要借用对向车道通行的养护作业，可与中央分隔带开口位置相结合，利用靠近养护作业一侧的车道通行，双向车道都应按规定布置作业控制区。借用车道双向通行分隔宜采用带有链接的车道渠化设施，并应在前一出口或平面交叉口布设长大车辆绕行标志。以设计速度100km/h为例，作业控制区布置如图8-23所示。

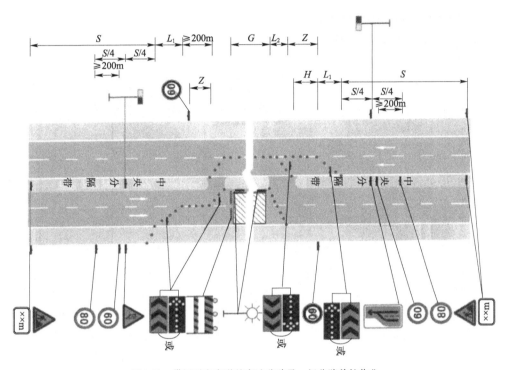

图8-23　借用对向车道的高速公路及一级公路养护作业

（3）立交进出口匝道养护作业的布置

立交出入口匝道附近及匝道上养护作业控制区布置，应根据工作区在匝道上的具体位置和匝道的长度而定。匝道养护作业警告区长度不宜小于300m。当匝道长度小于警告区最小长度时，应将作业控制区最前端的交通标志布设在匝道入口处。以设计速度100km/h为例，作业控制区布置如图8-24～图8-27所示。

2. 二、三级公路养护作业控制区布置

二、三级公路养护作业控制区的警告区应布设施工标志及限速标志，车道封闭养护作业应布设改道标志；上游过渡区应布设锥形交通路标、闪光箭头、交通引导人员等；上游过渡区和缓冲区交界处应布设附设警示灯的路栏；终止区应布设解除限速标志。不满足超车视距的弯道或纵坡路段养护作业控制区布置，应提前布置警告区。

（1）双向交替通行路段养护作业的布置

双向交替通行路段养护作业，除布设必要的安全设施外，尚宜在工作区两端各配备交通引导人员或布设临时交通控制信号设施来指挥车辆交替通行。以设计速度80km/h为例，作业控制区布置如图8-28所示。

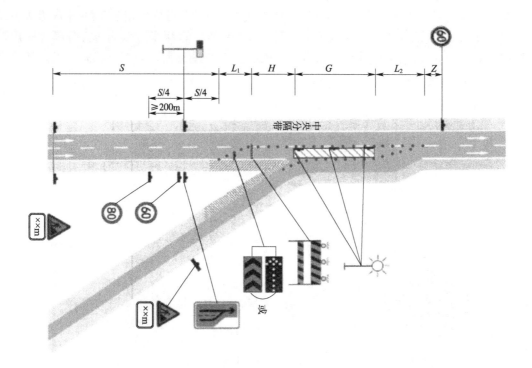

图 8-24　立交入口匝道附近养护作业(1)

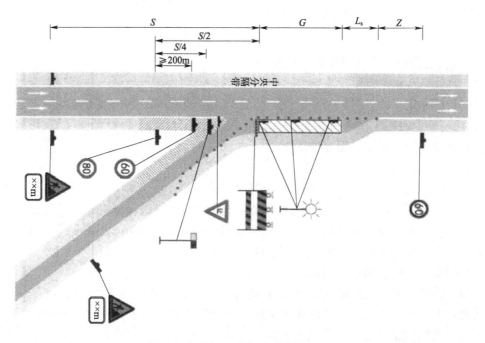

图 8-25　立交入口匝道附近养护作业(2)

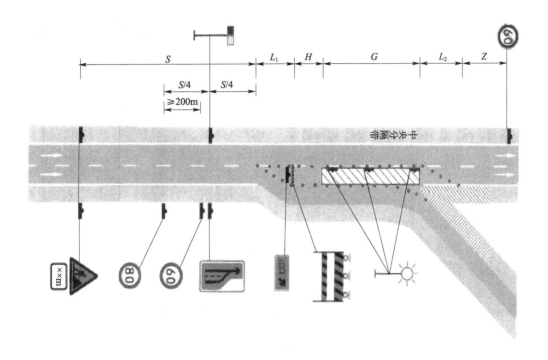

图 8-26 立交出口匝道附近养护作业(1)

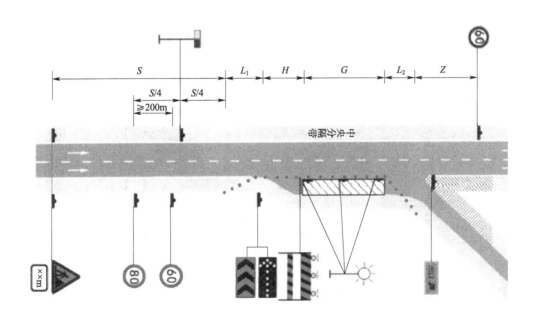

图 8-27 立交出口匝道附近养护作业(2)

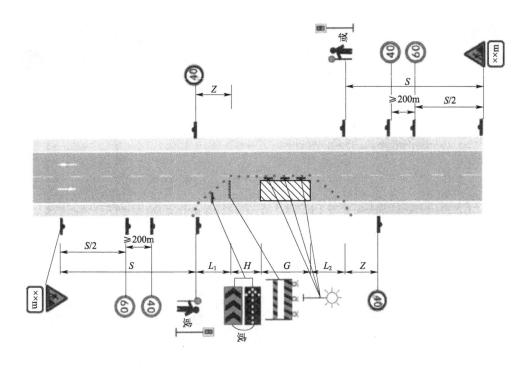

图 8-28　二、三级公路双向交替通行的养护作业

（2）全封闭路段养护作业的布置

全封闭路段养护作业，应采取分流措施或修筑临时交通便道，以设计速度 60km/h 为例，作业控制区布置如图 8-29 所示。

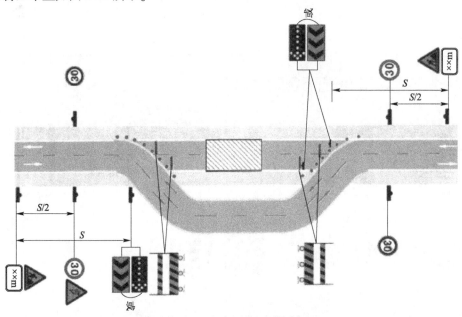

图 8-29　二、三级公路便道双向通行的养护作业

修筑临时交通便道的作业控制区布置应符合下列规定：

①控制区内应布设附设警示灯的路栏。

②作业车辆应配备警示灯或反光标志。

③临时修建的交通便道，宜施画临时标线，可设置交通安全设施。

(3)弯道路段养护作业的布置

①弯道路段养护作业，当工作区在弯道前，下游过渡区宜布置在弯道后的直线段；当工作区在弯道后，上游过渡区宜布置在弯道前的直线段。以设计速度60km/h为例，作业控制区布置如图8-30、图8-31所示。

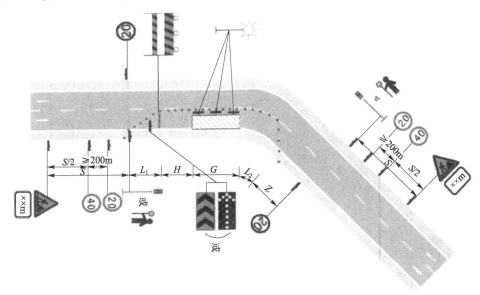

图8-30　二、三级公路双向交替通行的弯道路段弯道前养护作业

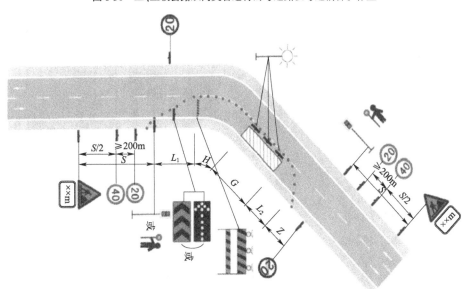

图8-31　二、三级公路双向交替通行的弯道路段弯道后养护作业

②连续弯道路段养护作业,宜将警告区起点设在弯道起点上,且警告区长度不宜超出最小长度的200m。对向车道的警告区和终止区布置可参考弯道路段养护作业的布置示例。以设计速度60km/h为例,作业控制区布置如图8-32所示。

③反向弯道路段养护作业,上游过渡区应布置在反向弯道中间的平直路段;当警告区起点在弯道上时,应将其提前至该弯道起点。对向车道的警告区和终止区布置可参考弯道路段养护作业的布置示例。以设计速度60km/h为例,作业控制区布置如图8-33所示。

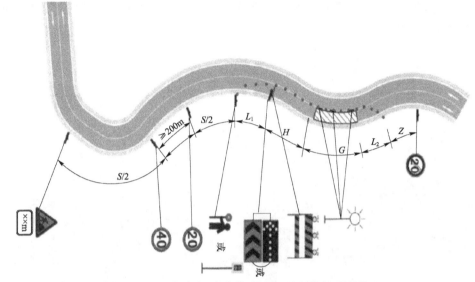

图8-32 二、三级公路双向交替通行的连续弯道路段养护作业

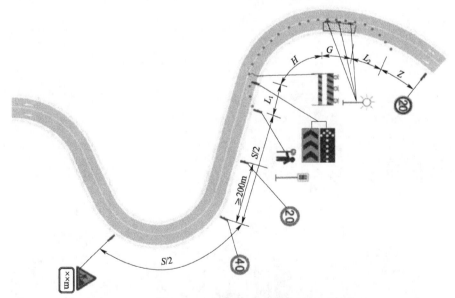

图8-33 二、三级公路双向交替通行的反向弯道路段养护作业

④回头弯道路段养护作业,回头曲线段的作业车道应作为缓冲区。对向车道的警告区和终止区布置可参考弯道路段养护作业的布置示例。以设计速度60km/h为例,作业控制区布置如图8-34所示。

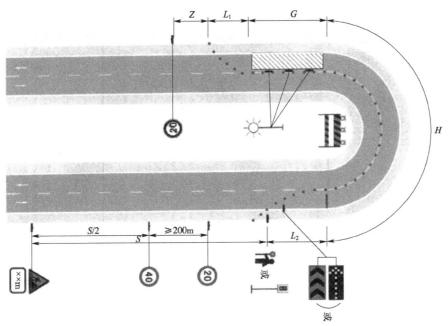

图 8-34 二、三级公路双向交替通行的回头弯道路段养护作业

(4) 纵坡路段养护作业的布置

纵坡路段养护作业,应在竖曲线起点配备交通引导人员;工作区在封闭车道行车方向的下坡路段时,在工作区或上游过渡区与缓冲区之间应布设防撞桶、水马、防撞墙、隔离墩等安全设施。对向车道的警告区和终止区布置可参考弯道路段养护作业的布置示例。以设计速度 60km/h 为例,作业控制区布置如图 8-35 所示。

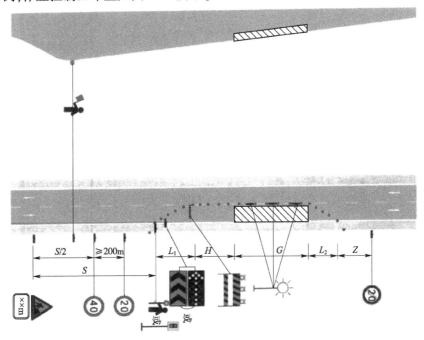

图 8-35 二、三级公路双向交替通行的纵坡路段养护作业

3. 四级公路养护作业控制区布置

警告区内应布设施工标志、限速标志,上游过渡区、工作区、下游过渡区应布设交通锥,上游过渡区内应布设交通引导人员,视距不良路段养护作业时应增设一名交通引导人员。

(1)双车道路段封闭单车道养护作业的布置

双车道四级公路封闭单车道的养护作业,以设计速度30km/h 为例,养护作业控制区布置如图 8-36、图 8-37 所示。

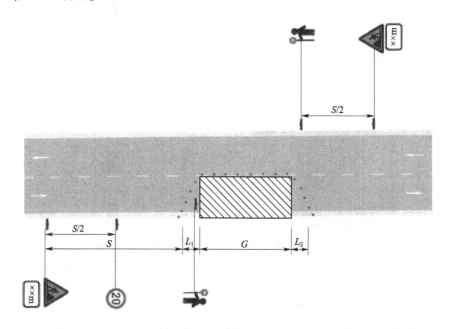

图 8-36 双车道四级公路封闭单车道养护作业

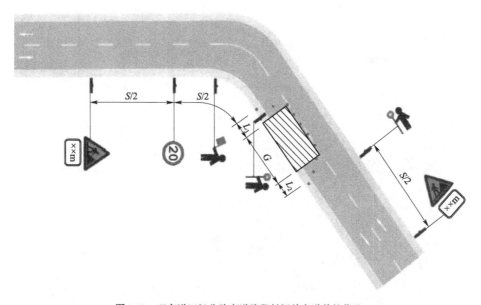

图 8-37 双车道四级公路弯道路段封闭单车道养护作业

(2)单车道路段通行状态养护作业的布置

单车道四级公路通行状态下的养护作业,应在工作区两端的错车台或平面交叉处各配备一名手持"停"标志的交通引导员。以设计速度20km/h为例,作业控制区布置如图8-38~图8-39所示。

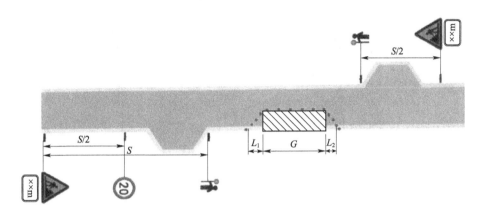

图8-38 单车道四级公路封闭车道养护作业(1)

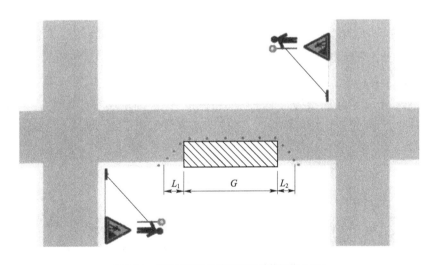

图8-39 单车道四级公路封闭车道养护作业(2)

(3)全封闭车道养护作业的布置

四级公路全封闭车道养护作业,在作业控制区前后的交叉口应布设道路封闭或改道标志无法改道时,车辆等待时间不宜超过2h。作业控制区布置如图8-40所示。

4.各等级公路路肩封闭养护作业控制区布置

按照《公路养护安全作业规程》(JTG H30—2015)的相关规定执行。

5.桥梁、隧道、平面交叉、收费广场及交通工程及沿线设施的作业的布置

可按照《公路养护安全作业规程》(JTG H30—2015)的相关规定执行。

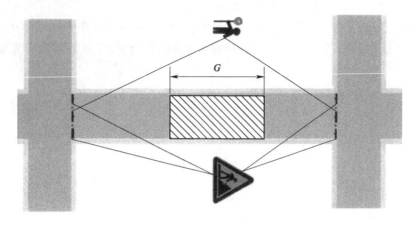

图 8-40　四级公路全封闭车道养护作业

四、临时、移动养护作业

(一) 基本要求

(1) 临时和移动养护作业控制区布置可在长期和短期养护作业控制区基础上，根据实际情况，在保障安全的前提下进行简化。

(2) 非应急抢险、抢修养护作业，夜间不宜进行临时和移动养护作业。

(3) 四级公路临时、移动养护作业控制区可仅布置警告区和工作区。

(二) 养护作业控制区布置

1. 高速公路及一级公路养护作业控制区布置

(1) 临时养护作业控制区布置可采用单一限速控制，警告区长度宜取长、短期养护作业警告区长度的一半，但应配备交通引导人员，当布设移动式标志车时，可不布设上游过渡区。以设计速度 100km/h 为例，作业控制区布置如图 8-41、图 8-42 所示。

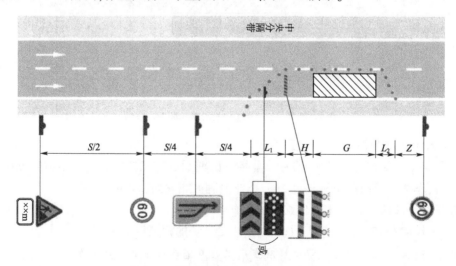

图 8-41　高速公路及一级公路临时养护作业

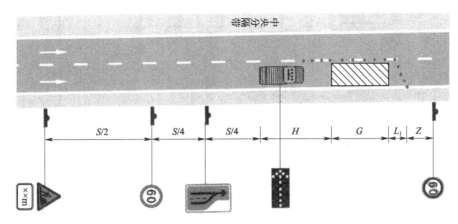

图8-42 高速公路及一级公路移动式标志车的临时养护作业

（2）机械移动养护作业宜布设移动式标志车；当作业机械配备闪光箭头或车辆闪光灯时，可不布设移动式标志车，作业控制区布置如图8-43所示。

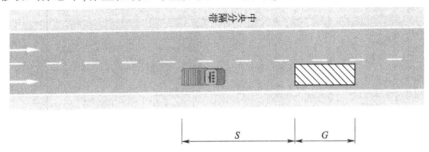

图8-43 高速公路及一级公路机械移动养护作业

（3）当占用路面进行人工移动养护作业时，宜封闭一定范围的养护作业区域，并按临时养护作业的有关规定执行。

（4）中央分隔带或边坡绿化内的植被灌溉养护作业，应在灌溉车辆上配备醒目的闪光箭头或车辆闪光灯，也可在灌溉车辆后布设移动式标志车。作业人员不得在中央分隔带内休息，且中央分隔带不宜多人集中作业。

（5）中央分隔带绿化内的植被修剪、垃圾清理等养护作业，应封闭靠近中央分隔带的内侧车道，并按临时养护作业控制区布置。

2. 二、三级公路养护作业控制区布置

（1）临时养护作业控制区可简化为警告区、上游过渡区、工作区和下游过渡区，警告区长度宜取长、短期养护作业警告区长度的一半。当布设移动式标志车时，可不布置上游过渡区，移动式标志车与工作区净距宜为10~20m。对向车道可仅布置警告区。以设计速度60km/h和40km/h为例，作业控制区布置如图8-44~图8-46所示。

（2）移动养护作业控制区布置应符合下列规定：

①机械移动养护作业宜布设移动式标志车，弯道路段养护作业应将移动式标志车移至弯道前。

②人工移动养护作业，宜封闭一定范围的养护作业区域，并按临时养护作业的有关规定执行。

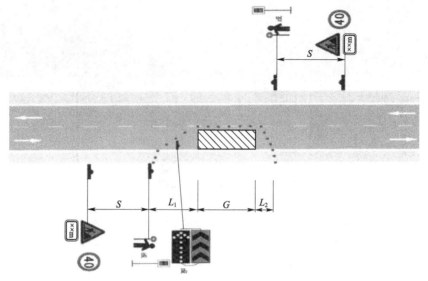

图 8-44 二、三级公路平直路段临时养护作业(1)

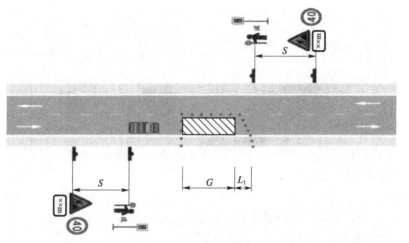

图 8-45 二、三级公路平直路段临时养护作业(2)

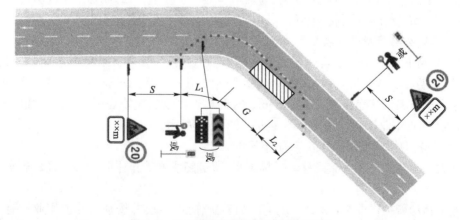

图 8-46 二、三级公路弯道路段临时养护作业

3.四级公路养护作业控制区布置

(1)四级公路临时养护作业,应在工作区及前后两端布设标志及安全设施,可配备交通引导人员。作业控制区布置如图8-47所示。

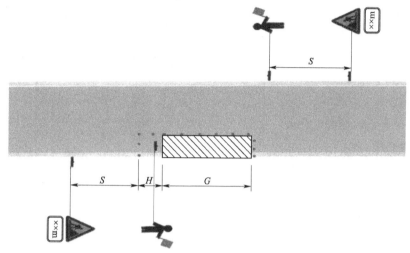

图8-47 四级公路临时养护作业

(2)四级公路移动养护作业控制区的布置可按二、三级公路移动作业控制区布置的有关规定执行。

4.高速公路及一级公路路肩封闭临时、移动养护作业控制区布置

按照《公路养护安全作业规程》(JTG H30—2015)的相关规定执行。

5.桥梁、隧道、平面交叉、收费广场及交通工程及沿线设施的临时、移动养护作业控制区布置

按照《公路养护安全作业规程》(JTG H30—2015)的相关规定执行。

五、特殊养护作业

(一)特殊路段养护作业

(1)穿城区、村镇路段养护作业,除应按相应的养护作业控制区布置外,还应布设车道渠化设施,并采取强制限速与行人控制措施,如图8-48所示。

(2)易发生地质灾害的傍山路段养护作业,除应按相应的养护作业控制区布置外,还应设专人观察边坡险情,如图8-49所示。

图8-48 穿城区、村镇路段养护作业

图8-49 傍山路段养护作业

(3)路侧险要的沿河路段养护安全作业,除应按相应的养护作业控制区布置外,还应加强沿河路侧安全防护。

(二)特殊气象条件养护作业

(1)除应急抢险、抢修作业外,大雨、雾、沙尘、大风等恶劣天气下不宜开展养护作业。

(2)冬季除冰雪安全作业,因采取保温防冻等安全措施,并对参与作业人员及车辆做好防滑措施,切实保障自身安全,并防止路面二次冰冻。对于人工除冰雪作业,还因增设施工标志,且第一块施工标志与工作区净距应为50~100m。

(3)高温季节实施养护作业时,应按劳动保护规定,采取防暑降温措施,并适当调整作息时间,尽量避开高温时段养护作业。

(4)雨季养护安全作业应符合以下规定:

①加强作业现场管理,及时排除作业现场积水。

②应在人行道上行挖步梯或铺沙,脚手架、斜道板、跳板应采取防滑措施,加强对临时设施和土方工程的检查,防止倾斜和坍塌。

③应对处于洪水可能淹没地带的机械设备、施工材料等做好防范措施,作业人员应提前做好全面撤离的准备工作。

④长时间在雨季中养护作业的工程,应根据条件搭设防雨棚,遇暴风雨时应立即停止养护作业。

⑤暴雨台风前后,应检查工地临时设施、脚手架、机电设备、临时线路,发现倾斜、变形、下沉、漏电、漏雨等现象,应及时维修加固。

(5)雾天及沙尘天气进行应急抢险、抢修作业时,应会同有关部门,封闭交通进行作业,安全设施上应间隔布设黄色警示灯,相邻警示灯间距不应超过相邻锥形交通路标间距的3倍。

(6)大风天气进行应急抢险、抢修作业时,应防范沿线架设各类设施的高空坠落。

练习题

一、填空题

1.公路养护作业按照作业时间可划分为_____、_____、_____和_____。

2.养护作业控制区分为_____、_____、_____、_____、_____和终止区等六个区域,其中缓冲区包括_____和_____。

3.用于养护维修的安全设施包括_____、_____和其他安全设施,其中其他安全设施包括_____、_____、_____、_____、语音提示设施、移动式护栏和车载式防撞垫等。

4.临时性交通标线是为满足养护维修作业安全需要而临时施画的交通标线。临时性交通标线包括_____和_____。

5.临时性交通标志是指为满足养护维修作业安全需要而临时设置的交通标志。主要有警告标志、_____、指示标志和_____。

6.移动养护作业可分为_____和_____。

7.同一方向不同断面而同时养护作业时,高速公路及一级公路相邻两个工作区净距不宜小于_____,二、三级公路不宜小于_____。

8.高速公路及一级公路封闭车道养护作业控制区与被借用车道上的养护作业控制区之间的净距不宜小于_____。

9.四级公路临时、移动养护作业控制区可仅布置_____和_____。

10.对于人工除冰雪作业,还因增设施工标志,且第一块施工标志与工作区净距应为_____。

二、单选题

1.定点作业时间大于4h且小于或等于24h的养护作业属于(   )。
  A.移动养护作业   B.临时养护作业   C.短期养护作业   D.长期养护作业

2.设计速度为100km/h,交通量为1500 pcu/(h·ln)的高速公路,其养护作业控制区的警告区的最小长度为(   )m。
  A.1500   B.1800   C.1600   D.1000

3.封闭车道宽度为3.75m,最终限制车速为60km/h的作业控制区,其上游过渡区的最小长度为(   )m。
  A.100   B.140   C.120   D.90

4.工作区位于下坡路段,坡度为3%,最终限制车速为50km/h的作业控制区,其纵向缓冲区的最小长度为(   )m。
  A.60   B.80   C.50   D.30

5.横向缓冲区是布置在工作区和纵向缓冲区与非封闭车道之间,保障养护作业人员和设备横向安全的区域。如果作业区采取硬隔离时,横向缓冲区一般取(   )m。
  A.0.5   B.1.0   C.0.25   D.0.3

6.除借用对向车道通行的高速公路及一级公路养护作业外,工作区的最大长度不宜超过(   )km。
  A.3   B.5   C.4   D.6

7.下游过渡区是指保证车辆从工作区终点非封闭车道平稳地横向过渡到终止区起点的区域。一般下游过渡区的最小长度取(   )m。
  A.80   B.30   C.40   D.100

8.终止区是指设置在下游过渡区后调整车辆行车状态的区域,终止区的最小长度宜取(   )m。
  A.60   B.50   C.80   D.30

9.在二、三级公路不满足超车视距的弯道或纵坡路段进行养护作业时,最终限速值宜取(   )km/h。
  A.20   B.30   C.25   D.35

10.六车道及以上公路养护作业封闭中间车道时,宜同时封闭相邻一侧车道,并应布置两个上游过渡区,其最小间距不应小于(   )m。
  A.300   B.100   C.200   D.250

三、多选题

1.养护作业控制区限速管理应规范化,宜采用方法包括(   ),以提高警告区的安全性和畅通性。

A. 逐级限速　　　　B. 重复提示限速　　　　C. 连续限速　　　　D. 阶段限速

2. 锥形交通路标宜由橡胶等柔性材料制成,底部有一定的摩阻性能,在养护作业控制区宜布设在( )。

A. 上游过渡区　　　B. 缓冲区　　　　　　C. 工作区　　　　　D. 下游过渡区

3. 二、三级公路在进行车道养护作业时,对向车道应布置( )。

A. 警告区　　　　　B. 缓冲区　　　　　　C. 工作区　　　　　D. 终止区

4. 四级公路在长、短期养护作业控制区可仅布置( )。

A. 警告区　　　　　B. 上游过渡区　　　　C. 工作区　　　　　D. 下游过渡区

5. 在养护维修作业中,可用作渠化交通的安全设施包括( )。

A. 水马　　　　　　B. 防撞桶　　　　　　C. 路栏　　　　　　D. 施工隔离墩

四、判断题

1. ( )连续移动或停留时间不超过30min的动态养护作业为临时养护作业。

2. ( )设计速度为120km/h,交通量为1600 pcu/(h·ln)的高速公路,其养护作业控制区的警告区的最小长度为2000m。

3. ( )横向缓冲区是指上游过渡区终点到工作区起点之间的安全缓冲区域。

4. ( )作业区采取锥形交通路标隔离时,横向缓冲区的宽度应该在硬隔离基础上增加20~30cm。

5. ( )借用对向车道通行的高速公路及一级公路养护作业,工作区的长度应根据中央分隔带开口间距和实际养护作业而定,工作区的最大长度不宜超过8km。

6. ( )在二、三级公路不满足超车视距的弯道或纵坡路段进行养护作业时,最终限速值宜取20km/h。

7. ( )六车道及以上公路养护作业封闭中间车道时,宜同时封闭相邻一侧车道。

8. ( )养护作业控制区设置工程车辆专门的出、入口,并宜设在逆行车方向的下游过渡区内。

9. ( )匝道养护作业警告区长度不宜小于300m。当匝道长度小于警告区最小长度时,应将作业控制区最前端的交通标志布设在匝道入口处。

10. ( )连续弯道路段养护作业,宜将警告区起点设在弯道起点上,且警告区长度不宜超出最小长度的250m。

五、简答题

1. 简述养护安全设施的设置目的。

2. 简述养护作业控制区域内常用的养护安全设施。

3. 简述养护作业控制区限速的规定。

六、实践题

1. 某双向两车道三级公路,设计车速为60km/h,车道宽度为3.5m。现需占用一个车道进行临时养护作业,工作区长度为30m,请确定最终限速值,并画出移动养护作业控制区的布置图。

2. 某高速公路为四车道,设计车速为100km/h,车道宽度为3.75m。现需占用内侧一个车道进行养护维修作业,工作区长度为100m,请确定最终限速值,并画出养护作业控制区的布置图。

参 考 文 献

[1] 中华人民共和国行业标准.JTG H10—2009 公路养护技术规范[S].北京:人民交通出版社,2013.

[2] 中华人民共和国行业标准.JTG H20—2007 公路技术状况评定标准[S].北京:人民交通出版社,2007.

[3] 中华人民共和国行业标准.JTJ 073.2—2001 公路沥青路面养护技术规范[S].北京:人民交通出版社,2001.

[4] 中华人民共和国行业标准.JTG H30—2015 公路养护安全作业规程[S].北京:人民交通出版社股份有限公司,2015.

[5] 中华人民共和国国家标准.GB 5768—2009 道路交通标志和标线[S].北京:中国标准出版社,2009.

[6] 中华人民共和国行业标准.JTG/T F30—2014 公路水泥混凝土路面施工技术细则[S].北京:人民交通出版社,2014.

[7] 中华人民共和国行业标准.JTG F41—2008 公路沥青路面再生技术规范[S].北京:人民交通出版社,2008.

[8] 王松根,宋修广.公路路基维修与加固[M].北京:人民交通出版社,2010.

[9] 王松根,黄晓明.沥青路面维修与改造[M].北京:人民交通出版社,2012.

[10] 王松根,陈拴发.水泥混凝土路面维修与改造[M].北京:人民交通出版社,2011.

[11] 公路养护技术国家研究中心.公路沥青路面养护应知应会手册[M].北京:人民交通出版社股份有限公司,2017.

[12] 傅智,金志强.水泥混凝土路面施工与养护技术[M].北京:人民交通出版社,2003.

[13] 宋林锦.路基路面养护[M].北京:人民交通出版社,2011.

[14] 周传林.公路养护技术与管理[M].北京:机械工业出版社,2010.

[15] 张风亭,武春山.公路养护技术[M].北京:人民交通出版社,2010.

[16] 程培峰,徐永丽.现代公路养护管理技术[M].哈尔滨:东北林业大学出版社,2008.

[17] 武鹤.公路养护技术与管理[M].北京:人民交通出版社,2013.

[18] 徐剑,黄颂昌.沥青路面预防性养护理念与技术[M].北京:人民交通出版社,2011.

[19] 付清华.交通工程及沿线设施养护[M].北京:人民交通出版社,2009.

[20] 邝青梅.公路养护技术[M].北京:中国劳动社会保障出版社,2012.

[21] 程培峰,徐永丽.现代公路养护管理技术[M].哈尔滨:东北林业大学出版社,2008.

[22] 张争奇.高速公路沥青路面维修养护技术[M].北京:人民交通出版社,2010.

[23] 吴敏刚,蔡乾东,商博明,等.高等级公路沥青路面养护维修技术读本[M].北京:人民交通出版社,2011.

[24] 王松根,张西斌.公路沥青路面养护机械化作业[M].北京:人民交通出版社,2009.

[25] 刘朝晖,秦仁杰.路面养护管理与维修技术[M].北京:人民交通出版社,2014.
[26] 孙熠,康健华.公路养护管理[M].北京:人民交通出版社,2010.
[27] 杨锡武.路面养护与维修使用技术[M].北京:人民交通出版社,2012.
[28] 武鹤,王朝辉,肖楼,等.公路养护技术与管理[M].北京:人民交通出版社,2013.